콜롬북스 어플
무료 MP3, 스마트폰에서 바로듣자! (동영상 강의 및 M...

MP3를 듣는 가장 스마트한 방법
- 앱스토어 또는 구글플레이 스토어에서 '콜롬북스' 다운로드 및 설치
- 회원가입 후 원하는 도서를 검색하여 MP3 듣기

구매하고 싶은 책은 바로 구매!

〈내 서재〉에 저장하여 모아보기!

콜롬북스를 설치하세요.

알 아 두 기
- 파일을 다운로드시 Wifi 환경을 권장합니다.
- 통신망 이용 시 사용하시는 요금제에 따라 요금이 부과될 수 있음을 알려드립니다.
- 운영체제에 따라 지원되는 기능이 상이합니다.(스토어에 있는 어플 설명 참조)

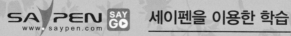

세이펜을 이용한 학습

- 세이펜 홈페이지를 방문하세요. www.saypen.com
- 세이펜을 이용한 혁신적인 학습이 가능합니다.(세이펜 별매)

열정으로 가득한 초심자의 마음가짐으로,
독자님과 함께 커가는 지식의 나무가 되겠습니다.

열정 100% 씨앤톡

MP3 무료
고음질 음원으로
시원하게!

모든 것이 새롭다 독학

중국어

첫걸음

세이펜 학습 기능
첫걸음 교재 최초 적용
(세이펜 별매)

콜롬북스 앱 지원
스마트폰에서 동영상,
mp3를 바로 바로!

고경금 저

New
New 뉴뉴

동영상 강의
/ 음성 강의
무료

SAYPEN
www.saypen.com SAY GO

씨앤톡
See&Talk

초판　1쇄　발행　　2007년 03월 13일
초판 35쇄　발행　　2019년 01월 15일
개정판 2쇄　발행　　2021년 08월 25일

저자　　　고경금
발행인　　이진곤
발행처　　씨앤톡

등록일자　　2003년 5월 22일
등록번호　　제 313-2003-00192호

ISBN　　　978-89-6098-648-0 (03720)

주소　　　경기도 파주시 문발로 405 제2출판단지 활자마을
홈페이지　www.seentalk.co.kr
전화　　　02-338-0092
팩스　　　02-338-0097
ⓒ2008, 씨앤톡

저자의 말

대학 3학년! 난 여전히 중국어 왕초보였다

공부 안 하는 사람치고 이유 없는 사람이 어디 있겠는가? 나도 예외는 아니었다. 누군가 내게 '왜 공부를 안 했냐'고 묻는다면 아마 나도 수만 가지의 이유를 들 수 있을 것이다. 그러나 그것이 무슨 소용인가! 대학 3학년, 입학 동기들은 중국어를 다 끝내고 이제는 영어를 해야 겠다며 취업 준비를 시작하던 그 때! 나는 여전히 '니하오' 한 마디도 버거워 하던 중국어 왕초보였던 것을…

왕조현 통역을 하라고?

하루는 선배 언니 부탁으로 학과장실을 지키고 있는데 전화가 한 통 걸려왔다. "KBS입니다. 오늘 왕조현이 한국에 들어오는데 통역할 학생 한 명 섭외 하려구요. 지금 전화 받는 분이 좀 와주시죠. 급해서 그럽니다." 순간 난 말문이 막혔다. 난 왕초보인데 통역은 무슨…어쩌지…잠시 망설이다가 "아 저…전…시간이 안 되구요. 중국어 아주 잘하는 선배 언니가 계시니까 바로 연락을 드릴게요"하고 전화를 끊던 내 모습이 어찌나 초라해 보이던지. 그날 난 그 중국어 잘 하던 선배 언니를 소개시켜 주었고 선배는 TV에 왕조현과 나란히 출연을 했다. 참 멋졌다.

준비된 사람에겐 반드시 기회가 온다

그날 내겐 꿈이 생겼다. '난 장국영을 좋아하니까, 장국영이 오면 내가 통역을 나가야겠다…' 라는. 현실을 보면 의기소침해지기도 했지만 그때마다 내 마음 속에서 이런 음성이 들려왔다. '준비 된 사람에겐 반드시 기회가 온다!!' 언제가 될지 모르겠지만 그때를 위해 준비하는 사람이 되기로 결심했다.

드디어 장국영을 만나다

그 후 나는 늦었다고 포기하지 않고 용기를 내어 다시 시작했다. 그 결과 들어가기 어렵다는 외대 통번역 협회 시험에도 합격을 했고 한동안 중국 취재 경험도 쌓게 되었다. 그러던 어느 날 또 한 통의 전화가 걸려왔다. "방송국인데요…"라는. 바로 앨범 홍보차 장국영이 내한 하는데 나에게 장국영의 통역과 인터뷰를 맡아 달라는 것이었다. 세상에! 꿈은 정말 이루어지는 건가 보다. 꿈이 있는 사람은 망하지 않는다.

지금은 고인이 되었지만 당시에 장국영과 농담도 하면서 내가 중국어를 다시 하게 된 계기가 당신 때문이었노라 말하며 유쾌하게 웃었던 일이 생생하게 기억난다.

예전의 저처럼 왕초보 입문을 시작하시려는 분들께

그 동안 많은 학생들이 거쳐갔다. 속도는 더디었지만, 성실과 끈기로 공무원 유학시험에 합격하셨던 나의 첫 수강생 정부종합청사의 송인O 씨, 입문 7개월 후 중국 바이어들과 중국어로 거침없이 말하고 있는 자신이 너무 신기하다며 전화를 걸어오셨던 구본O 씨 등 나처럼 자그마하지만 나름의 꿈을 이룬 소중한 분들의 얼굴이 기억난다.

이 책을 내면서 조심스럽지만, 부푼 기대를 가져본다. 이 책이 중국어는 세상에서 가장 쉽고 아름다운 언어구나 라는 생각을 갖게 해 줄 수 있을 것이라는… 그리고 이 책이 중국어를 절실히 필요로 하는 많은 이들의 꿈을 현실로 이어주는 든든한 디딤돌이 되어줄 것이라는…

마지막으로 이 책이 나오기까지 많은 도움을 주신 분들께 감사의 마음을 전하고 싶다.

고경금

구성 및 특징

이 책은 총 40과로 구성되어 있으며 제1부(중국어의 기본 성분 및 발음편), 제2부(중국어 기본 뼈대세우기편), 제3부(기본표현 익히기편)로 나뉘어 있습니다. 제1부에서는 중국어를 배우기에 앞서 알아야 할 전반적인 내용을 알기 쉽게 풀어 설명하였고, 제2부에서는 어순에 중점을 두어 한 단계씩 문형을 확장해 나갈 수 있게 정리하였습니다. 또 제3부에서는 일상생활에 꼭 필요한 기본표현을 중심으로 엮었습니다. 제1부를 소홀히 하기 쉬운데 본문에 들어가기 앞서 중국어의 큰 틀을 잘 정리하고 시작하면 이해가 훨씬 빠를 것입니다.

한 과의 주요 내용

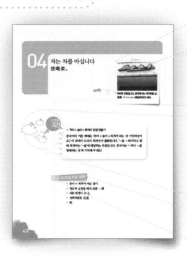

사진

간단한 설명을 덧붙인 중국 관련 사진을 시작 페이지 마다 한 장씩 볼거리로 제공했습니다. 가볍게 읽고 중국 관련 상식을 넓혀 보세요.

이것만은 꼭!

그 과에서 놓쳐서는 안 될 핵심 포인트를 정리한 곳입니다. 중국어의 큰 틀이 되는 부분이므로 이 부분은 꼭 기억하고 지나가세요.

이 과의 주요 내용

그 과에서 다루는 내용을 간략하게 정리한 곳이에요. '이것만은 꼭!'이 전체적인 틀을 정리했다면 이곳은 세부적인 내용을 덧붙인 곳이랍니다.

예문에 새로 나온 단어

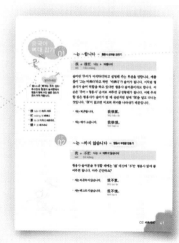

중국어 뼈대 잡기

중국어 뼈대 잡기

중국어의 기본 뼈대를 하나씩 잡아
주는 부분입니다. 기본 설명을 잘 읽
고 예문을 보면 이해하는 데 어려움
이 없을 거예요.

알아두세요!

알아두세요!

예문으로만은 부족한 부분
을 보충설명했습니다.

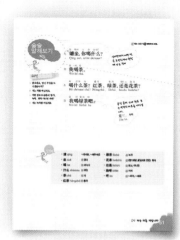

술술
말해보기

술술 말해보기 & 술술 읽어보기

중국어 뼈대잡기에 나와 있는 내용을 중심으로
두 사람이 주고 받는 대화와 간단한 문장이 번갈
아 등장합니다. 큰 소리로 반복해서 읽어보고 자
꾸 들어보세요.

1과에서 10과까지는 발음에 어려움을 느끼는 분들
을 위해 한글 발음을 넣었습니다. 그러나 한글 음으로는 정확한 중국어
발음이 어려우므로 한어 병음(중국어 발음)을 완전히 익힐 때까지만 참고
하세요.

총정리 확인 테스트

4과 마다 총정리 확인 테스트를 만들어서 잊어버리지
않았나 확인해 볼 수 있게 구성했습니다. 꼭 기억해야
하는 부분만 다루었으므로 기억이 안 나면 다시 돌아
가서 꼭 복습하세요.

그림으로 배우는 기본 단어

그 과에 관련된 단어를 그림으로 엮었습
니다. 주제별로 정리된 기본 단어이므로
나올 때 마다 하나씩 정리해 두세요.

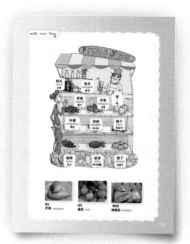

중국어 첫걸음 뉴뉴가 제공하는
특별부록 소개

1 왕초보를 위한 중국어 **기본 문형** – 중국어 말하기의 첫 단계

말하기 연습을 하려면 가장 먼저 거쳐야할 단계입니다. 하나의 단어가 어떻게 확장되는지 연습하다 보면 저절로 쉬운 구문을 만들 수 있게 됩니다.
한 단어 한 단어가 어떤 순서로 어떻게 결합 되는지 생각하면서 연습해 보세요.

2 왕초보를 위한 중국어 **기본 어법** – 회화에 꼭 필요한 알짜 어법

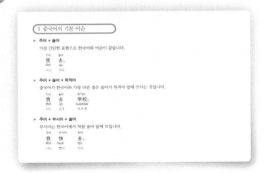

회화에 꼭 필요한 기본적인 어법들만 골라 엮었습니다. 중국어의 기본 문형(긍정, 부정, 의문문), 시제(과거, 진행, 경험) 등 첫걸음에서 중요하게 다루어야 할 부분만 요약 정리했으므로 본책을 한번 훑어보고 난 후 꼭 다시 한번 정리해 주세요. 중국어의 기본을 잡는 데 크게 도움이 될 것입니다.

3 왕초보를 위한 중국어 **기본 표현** – 회화에 꼭 필요한 여러 가지 표현들

중국어로 얘기하려면 기본적으로 알고 있어야 할 표현들이 있겠지요? 인사, 감사, 사과, 허락, 금지, 소개, 쇼핑 등 독특하게 쓰이는 표현은 상황별로 찾아 볼 수 있게 꾸몄습니다. 들고 다니면서 수시로 읽어보세요.

④ 왕초보를 위한 중국어 **기본 단어** – 이제 단어만 남았어요.

기본 문형, 기본 어법, 기본 표현을 알았으면 이제 단어만 알면 중국어 회화가 완성되겠네요. 단어는 언어의 기본이지만 끊임 없이 도전해야 하는 제일 어려운 부분이기도 합니다. 많이 알수록 회화를 유창하게 할 수 있겠지요? 처음부터 너무 많은 것을 바라지 말고 주제별로 필요한 단어를 조금씩 익혀 나가세요. 주제별로 찾기 쉽게 구성되어 있습니다.

⑤ 쓰기가 너무너무 쉬워지는 **간체자 쓰기 노트** – 간체자가 너무 쉬워요.

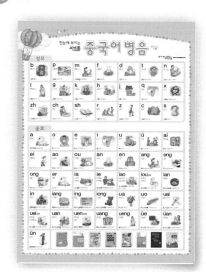

주요 간체자 및 부수가 바뀐 간체자를 앞쪽에 간략하게 모아 놓았고, 과별로 주요 글자를 뽑아 쓰기 연습을 할 수 있게 엮었습니다. 획순을 보면서 따라 쓰기 연습을 해보세요.

⑥ **중국어 병음 대형 브로마이드**

중국어 병음(성모와 운모)을 한눈에 볼 수 있게 꾸몄습니다. 표기법은 알파벳과 같지만 발음하는 법이 약간 다르므로 처음에는 벽에 붙여놓고 수시로 보면서 연습해 보세요.

⑦ 중국어 발음을 확실하게 잡아줄
오디오 CD, MP3 무료 다운로드

술술 말해보기 & 술술 읽기와 단어가 녹음되어 있습니다.
자주 자주 듣고 따라서 연습해 보세요.

⑧ **음성강의 + 동영상강의**

음성강의로 예습하고 동영상강의로 복습하세요.
음성강의는 저자 선생님과 원어민 선생님이 비교적 자세한 설명과 함께 반복 연습으로 듣기만 해도 저절로 외워지도록 구성하였습니다.
동영상 강의는 그 과의 핵심을 짚어 중요한 요소요소를 한눈에 알기 쉽게 설명하였습니다.

차례 contents

contents

제3부 | 기본 표현 익히기편

contents

제1부 | 중국어 기본 성분 · 발음 소개편

본격적으로 중국어를 배우기에 앞서 알아야 할 기본적인 요소들을 소개하려고 합니다.

우선 품사와 기본 문장 성문을 잘 익혀 보세요. 중국어의 문장 성분은 여섯 개뿐입니다. 문장이 아무리 길어져도 이 여섯 가지 성분을 벗어나지 않으므로 앞부분에서 중국어의 큰 틀을 이해하면, 보다 쉽게 중국어를 익힐 수 있을 거예요.

그리고, 중국어에서 발음은 매우 중요합니다. 처음에 발음을 제대로 익혀야 중국어에 자신이 생기므로 특히 신경써서 공부하세요.

다음은 제1부의 주요 내용입니다.

- 중국어 품사 소개
- 중국어 문장의 기본틀 – 중국어 문장 성분 소개
- 중국어의 발음

중국어 품사 소개

품사란?

단어가 갖고 있는 기능이 무엇인가에 따라 나눈 것을 품사라고 합니다. 영어는 8품사가 있지만 중국어는 크게 12품사로 분류됩니다.

01 명사(名词) — 세상에 존재하는 모든 이름

명사의 '名'이라는 글자를 보면 알 수 있듯이 명사란 '이름'이란 뜻입니다. 세상에 존재하는 모든 이름을 명사라고 합니다. 명사 중에 '북경'이나 '모택동'처럼 이 세상에서 하나밖에 없는 이름들은 '고유명사'로 분류되고, '오늘'이나 '내일'처럼 시간을 나타내는 명사는 '시간명사'로 다시 분류됩니다.

예 책상(桌子)　　　침대(床)　　　북경(北京)　　　모택동(毛泽东)

02 동사(动词) — 움직임을 나타내는 말들

'뛴다', '본다', '공부한다'와 같이 움직임을 나타내는 말을 '동사'라고 합니다. 대개의 경우 우리말의 '~한다'로 해석됩니다. 중국어의 동사는 주어가 몇 인칭이든, 시제가 과거이든 현재이든 미래이든 변하지 않는 것이 특징입니다.

예 뛴다(跑)　　본다(看)　　공부한다(学习)　　마신다(喝)

조동사(助动词) — 동사를 도와 능력, 바람, 가능성 등을 나타내는 말

동사를 도와 능력, 바람, 가능성, 당위성을 나타내는 말을 다시 조동사로 분류합니다.

예 능력을 나타내는 조동사(能/会/可以) ~할 수 있다
　　바람을 나타내는 조동사(想/要/愿意) ~하고 싶다
　　당위성을 나타내는 조동사(应该/该) ~해야 한다

03 : 형용사(形容词) — 모양, 성질, 색깔을 나타내는 말들

'중국어는 쉽다, 그녀는 예쁘다, 얼굴이 하얗다, 노란 꽃'에서 '쉽다', '예쁘다', '하얗다', '노랗다'가 형용사입니다. 모두 사물이 '어떠하다'라고 묘사해 주고 있습니다. 즉, 형용사는 주로 명사나 대명사의 성질이나 상태를 묘사해 주는 역할을 합니다.

> **예** 쉽다(容易)   예쁘다(漂亮)   희다(白)   노랗다(黄)

04 : 수사(数词) — 수를 나타내는 말

일, 이, 삼, 삼분의 일처럼 서수, 기수, 분수 등 수를 나타내는 말을 수사라고 합니다.

> **예** 일(一)   삼분의 일(三分之一)

05 : 양사(量词) — 명사, 동작의 횟수, 시간을 세는 단위

말은 한 필, 두 필 하듯 중국어에도 명사를 세는 단위가 따로 있습니다. 또, 한번, 두 번과 같이 동작의 횟수를, 하루, 1년처럼 시간을 세는 단위가 있는데 이런 것들을 통틀어 양사라고 합니다.

> **예** 명사를 세는 양사(匹/张/个)
> 횟수를 세는 양사(次/回/遍)
> 시간을 세는 양사(天/年)

06 : 대명사(代名词) — 명사를 대신 가리키는 말들

대명사의 '代'는 '대신한다'는 뜻인데, 명사를 대신하고 있다고 해서 대명사라고 부릅니다. 예를 들어 '홍길동은 한국인입니다, 그는 용감해요'라는 문장을 보면, '그'는 '홍길동'을 말하고 있죠? 이처럼 명사를 대신하는 말을 대명사라고 하는데 사람을 가리키고 있으면 '인칭대명사', 사물을 가리키고 있으면 '지시대명사', 의문을 나타내고 있으면 '의문대명사'라고 합니다.

> **예** 나(我)   너(你)   그(他)   이것(这)   저것(那)   무엇(什么)

07 부사(副词) — 동사를 꾸며주는 말들

부사의 '副'라는 글자에서 알 수 있듯이 부사란 부차적인 품사라는 뜻입니다. 그러므로 부사는 있으나 없으나 문장의 구조에는 영향을 주지 않습니다.

부사는 마치 극의 엑스트라와도 같습니다. 엑스트라가 없어도 극의 전체 흐름을 이해하는 데는 무리가 없지만 엑스트라가 있으면 훨씬 재미가 있고 생동감이 있게 되는 것처럼요. 부사도 이처럼 문장의 뜻을 좀더 정확하고 상세하게 표현해 주는 역할을 합니다. 특히 동사나 형용사를 꾸며줍니다.

예를 들어 '그는 또 왔다'라고 하면 주어는 '그', 술어는 '왔다' 입니다. '또'라는 부사가 없어도 의미 전달을 할 수 있지만 '또' 라는 부사가 있음으로 해서 문장의 뜻이 더 또렷해집니다.

예 또(又)　　매우(很, 非常)　　정말 (真)

08 전치사(介词) — 명사 앞에서 시간, 장소 등을 표현하는 말

명사, 대명사 앞에 위치하여 시간, 장소, 방법 등을 표현해 주는 말을 전치사라고 합니다. 〈~에, ~로〉 등 우리말의 조사와 성격이 비슷합니다. 전치사는 반드시 '전치사 + 명사/대명사' 형태로 써야 한다는 것을 기억하세요.

예 ~로부터(从)　　~로(往)　　대하여(对)　　~로써(以)

09 접속사(连词) — 문장과 문장을 연결해 주는 말

连词 (접속사)의 '连'이란 말은 연결해 준다는 뜻인데, 중국어에서 단어와 단어를 연결해 주거나 문장과 문장을 연결해 주는 역할을 하는 것이 바로 접속사입니다.

예를 들어 '그는 열심히 공부한다', '그는 성적이 좋다' 라는 두 문장을 연결하려면 '그래서'라는 말을 쓰게 되겠지요? 그러면 전달하고자 하는 의미를 또렷하게 나타낼 수 있습니다. 이처럼 접속사는 문장과 문장을 연결함으로써 전달하고자 하는 의미를 더욱 또렷하게 해주는 역할을 합니다.

예 왜냐하면(因为)　　비록(虽然)　　설사(即使)　　그러나(但是)

10 조사(助词) — 단어와 단어를 연결하고 어감을 조절하는 말

'나의 교실, 본 적이 있다, 예뻐졌다, 서 있다'에서 '~의', '~적이 있다', '~해졌다', '~해 있다'와 같이 조사는 단어와 단어를 연결하고, 말투를 조절하며, 동작이 어떤 상태에 있는지를 조절하는 역할을 합니다.

> **예** 동작의 상태를 조절하는 조사(了 / 着 / 过)
> 단어와 단어를 연결해 주는 조사(的 / 得 / 地)

11 감탄사(叹词) — 느낌을 표현하는 말들

'응? 뭐라고?', '야, 너 뭐 하는 거야', '아, 참으로 아름답다'에서 '응?', '야', '아'가 감탄사입니다. 감탄사는 말하는 사람의 추궁, 놀람, 느낌, 찬탄 등을 나타내는 말입니다.

> **예** 야(啊), 응(哼), 아이고(哎), 어이(喂)

12 의성사(象声词) — 소리를 흉내 내는 말들

의성사는 어떤 소리를 흉내 내는 말입니다. 우리말의 의성어에 해당합니다. '비가 주룩주룩 내린다', '땡땡하고 학교 종이 울렸다', '문이 벌컥 열렸다'에서 '주룩주룩, 땡땡, 벌컥'이 의성사입니다.

> **예** 좍좍(哗啦) 콸콸(哗哗) 드르륵(嗒嗒)

중국어 문장의 기본 틀

문장성분 익히기

중국어의 구조는 무척 간단합니다. 아무리 복잡한 문장이더라도 쪼개보면 아래 6개의 문장성분으로 이루어져 있습니다. 어떤 표현이든 아래의 틀 안에서 모두 가능합니다.

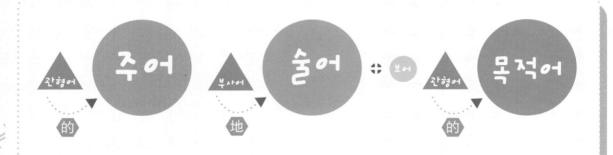

관형어	주어	부사어	술어	보어	관형어	목적어
的		地			的	
我的	妹妹	在家	看	完	一部	电影
나의	여동생은	집에서	보았다	다	한 편	영화를

그러면 기본 구조와 수식해 주는 말의 성분을 하나씩 익혀 볼까요?

주어

妹妹 + **看**
mèimei · kàn
여동생은 · 본다

누가 보는가? 여동생이. 이처럼 동작이나 행동을 하는 주체를 주어라고 합니다. '~은, ~는, ~이, ~가'에 해당하는 말이라고 생각하면 쉽지요.

술어

妹妹 + **看**
mèimei　　　kàn
여동생은　　본다

주어는 무엇을 하고 있는가? '보고 있다'입니다. 이처럼 주어가 '어떠한지, 무엇을 하는지, 무엇인지'를 알려주는 부분을 술어라고 합니다. 역할이 이러하다 보니 주로 동사나 형용사가 술어 역할을 담당하게 됩니다.

목적어

妹妹 + **看** + **电影**
mèimei　　kàn　　diànyǐng
여동생은　　본다　　영화를

여동생은 무엇을 보나? '영화'입니다. 이렇게 동작의 대상이 되는 말을 목적어라고 합니다. 우리말과 달리 중국어에서는 목적어가 동사 뒤에 옵니다.

관형어

我 的 + **妹妹** + **看** + **一部** + **电影**
wǒ de　　mèimei　　kàn　　yí bù　　diànyǐng
나의　　여동생은　　본다　　한 편의　　영화를

주어 妹妹 와 목적어 电影을 각각 我 와 一部 가 수식해 주고 있습니다. 이처럼 명사나 대명사를 수식하는 성분을 관형어라고 합니다. 주어와 목적어는 대부분 명사 혹은 대명사가 담당하므로 주어 앞 혹은 목적어 앞에는 관형어가 올 수 있습니다. 관형어는 때때로 조사 '的'가 필요합니다

부사어

妹妹 + 在家 + 看 + 电影
mèimei   zài jiā   kàn   diànyǐng
여동생은   집에서   본다   영화를

부사어란 술어 앞에 쓰여서 동작을 언제, 어디서, 어떻게, 얼마나, 누구와 했는 가 등의 물음에 대답할 수 있는 성분입니다. 예를 들면 위의 예문에서 看 앞의 '在家'는 동사 看을 수식해 주면서 '어디서'라는 물음에 답을 해주고 있습니다. 부사어는 때때로 조사 '地'가 필요합니다.

그런데 만약 부사어가 여러 개 라면 '시간사 + 부사 + 조동사 + [전치사 + 명 사/대명사]'순으로 써야 한다는 것은 반드시 기억해 두어야 합니다.

보어

妹妹 + 看 + 完 + 电影
mèimei   kàn   wán   diànyǐng
여동생은   보았다   다   영화를

보어란 말 그대로 보충해 주는 말들입니다. 여기에서의 完은 무엇을 보충하는 말일까요? '본' 결과 '끝냈다'는 말입니다. 즉, 看의 결과를 보충하는 말입니다. 이처럼 결과를 보충해 주면 결과보어, 정도를 보충해주면 정도보어, 진행 방향 을 보충해주면 방향보어라고 합니다. 그밖에 정태보어, 동량보어, 시량보어, 가 능보어 등이 있습니다. 우리말과 달리 중국어에서 보어는 '술어 뒤에 온다'는 데 주의하세요.

중국어의 발음

중국어의 발음은 성모, 운모, 성조로 이루어져 있습니다. 성모는 우리말의 자음, 운모는 우리말의 모음에 해당하며 성조는 우리말에는 없는 음의 높낮이를 말합니다.
또, 한 글자의 발음은 하나의 성모와 하나 이상의 운모 그리고, 하나의 성조가 결합되어 이루어집니다.

예

성조
성모
hěn(很)
운모

성조
성모
hǎo(好)
운모

성모는 우리말의 자음에 해당하며 음절 첫 부분에 위치합니다.

b
[뽀어]

bā [빠] 8 팔

p
[포어]

pǎo [파오] 뛰다

m
[모어]

máng [망] 바쁘다

f
[포어]

fàn [판] 밥

d
[뜨어]

dà [따] 크다

t
[트어]

tóu [터우] 머리

n
[느어]

ná [나] 들다, 가지다

l
[(을)러]

lǎo [라오] 늙다

g
[끄어]

gāo [까오] 높다

k
[크어]

kǒu [커우] 입

h
[흐어]

hē [허] 마시다

j
[지]

jiā [지아] 집

q
[치]

qī [치] 7 칠

x
[시]

xiǎo [시아오] 작다

zh
[즈]

zhǎo [쟈오] 찾다

ch
[츠]

chī [츠] 먹다

sh
[스]

shū [슈] 책

r
[르]

rén [런] 사람

z
[쯔]

zuò [쭈어] 앉다

c
[츠]

cǎo [차오] 풀

s
[쓰]

sān [싼] 3 삼

중국어의 발음
운모 02 CD

운모는 우리말의 모음에 해당하며 성모 다음 부분에 위치합니다.

a
[아]

māma [마마] 엄마

o
[오]

fó [포] 부처

e
[어]

kě [커] 목마르다

i
[이]

qī [치] 7 칠

u
[우]

wǔ [우] 5, 오

ü
[위]

qù [취] 가다

ai
[아이]

kāi [카이] 열다

ei
[에이]

lèi [레이] 피곤하다

ao
[아오]

máo [마오] 털

ou
[어우]

gǒu [거우] 개

an
[안]

fàn [판] 밥

en
[언]

mén [먼] 문

ang
[앙]

máng [망] 바쁘다

eng
[엉]

fēng [펑] 바람

ong
[옹]

dòng [똥] 움직이다

er
[얼]

èr [얼] 2, 이

ia
[이아][이야]

jiàgé [지아거] 가격
yáchǐ [야츠] 치아

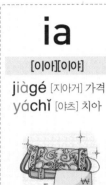

ie
[이에][이예]

xièxie [씨에씨에] 감사
yéye [예예] 할아버지

iao
[이아오][이야오]

xiǎomāo [시아오마오]
아기 고양이
yào [야오] 약

iou (iu)
[여우][이우]

niúnǎi [니우나이] 우유
yǒuqián [여우치엔]
돈이 있다

ian
[이엔]

diànhuà [띠엔화] 전화
yánsè [엔써] 색

in
[인]

gāngqín [깡친] 피아노
yǐnliào [인리아오] 음료

iang
[이앙]

dàxiàng [따씨앙]
코끼리
yáng [양] 양

ing
[잉]

míngpiàn [밍피엔]
명함
yīngxióng [잉시옹]
영웅

iong
[이옹]

xióngmāo [시옹마오]
곰
yóuyǒng [여우용]
수영(하다)

ua
[우아]

huār [활] 꽃
wáwa [와와] 인형

uo
[우오]

huǒchē [후어처] 기차
wòshì [워스] 침실

uai
[우아이]

kuàizi [쿠아이즈]
젓가락
wàimian [와이미엔]
밖

uei(ui)
[우에이][우이]

huíjiā [훼이지아]
귀가하다
wèizi [웨이즈] 자리

uan
[우안]

huānyíng [환잉]
환영하다
wǎnshang [완상] 저
녁

uen(un)
[우원][운]

chūntiān [츈티엔] 봄
wénzi [원즈] 모기

uang
[우앙]

chuānghu [츄앙후]
창문
wángzǐ [왕즈] 왕자

ueng

[우엉]

wēng [웡] 노인

üe

[위에]

xuéxí [쉬에시]
공부하다
yuèliang [위에랑] 달

üan

[위엔]

xuǎnzé [쉬엔저]
선택하다
yuànzi [위엔즈] 뜰

ün

[윈]

jūnrén [쥔런] 군인
yùndòng [윈똥] 운동
하다

운모
표기법

성모 없이 운모로만 음절이 시작될 때는 그 표기법이 달라집니다.

1. i, u, ü 가 단독으로 쓰일 때는 각각 'yi, wu, yu'로 표기합니다.

2. i 결합운모가 성모 없이 단독으로 쓰일 때는 i가 y로 바뀌거나 i앞에 y를 붙여 표기합니다.

- ian → yan [옌] ia → ya [야] in → yin [인]

3. u 결합운모가 성모 없이 단독으로 쓰일 때는 u를 w로 바꿔 표기합니다.

- ua → wa [와] uo → wo [워] uen → wen [원]

4. ü 결합운모가 성모 없이 단독으로 쓰일 때는 ü를 yu로 바꿔 표기합니다

- üe → yue [위에] üan → yuan [위엔] ün → yun [윈]

5. iou, uei, uen 앞에 성모가 올 때에는 각각 iu, ui, un으로 표기합니다.

- diou → diu [띠(어)우] huei → hui [후에이] zuen → zun [쮀ㄴ]

6. 성모 j, q, x 는 ü, üe, üan, ün과 쓰일 때 'ü'의 두 점을 없애고 표기합니다.

- j + ü =ju [쥐] q + üe=que [취에] x + üan=xuan [쉬엔]

중국어의 발음

성조

성조는 음의 높낮이를 표시하는 것입니다.
제1성 , 제2성, 제3성, 제4성, 경성이 있으며 발음법이 모두 다릅니다. 성조가 달라지면 뜻도 변하므로 중국어를 정확하게 구사하려면 성조를 제대로 익혀서 잘 발음해야 합니다.
다음은 그림에 따른 성조 발음법입니다. 잘 듣고 따라해 보세요.

제 1 성	높은음을 평탄하고 길게 끌면서 냅니다.	ā
제 2 성	중간음에서 높은음으로 끌어올리며 발음합니다.	á
제 3 성	약간 낮은음에서 시작하여 가장 낮은음까지 내려갔다가 다시 약간 높은음까지 올리는 음입니다.	ǎ
제 4 성	가장 높은음에서 시작하여 가장 낮은음까지 빨리 끌어내리는 음입니다.	à
경 성	단어나 문장에서 발음하기 편하도록 원래의 성조를 무시하고 짧고 가볍게 읽는 성조를 말합니다. 다른 성조의 영향을 받아 변하게 되며 어떤 성조가 결합되느냐에 따라 높낮이가 변합니다. 경성은 성조 표시를 하지 않습니다.	a

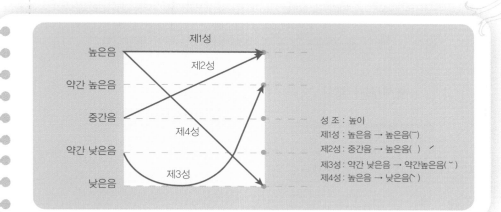

성 조 : 높이
제1성 : 높은음 → 높은음(ˉ)
제2성 : 중간음 → 높은음( ) ´
제3성 : 약간 낮은음 → 약간높은음(ˇ)
제4성 : 높은음 → 낮은음(ˋ)

성조
연습 1 🔵03 CD

다음의 성조를 연습해 보세요.

1. 제1성	ā	mā	jīntiān	fēijī
2. 제2성	á	lái	yínháng	xuéxí
3. 제3성	ǎ	hǎo	dǎ	hěn
4. 제4성	à	kuài	diànhuà	zàijiàn

성조
연습 2 🔵04 CD

경성 : 경성의 음 높이는 앞 음절 성조의 영향을 받아 변합니다.

● 제1성 + 경성

妈妈 māma (엄마)

● 제2성 + 경성

朋友 péngyou (친구)

28

● 제3성 + 경성

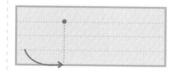

姐姐 jiějie (언니)

● 제4성 + 경성

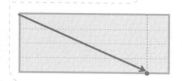

谢谢 xièxie (고마워)

성조 표기 규칙

성조는 각 음절의 주요 운모에 표기하는데 표기 방법은 다음과 같습니다.

1. 단운모일 경우 그 운모 위에 표기합니다.

mǎ   qù   tā

2. 복합운모이거나 결합운모일 경우 a>e,o>i,u의 순서대로 표기합니다.
   a가 있으면 무조건 a에 표기하고 없으면 e나 o에 표기합니다. e와 o가 동시에 나오
   는 경우는 없습니다.

hǎo   nèi   yǒu

3. i, u가 나란히 있는 경우는 뒤에 위치한 운모에 표기합니다.

huí   jiǔ

4. i에 성조부호를 표시할 경우에는 i위의 점은 생략합니다.

jī   xí

성조 변화 (변조)

여러 음절을 연이어 발음할 때, 다른 성조의 영향을 받아 본래의 성조가 변하기도 합니다. 다음은 성조가 변하는 예입니다.

1. 3성 + 1성, 2성, 4성

제3성 뒤에 제1성, 제2성, 제4성, 경성이 오면 제3성은 내려가는 부분만 발음이 되고 올라가는 부분은 발음하지 않습니다. 이를 반3성이라 합니다.

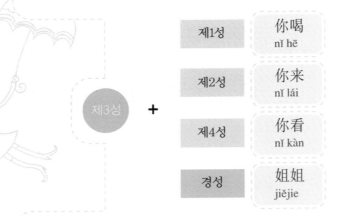

2. 3성+3성일 때의 성조 변화

2성 + 3성으로 변합니다.

3. 不의 성조 변화

不 bù 는 원래 4성인데 4성 앞에서는 2성으로 변합니다.

30

4. 一의 성조 변화

一 yī 의 원래 성조는 1성인데 1, 2, 3성 앞에서는 4성으로, 4성 앞에서는 2성으로 변합니다.

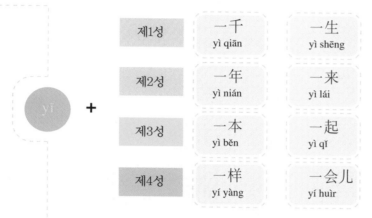

제1성	一千 yì qiān	一生 yì shēng
제2성	一年 yì nián	一来 yì lái
제3성	一本 yì běn	一起 yì qǐ
제4성	一样 yí yàng	一会儿 yí huìr

※ 서수나 단독으로 읽을 때는 1성으로 읽습니다.

第一 dì yī	一 yī

다음의 성조를 연습해 보세요. 05 CD

제1성 +	제1성	飞机 fēijī	公司 gōngsī	咖啡 kāfēi
	제2성	中国 Zhōngguó	今年 jīnnián	喝茶 hē chá
	제3성	经理 jīnglǐ	喝酒 hē jiǔ	身体 shēntǐ
	제4성	音乐 yīnyuè	希望 xīwàng	工作 gōngzuò
	경성	东西 dōngxi	哥哥 gēge	妈妈 māma

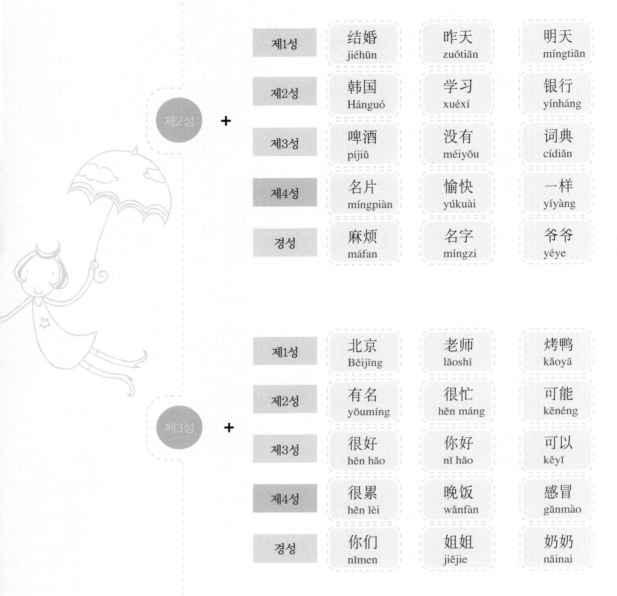

	제1성	结婚 jiéhūn	昨天 zuótiān	明天 míngtiān
제2성 +	제2성	韩国 Hánguó	学习 xuéxí	银行 yínháng
	제3성	啤酒 píjiǔ	没有 méiyǒu	词典 cídiǎn
	제4성	名片 míngpiàn	愉快 yúkuài	一样 yíyàng
	경성	麻烦 máfan	名字 míngzi	爷爷 yéye

	제1성	北京 Běijīng	老师 lǎoshī	烤鸭 kǎoyā
제3성 +	제2성	有名 yǒumíng	很忙 hěn máng	可能 kěnéng
	제3성	很好 hěn hǎo	你好 nǐ hǎo	可以 kěyǐ
	제4성	很累 hěn lèi	晚饭 wǎnfàn	感冒 gǎnmào
	경성	你们 nǐmen	姐姐 jiějie	奶奶 nǎinai

제4성 +	제1성	上班 shàngbān	健康 jiànkāng	汽车 qìchē
	제2성	上学 shàngxué	练习 liànxí	去年 qùnián
	제3성	握手 wòshǒu	地铁 dìtiě	号码 hàomǎ
	제4성	现在 xiànzài	再见 zàijiàn	电话 diànhuà
	경성	外面 wàimian	袜子 wàzi	爸爸 bàba

격음부호 (') 의 용법

다른 음절 뒤에 'a,o,e' 로 시작하는 음절이 오면 어떤 음에서 읽어야 할 지 구분이 안 되는 경우가 있습니다. 이 때 격음부호 (') 를 사용하여 구분하여 줍니다.

天安门 Tiān'ānmén [티엔안먼] 천안문   可爱 kě'ài [커아이] 귀엽다

儿화운모

운모 'er'이 다른 운모와 합쳐지면 '儿화운모' 가 됩니다. 표기법은 한자 뒤에는 '儿'을 붙이고 병음 뒤에는 'r'을 첨가합니다.

花儿 huār [활] 꽃
鸟儿 niǎor [니아올] 새
小孩儿 xiǎoháir [시아오할] 어린이

제2부 │ 기본 뼈대 세우기편

중국어의 전체적인 틀을 잡아주는 부분입니다.
중국어를 배우면서 가장 어렵게 생각되는 부분은 우리와 어순이
다른 점이에요.
제1부에서는 중국어 어순에 대한 전반적인 이해를 돕고 기본문형
을 확실히 이해할 수 있도록 도와줄 것입니다. 큰 틀을 먼저 이해
하고 세부적인 부분을 하나씩 넓혀 가도록 해보세요.

다음은 제2부의 주요 내용입니다.

- 기본적인 인사말 배우기

- ~가/는 ~다 : 형용사의 긍정, 부정, 의문 형태 어순 잡기 – 형용사 술어문

- ~가/는 ~하다 : 동사의 긍정, 부정, 의문 형태 어순 잡기 – 동사 술어문

- ~가/는 ~하다 ~을 : 동사와 목적어의 어순 잡기

- ~가/는 ~이다 / 아니다 : 是의 긍정, 부정, 의문 형태 어순 잡기 – '是자문'

- ~가/는 어떻게 ~(하)다 : 부사 자리 익히기

- '~의'라고 말하고 싶을 땐 的

- 여러 가지 부사

- ~가 ~이 ~다 : '주어+동사/형용사'가 술어 자리에 올 때 – 주술 술어문

- 있다 ~이 : 소유하고 있는 걸 말하고 싶을 땐 有 – 有자문

- 조동사 익히기

01

안녕하세요!
你好!

맥도널드

우리에게 너무도 익숙한 맥도널드 간판
이지요? 중국에서는 맥도널드를 **麦当劳**
Màidāngláo(마이땅라오)라고 해요.

이것만은
꼭!!

■ **기본 인사말**

오늘은 중국어의 기본적인 인사말을 배워 보도록 하겠습니다. 우리가
자주 듣던 **你好**와 **你好吗?** 의 차이도 기억해 두세요.

• 인사말 배우기 – '**你好!**'

이 과의 주요 내용!

• 기본 인사
• 헤어질 때
• 감사 인사
• 사과 인사

인사 배워보기 기본인사 **01**

안녕하세요? — 기본적인 인사말(1)

你 + 好 　안녕하세요
nǐ　hǎo

'你好吗?'는 영어의 'How are you?'에 해당하는 안부를 묻는 인사말로 보통 '我很好'로 대답합니다. 이에 반해 '你好'는 영어의 'Hi!'에 해당하는 말로써 상대방도 역시 '你好'로 대답합니다. 상대에 따라 '你' 자리에 대상을 바꾸어 말할 수도 있습니다.

- 你 nǐ 대 너, 당신
- 好 hǎo 형 좋다
- 您 nín 대 당신
- 们 men 접미 복수를
  나타내는 접미사
- 大家 dàjiā 대 모두들,
  여러분

• 안녕하세요.	**您好。** Nín hǎo.
• 여러분 안녕하세요.	**你们好。** Nǐmen hǎo.
• 여러분 안녕하세요.	**大家好。** Dàjiā hǎo.

해어질 때 **02**

안녕히 가세요 — 기본적인 인사말(2)

再 + 见 　안녕히 가세요(계세요), 또 뵐게요.
zài　jiàn

再 자리에 시간을 나타내는 명사를 대치해서 표현할 수도 있습니다.

- 再 zài 부 다시
- 见 jiàn 동 보다
- 明天 míngtiān 명 내일
- 后天 hòutiān 명 모레
- 下星期 xià xīngqī
  다음 주

• 내일 뵐게요.	**明天见。** Míngtiān jiàn.
• 모레 뵐게요.	**后天见。** Hòutiān jiàn.
• 다음 주에 뵐게요.	**下星期见。** Xià xīngqī jiàn.

~께 감사합니다 — 기본적인 인사말(3)

谢谢 + 您
xièxie nín

감사드립니다 + 당신께

'谢谢'라고만 해도 되고 뒤에 대상을 써서 표현해도 됩니다. 대답은 '별 말씀을요'라는 의미로 '不客气'나 '不谢'라고 하면 됩니다.

- 他 tā 때 그
- 谢谢 xièxie 고맙습니다
  감사합니다

- 그에게 감사드려요. 　　**谢谢他。**
  　　　　　　　　　　　Xièxie tā.

- 너희들 고마웠어. 　　**谢谢你们。**
  　　　　　　　　　　　Xièxie nǐmen.

- 여러분께 감사합니다. 　**谢谢大家。**
  　　　　　　　　　　　Xièxie dàjiā.

▪ 인칭 대명사

단수	나	너 / 당신	그	그녀	그것
	我 wǒ	你 nǐ / 您 nín	他 tā	她 tā	它 tā

복수	우리	너희들	그들	그녀들	그것들
	我们 wǒmen	你们 nǐmen	他们 tāmen	她们 tāmen	它们 tāmen

알아두세요!

▶ '您'은 '你'의 존칭어입니다. 보통 나이 많은 사람에게나 손윗사람에게 사용합니다. 자기와 동년배인 사람인 경우 사용하기도 하는데 특히 초면인 경우 많이 사용합니다.

▶ 그, 그녀를 나타내는 '他 tā / 她 tā'와 동물과 사물을 가리키는 '它 tā'는 글자모양으로는 구분이 되지만 발음과 성조가 똑같기 때문에 음성으로는 구분할 수 없답니다.

술술
말해보기

06
CD

니 하오
A 你好。
   Nǐ hǎo.

니 하오
B 你好。
   Nǐ hǎo.

해석

A 안녕하세요.
B 안녕하세요.

A 미안합니다.
B 괜찮습니다.

A 안녕히 계세요(가세요).
B 안녕히 가세요(계세요).

A 감사합니다.
B 천만에요.

뚜이 부 치
A 对不起。
   Duì bu qǐ.

메이 꾸안 시
B 没关系。
   Méi guānxi.

짜이 지엔
A 再见。
   Zài jiàn.

짜이 지엔
B 再见。
   Zài jiàn.

씨에 씨에
A 谢谢。
   Xièxie.

부 커 치
B 不客气。
   Bú kèqi

07
CD

단어

- 你 nǐ [대] 너, 당신
- 好 hǎo [형] 좋다
- 对不起 duì bu qǐ 미안합니다
- 没关系 méiguānxi 천만에요, 괜찮습니다
- 再 zài [부] 재차, 다시

- 见 jiàn [동] 보다
- 谢谢 xièxie 고맙습니다, 감사합니다
- 不 bù [부] 아니다, ~않다
- 客气 kèqi [형] 예의 바르다, 정중하다

02 바쁘세요?
你忙吗?

KFC를 **肯德基** Kěndéjī (컨더지) 라고 합니다. 켄터키 발음을 따라서 만들었다는 거 눈치 채셨나요?

KFC

이것만은
꼭!!

■ '주어 + 술어(형용사)'로 문장 만들기 (형용사술어문)

중국어의 기본 뼈대는 '주어 + 술어 + 목적어'입니다. 이 과에서는 술어 자리에 형용사가 오는 형태의 문장을 배워볼 거예요. 중국어에서 술어라는 개념은 아주 중요합니다. 술어의 개념을 꼭 익히고 긍정, 부정, 의문형도 어떻게 만드는지 꼭 기억해 두세요!

이 과의 주요 내용!

- 형용사 술어문의 긍정형
- 형용사 술어문의 부정형
- 형용사 술어문의 의문형
- 표현 따라잡기 - ~呢?

중국어
뼈대 잡기

기본 뼈대
잡기 **01**

~는 ~합니다 — 형용사 긍정문 만들기

> 我 + 很忙 나는 + 바쁩니다
> wǒ   hěn máng

술어란 '주어가 어떠하다'라고 설명해 주는 부분을 말합니다. 예를 들어 '그는 바쁘다'라고 하면 '바쁘다'가 술어가 됩니다. 이처럼 형용사가 술어 역할을 하고 있다면 형용사 술어문이라고 합니다. 어순은 '주어 + 형용사' 순서로 써주면 긍정형태가 됩니다. 이때 주의할 점은 형용사가 술어가 될 때 습관처럼 앞에 '很'을 달고 다니는 것입니다. '很'이 없으면 비교의 의미를 나타내기 때문입니다.

- 저는 피곤합니다.   **我很累。**
  Wǒ hěn lèi

- 저는 배가 고픕니다.   **我很饿。**
  Wǒ hěn è

알아두세요!

▶ 很 hěn
'꽤'라는 뜻의 정도부사인데 형용사 술어문에서 형용사 앞에 쓰인 很은 정도의 뜻이 무척 약합니다. 그러나 강하게 읽으면 '매우'라는 뜻이 다시 살아납니다.

- 很 hěn 부 매우, 아주
- 忙 máng 형 바쁘다
- 累 lèi 형 지치다, 피로하다
- 饿 è 형 배고프다

기본 뼈대
잡기 **02**

~는 ~하지 않습니다 — 형용사 부정문 만들기

> 我 + 不忙 나는 + 바쁘지 않습니다
> wǒ   bù máng

형용사 술어문을 부정할 때에는 '很' 대신에 '不'만 형용사 앞에 붙여주면 됩니다. 아주 간단하죠?

- 저는 피곤하지 않습니다.   **我不累。**
  Wǒ bú lèi

- 저는 배고프지 않습니다.   **我不饿。**
  Wǒ bú è

알아두세요!

▶ 不 bù 는
뒤에 제4성이 오면 제2성으로 성조가 변합니다.
예 不累 bù lèi → bú lèi

03 ~은 ~합니까? — 형용사 의문문 만들기

你 + 忙吗? / 你 + 忙不忙? 당신은 + 바쁘세요?
Nǐ máng ma? / Nǐ máng bu máng?

문장 끝에 '吗'를 붙이거나 형용사를 긍정, 부정 형식으로 나란히 써주면 의문문이 됩니다. 중국어는 의문문을 만들 때 주어와 술어가 자리 이동을 하지 않습니다.

• 吗 ma 조 의문조사

• 당신 피곤하세요?　　　　你累吗? / 你累不累?
　　　　　　　　　　　　　Nǐ lèi ma? / Nǐ lèi bu lèi?

• 당신 배고프세요?　　　　你饿吗? / 你饿不饿?
　　　　　　　　　　　　　Nǐ è ma? / Nǐ è bu è?

04 ~는요? — 생략 의문문 만들기

你 + 呢? 당신은요?
Nǐ ne?

'~呢?'는 '~는요?'라는 표현인데, 문장 끝자리에 오는 조사입니다. 앞의 화제를 이어받아, 같은 내용을 질문할 때 사용합니다.

• 呢 ne 조 의문조사

• 그는?　　　　　　　　　他呢?
　　　　　　　　　　　　Tā ne?

• 당신은요?　　　　　　　您呢?
　　　　　　　　　　　　Nín ne?

술술 말해보기

A 你忙吗?
　니 망 마
　Nǐ máng ma?

B 我很忙。你呢?
　워 헌 망　　니 너
　Wǒ hěn máng. Nǐ ne?

A 我不忙。
　워 뿌 망
　Wǒ bù máng.

해석

A 당신 바쁘세요?

B 저는 바쁩니다. 당신은요?

A 저는 바쁘지 않습니다.

단어

- 忙 máng ⑱ 바쁘다
- 吗 ma ㉜ 문장 끝에 쓰여 의문을 표시함.
- 很 hěn ㉘ 매우, 아주, 대단히
- 呢 ne ㉜ 의문조사

Plus 중국 이야기

국 명 :	中华人民共和国(People's Republic of China)
건국일 :	1949년 10월 1일
수 도 :	베이징
면 적 :	9,596,900 ㎢ (한반도의 약 44배·세계 3위)
인 구 :	13.5억 – 한족(94%)과 55개의 소수민족(6%)으로 구성
언 어 :	베이징어(만다린어)가 표준말이며, 각 지방별로 방언 사용
시 차 :	–1시간(한국시간 보다 1시간 느림)
국 기 :	五星红旗(오성홍기)

03 당신은 봅니까?
你看不看?

스타벅스

중국에 있는 스타벅스 모습입니다. 스타벅스를
星巴克 Xīngbākè(씽빠커)라고 해요.

이것만은
꼭!!

■ '주어 + 술어(동사)'로 문장 만들기 (동사술어문)

중국어의 기본 뼈대는 앞 과에서도 얘기했듯이 '주어 + 술어 + 목
적어'입니다. 이 과에서는 술어 자리에 동사가 오는 형태의 문장을
만들어 볼 것입니다. 동사술어문의 긍정, 부정, 의문형을 어떻게
만드는지 꼭 기억해 두세요!

이 과의 주요 내용!

● 동사술어문의 긍정형

● 동사술어문의 부정형

● 동사 술어문의 의문형

● 의문대명사 为什么

44

~는 ~합니다 — 동사 긍정문 만들기

| 我 + 看 | 나는 봅니다 |
| wǒ kàn | |

동사가 술어 역할을 한다면 '주어 + 동사' 순서로 써주면 긍정형태가 됩니다. 이처럼 동사가 술어 역할을 하는 문장을 어법 용어로는 동사 술어문이라고 합니다.

- 看 kàn 동 보다
- 来 lái 동 오다
- 买 mǎi 동 사다

- 그는 옵니다.　　　　　他来。
　　　　　　　　　　　　Tā lái.

- 그는 삽니다.　　　　　他买。
　　　　　　　　　　　　Tā mǎi.

~는 ~하지 않습니다 — 동사 부정문 만들기

| 我 + 不 + 看 | 나는 + 보지 않습니다 |
| wǒ bú kàn | |

형용사 술어문처럼 동사 앞에 不만 붙여주면 부정형이 됩니다. 역시 간단하죠?

- 그는 오지 않습니다.　　他不来。
　　　　　　　　　　　　Tā bù lái.

- 나는 사지 않습니다.　　我不买。
　　　　　　　　　　　　Wǒ bù mǎi.

03 기본 뼈대 잡기

～는 ～합니까? — 동사 의문문 만들기

> 你 + 看 + 吗? / 你 + 看不看?　　당신은 + 봅니까?
> Nǐ kàn ma? / Nǐ kàn bu kàn?

형용사 술어문과 마찬가지로 문장 끝에 '吗'를 붙이거나 동사를 긍정 부정 형식으로 나란히 써주면 의문형이 됩니다.

- 당신 오나요?
  你来吗? / 你来不来?
  Nǐ lái ma? / Nǐ lái bu lái?

- 그는 삽니까?
  他买吗? / 他买不买?
  Tā mǎi ma? / Tā mǎi bu mǎi?

▶ 경어

중국어에도 정중한 표현이 있지만 우리말과 같은 복잡한 경어 체계는 없답니다. 그래서 번역할 때 '他买吗?'는 '그 사람은 사니?' 혹은 '그분은 삽니까?'라고 두 가지로 번역할 수 있어요.

04 기본 뼈대 잡기

～도, 역시 — 부사 也

> 她 + 也 + 不看　　그녀도 안 봅니다
> tā yě bú kàn

중국어의 기본 뼈대 '주어 + 술어 + 목적어'를 중심으로 앞에 오는 수식 성분들을 앞으로 배우게 될 텐데, 그 첫 번째로 술어를 수식해 주는 부사를 살펴보면, 부사는 주어 보다는 뒤에 술어 보다는 앞에 위치합니다.

• 也 yě 봒 ～도, ～역시

- 그도 바쁩니다.
  他也很忙。
  Tā yě hěn máng.

- 저도 피곤해요.
  我也很累。
  Wǒ yě hěn lèi.

니 칸 부칸

A 你看不看?
　Nǐ kàn bu kàn?

워 부칸

B 我不看。
　Wǒ bú kàn.

웨이 션머

A 为什么?
　Wèishénme?

중국어는 의문문을 만들 때 어순이 변하지 않습니다. 为什么는 단독으로 쓰거나 '为什么+동사/형용사' 형태로 쓰입니다.

为什么不看?
Wèishénme bú kàn?
왜 안 보죠?

뿌 하오 칸

B 不好看。
　Bù hǎo kàn.

니 메이 메이 예 부 칸 마

A 你妹妹也不看吗?
　Nǐ mèimei yě bú kàn ma?

타 예 부칸

B 她也不看。
　Tā yě bú kàn.

해석

A 당신은 봅니까?
B 저는 안 봅니다
A 왜죠?
B 재미없어서요.
A 당신 여동생도 안 봅니까?
B 여동생도 안 봅니다.

단어

- 看 kàn　　　　　　　　[동] 보다
- 为什么 wèishénme　　[대] 왜, 어째서
- 好看 hǎo kàn　　　　　[형] 예쁘다, 재미있다

- 妹妹 mèimei　　[명] 여동생
- 也 yě　　　　　[부] ~도, ~역시

04 저는 차를 마십니다
我喝茶。

피자헛

피자헛 간판입니다. 중국에서는 피자헛을 必胜客 Bìshèngkè (삐셩커)라고 해요.

■ '주어 + 술어 + 목적어' 문장 만들기

중국어의 기본 뼈대는 '주어 + 술어 + 목적어'라는 것 기억하셨어요? 이 과에서 드디어 목적어가 출현합니다. '~을 ~하다'라고 할 때 목적어는 '~을'에 해당하는 부분입니다. 중국어는 '~하다 ~을' 형태라는 것 꼭 기억해 두세요!

이 과의 주요 내용!

- 동사 + 목적어 어순 잡기
- 정중히 요청할 때의 표현 – 请
- 의문 대명사 什么
- 선택의문문 还是
- 吧

기본 뼈대
잡기

01

~는 ~을 ~합니다 — 동사 + 목적어 어순 잡기

我 + 喝 + 茶   나는 + 마신다 + 차를
wǒ   hē   chá

중국어를 처음 접할 때 가장 혼동하기 쉬운 부분은 동사와 목적어의 어순이 바뀌는 점입니다. '~을 ~한다'에서 '~을'에 해당하는 목적어 부분이 동사 뒤에 놓이기 때문입니다. 즉 중국어로는 '마신다 차를'처럼 '동사 + 목적어' 순서로 써주어야 합니다.

- 喝 hē 동 마시다
- 茶 chá 명 차
- 报纸 bàozhǐ 명 신문
- 面包 miànbāo 명 빵

- 나는 신문을 봅니다.　　　**我看报纸。**
　　　　　　　　　　　　　Wǒ kàn bàozhǐ.

- 그는 빵을 삽니다.　　　　**他买面包。**
　　　　　　　　　　　　　Tā mǎi miànbāo.

기본 뼈대
잡기

02

~하십시오 — 정중히 요청할 때의 표현

请 + 坐   앉으세요
qǐng zuò

'请'은 영어의 'please'에 해당하는 말로써, 상대에게 정중히 무언가를 요청할 때 사용합니다. 보통은 문두에 써 주어야 하고 '请 + 동사' 형태로 표현합니다.

- 请 qǐng 동 ~하세요, 해주세요
- 坐 zuò 동 앉다
- 进 jìn 동 들어가다(오다)
- 听 tīng 동 듣다
- 吃 chī 동 먹다

- 들어오세요.　　　　　**请进。**
　　　　　　　　　　　Qǐng jìn.

- 들어보세요.　　　　　**请听。**
　　　　　　　　　　　Qǐng tīng.

- 드세요.　　　　　　　**请吃。**
　　　　　　　　　　　Qǐng chī.

03 무슨 ~ / 무엇 — '무엇'이라고 물어보고 싶을 때 什么

> 她 + 喝 + 什么? 그녀는 + 마십니까 + 무엇을
> Tā   hē   shénme?

중국어는 의문문이라고 해서 특별히 자리 이동을 할 필요가 없습니다. 평서문 중의 질문하고자 하는 부분을 의문사로 대체하면 바로 의문문이 됩니다.

- 什么 shénme 대 무엇
- 咖啡 kāfēi 명 커피
- 绿茶 lùchá 명 녹차

- 그녀는 커피를 마십니다.
  她喝咖啡。
  Tā hē kāfēi.

- 그녀는 무엇을 마십니까?
  她喝什么?
  Tā hē shénme?

- 그녀는 녹차를 마십니다.
  她喝绿茶。
  Tā hē lùchá.

- 그녀는 무슨 차를 마십니까?
  她喝什么茶?
  Tā hē shénme chá?

04 ~ 아니면 ~ ? — 선택의문문 还是

> 喝茶 + 还是 + 喝咖啡? 차 마실래 + 아니면 + 커피 마실래?
> Hē chá háishi   hē kāfēi?

두 개의 문장이나 단어를 '还是'를 이용해서 질문하는 것을 어법 용어로는 '선택의문문'이라고 합니다. 그 자체가 의문의 뜻을 나타내기 때문에 문장 끝에 '吗'를 쓰지 않습니다.

- 去 qù 동 가다
- 还是 háishi 접 또는, 아니면

- 네가 가니 아니면 그가 가니?
  你去还是他去?
  Nǐ qù háishi tā qù?

- 네가 사니 아니면 그가 사니?
  你买还是他买?
  Nǐ mǎi háishi tā mǎi?

술술
말해보기

12
CD

A
칭 쭈어 니 허 선머?
请坐, 你喝什么?
Qǐng zuò, nǐ hē shénme?

상대방에게 어떤 일을 부탁하거나 권할 때 쓰는 경어

해석

A 앉으세요. 무엇을 드시겠습니까?

B 저는 차를 마실게요.

A 어떤 걸로 드실래요? 홍차, 녹차 아니면 화차?

B 녹차로 하죠.

B
워 허 차
我喝茶。
Wǒ hē chá.

A
허 선머 차 홍차 뤼차 하이스 화차
喝什么茶? 红茶、绿茶, 还是花茶?
Hē shénme chá? Hóngchá, lǜchá, háishi huāchá?

B
워 허 뤼차 바
我喝绿茶吧。
Wǒ hē lǜchá ba.

우리말에는 없는 구두점 ' 、'이 보이네요. '顿号 dùnhào'라고 부르는 이 기호는 단어와 구를 병렬할 때 써 주는 부호예요.

문장 끝에 쓰여 권유 또는 명령, 제안의 어투를 나타냅니다.
走吧。 가자.
Zǒu ba.

13
CD

단어

• 请 qǐng	동 ~하세요, ~해주세요		• 红茶 hóngchá	명 홍차	
• 坐 zuò	동 앉다		• 绿茶 lǜchá	명 녹차	
• 喝 hē	동 마시다		• 花茶 huāchá	명 (향기로운 꽃잎으로 만든) 화차	
• 什么 shénme	대 무엇		• 还是 háishi	접 또는, 아니면	
• 茶 chá	명 차		• 吧 ba	조 ~하자, ~해라	

 1~4과 총정리 확인 테스트

01 你累 ⬚ 累? 당신 피곤하세요?

02 我很 ⬚。 나는 배가 고프다.

03 他很 ⬚。 그는 바쁘다.

04 她 ⬚? 그녀는요?

05 谢谢 ⬚。 그분께 감사드려요.

06 ⬚ 客气。 천만에요.

07 你喝 ⬚? 당신은 무엇을 마시나요?

08 ⬚ 进。 들어오세요.

09 我妹妹 ⬚ 不看。 제 여동생도 안 봅니다.

10 你写 ⬚ 他写? 네가 쓰니 아니면 그가 쓰니?

11 喝 ⬚。 마셔라.

정답

01. 不 02. 饿 03. 忙 04. 呢 05. 他 06. 不 07. 什么 08. 请 09. 也 10. 还是
11. 吧

05

당신은 선생님입니까?
您是老师吗?

판다

우리에게 익숙한 중국의 대표 동물 판다熊
猫 xióngmāo(시옹마오)예요.

이것만은
꼭!!

■ '주어 + 是'로 문장 만들기

영어에 be 동사가 있다면 중국어에는 '是'가 있습니다. 우리말의
'~이다'에 해당하는 말이에요. 영어의 be 동사는 is, are 등이 있지
만 중국어는 오로지 '是' 하나 뿐입니다. '是'가 쓰인 문장을 어법
용어로는 '是자문'이라고 합니다. 이 과에서는 술어가 '是'일 때 긍
정, 부정, 의문형태 만드는 것을 기억해 두세요!

이 과의 주요 내용!

• '是자문'의 긍정형태
• '是자문'의 부정형태
• '是자문'의 의문형태
• 표현 따라잡기– 是/不是

중국어
뼈대 잡기

~는 ~입니다 — 是가 있는 문장의 긍정표현

她 + 是 + 老师　그녀는 + 입니다 + 선생님
tā　shì　lǎoshī

중국어의 기본 어순이 '주어 + 술어(동사/형용사) + 목적어'라는 것 기억하시죠? 是는 '~이다'라는 동사인데 '是'가 술어 역할을 하므로 '주어 + 是 + 목적어' 순서로 써주면 됩니다. 이런 문장을 어법 용어로는 '是자문'이라고 합니다.

- 是 shì 통 ~이다
- 老师 lǎoshī 명 선생님
- 学生 xuésheng 명 학생
- 大夫 dàifu 명 의사

- 그는 학생입니다.　　　　他是学生。
　　　　　　　　　　　　Tā shì xuésheng.

- 나는 의사입니다.　　　　我是大夫。
　　　　　　　　　　　　Wǒ shì dàifu.

~는 ~가 아닙니다 — 是가 있는 문장의 부정표현

她 + 不是 + 老师　　그녀는 + 아닙니다 + 선생님이
tā　bú shì　lǎoshī

'是'의 부정은 '不是'입니다.

- 그는 학생이 아닙니다.　　他不是学生。
　　　　　　　　　　　　Tā bú shì xuésheng.

- 나는 의사가 아닙니다.　　我不是大夫。
　　　　　　　　　　　　Wǒ bú shì dàifu.

03 ~는 ~입니까? — 是가 있는 문장의 의문형태

> 您+是+老师+吗? / 您+是不是+老师? 당신은 + 입니까 + 선생님?
> Nín shì lǎoshī ma? / Nín shì bu shì lǎoshī?

'是자문' 역시 문장 끝에 '吗'를 붙이거나, 긍정부정 꼴인 '是不是'를 이용하여 의문문을 만듭니다.

- 그녀는 학생입니까?
  她是学生吗? / 她是不是学生?
  Tā shì xuésheng ma? / Tā shì bu shì xuésheng?

- 그는 의사입니까?
  他是大夫吗? / 他是不是大夫?
  Tā shì dàifu ma? / Tā shì bu shì dàifu?

04 그렇습니다/그렇지 않습니다 — YES / NO

> 是 / 不(是) 그렇습니다 / 그렇지 않습니다
> shì / bú shì

'是'는 단독으로 쓰이면 '맞다, 옳다'의 뜻입니다. 영어의 'YES'에 해당하는 어감이라고 생각하시면 됩니다. '아니다'라고 하고 싶으면 '不是' 혹은 '不'라고 하면 됩니다. 영어의 'NO'에 상당하는 말로 보시면 되겠네요.

A 당신은 학생이세요?

A **你是学生吗?**
Nǐ shì xuésheng ma?

B 네.

B **是。**
Shì.

아니요.

不(是)。
Bú shì.

술술 말해보기

A 请问，您是老师吗?
　 Qǐng wèn, nín shì lǎoshī ma?
　 칭원　닌 스 라오스 마

B 是，我是老师。
　 Shì, wǒ shì lǎoshī.
　 스　워 스 라오스

A 她也是老师吗?
　 Tā yě shì lǎoshī ma?
　 타 예 스 라오스 마

B 不，她不是老师，她是大夫。
　 Bù, tā bú shì lǎoshī, tā shì dàifu.
　 뿌　타 부스 라오스　타 스 따이 푸

'请问'은 '말씀 좀 여쭙겠습니다'라는 표현으로 가장 많이 사용하는 경어 중의 하나입니다. 문두에 쓰인다는 점 주의하세요.

해석

A 실례지만, 당신은 선생님이십니까?

B 네, 저는 선생님입니다.

A 그녀도 선생님입니까?

B 아니요, 그녀는 선생님이 아니고, 의사입니다.

단어

- 问 wèn　　　 통 묻다
- 是 shì　　　 통 ~이다
- 老师 lǎoshī　 명 선생님
- 大夫 dàifu　　명 의사

Plus 중국 이야기

무심코 보는 중국 국기! 유래쯤은 알아두는 것이 좋겠지요? 가장 큰 별은 중국의 공산당을, 다른 4개의 별은 중국 인민을 상징하는 별이에요. 모택동은 중국 인민을 노동자, 농민, 도시 소 자산급, 민족 자산급의 네 부류로 분류했는데, 바로 큰 별(공산당)이 나머지 네 별(중국 인민)을 인도한다는 뜻이랍니다. 그리고 붉은 바탕은 "혁명"을, 노란색은 붉은 대지로 부터 밝아오는 "광명"을 상징한다고 하네요.

警察
jǐngchá
경찰

公司职员
gōngsī zhíyuán
회사원

画家
huàjiā
화가

护士
hùshi
간호사

大夫
dàifu
의사

厨师
chúshī
요리사

歌手
gēshǒu
가수

司机
sījī
운전사

老师
lǎoshī
선생님

06 그들은 모두 열심히 합니다
他们都很努力。

중국의 노래방 간판입니다. 중국에서는 노래방을 KTV 혹은 卡拉OK kǎlā'ōukēi (카라오케)라고 합니다.

노래방

이것만은 꼭!!

■ 술어를 수식하는 부사

이번 과에서는 수식 성분을 배울 거예요. 수식 성분 중에서도 부사의 위치는 어디일까요? 주어 뒤 술어 앞자리입니다. '주어 + 부사 + 술어' 순서를 기억하고 연습해 보세요.

이 과의 주요 내용!

- 병렬관계 접속사 和
- '주어 + 부사 + 술어'의 어순 익히기

58

중국어
뼈대 잡기

기본 뼈대 잡기
01

~와~ ─ 사물을 병렬할 때 쓰는 접속사

我 + 和 + 他　나 + 와 + 그
wǒ　hé　tā

사물을 병렬할 때 쓰는 접속사입니다. 병렬되는 것이 둘일 경우에
는 둘 사이에, 셋 이상일 경우에는 마지막 둘 사이에 놓입니다.

- 和 hé 〔접〕 ~와, ~과
- 玛丽 Mǎlì 〔고유〕 메리(인명)
- 王一飞 Wáng Yīfēi
  〔고유〕 왕이페이(인명)
- 英语 Yīngyǔ 〔고유〕 영어
- 汉语 Hànyǔ 〔고유〕 중국어

- 메리와 왕페이

  玛丽和王一飞
  Mǎlì hé Wáng Yīfēi

- 영어와 중국어

  英语和汉语
  Yīngyǔ hé Hànyǔ

기본 뼈대
잡기
02

모두 ─ 주어 + 부사 + 술어(동사/형용사) 어순 익히기

他们 + 都 + 很努力　그들은 + 모두 + 열심히 한다
tāmen　dōu　hěn nǔlì

'都'는 '모두'라는 뜻의 부사입니다. 부사와 주어 술어와의 위치
관계를 익혀 두세요. '주어 + 부사 + 술어' 순서입니다.

- 都 dōu 〔부〕 모두, 다

- 그들은 모두 바쁘다.

  他们都很忙。
  Tāmen dōu hěn máng.

- 그들은 모두 학생이다.

  他们都是学生。
  Tāmen dōu shì xuésheng.

마 리　스 메이 구어 런　　타 스 리우 쉬에 셩
玛丽是美国人，她是留学生，
Mǎlì shì Měiguó rén,　tā shì liúxuéshēng,

타　쉬에 시　한 위
她学习汉语。
Tā xuéxí Hànyǔ.

왕 이 페이 스 쭝 구어 런　　타 스　따 쉬에 셩
王一飞是中国人，他是大学生，
Wáng Yīfēi shì Zhōngguó rén, tā shì dàxuéshēng,

타　쉬에 시 잉 위 허　한 위
他学习英语和韩语。
Tā xuéxí Yīngyǔ hé Hányǔ.

마 리　허　왕 이 페이 스 펑 여우　　타 먼 떠우 헌 누ー 르리
玛丽和王一飞是朋友。 他们都很努力。
Mǎlì hé Wáng Yīfēi shì péngyou.　Tāmen dōu hěn nǔlì.

해석

玛丽는 미국사람입니다.
그녀는 유학생이고, 그녀는
중국어를 배웁니다.
王一飞는 중국사람입니다.
그는 대학생이고, 그는 영어
와 한국어를 배웁니다.
玛丽와 王一飞는 친구입
니다. 그들은 모두 열심히
공부합니다.

단어

• 人 rén	명 사람		• 玛丽 Mǎlì	고유 메리(인명)
• 留学生 liúxuéshēng	명 유학생		• 美国 Měiguó	고유 미국
• 学习 xuéxí	명동 공부(하다)		• 汉语 Hànyǔ	고유 중국어
• 大学生 dàxuéshēng	명 대학생		• 王一飞 Wáng Yīfēi	고유 왕이페이(인명)
• 和 hé	접 ~와, ~과		• 中国 Zhōngguó	고유 중국
• 朋友 péngyou	명 친구		• 英语 Yīngyǔ	고유 영어
• 都 dōu	부 모두, 다		• 韩语 Hányǔ	고유 한국어
• 努力 nǔlì	명동 노력(하다)			

07

그것은 당신의 사전입니까?
那是你的词典吗?

자전거 번호판
自行车牌 zìxíngchēpái

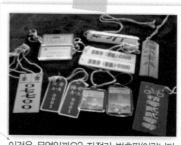

이것은 무엇일까요? 자전거 번호판(이랍니다. 중국에서는 자전거 절도사건이 많이 발생하여 자전거를 구입하면 바로 등록하고 자전거 번호판을 받아야 한다고 하네요.

이것만은
꼭!!

■ '~의~'라고 말할 때는 '~的~'.

오늘은 '~의'라는 뜻으로 쓰이는 조사 的가 출현합니다. 어순이 우리말과 같아서 쉬워요. '나의 사전'이라고 말하려면 앞뒤 문장의 변형 없이 '나 + 的 + 사전'이라고 표현하면 됩니다.

이 과의 주요 내용!

- 관형어와 구조조사 的
- 표현 연습 – 不~也不~

61

중국어
뼈대 잡기

기본 뼈대 잡기
01

~의 ~ ─ 명사를 수식할 때는 的를 쓰세요

我们 + 的 + 教室　우리 + 의 + 교실
wǒmen　de　jiàoshì

명사나 대명사를 수식하는 성분을 관형어라고 합니다. 윗 문장에서 보면 教室(교실)을 수식해 주는 我们(우리)이 관형어가 되겠지요? 관형어가 명사나 대명사를 수식할 때에는 중간에 的를 사용합니다. 명사가 명사를 수식할 때에는 '~의'라고 해석하고, 동사혹은 형용사가 수식해줄 때에는 '~한'이라고 해석하면 됩니다.

알아두세요!

▶ 대명사가 친척, 친구, 소속 단체를 수식할 경우엔 的를 생략할 수 있습니다.

예 我爸爸 우리 아빠
　她朋友 그녀의 친구
　我们班 우리반

• 学우의 사전 　　　　**同学的词典**
　　　　　　　　　tóngxué de cídiǎn

• 나의 아빠　　　　　**我的爸爸**
　　　　　　　　　wǒ de bàba

• 그녀의 친구　　　　**她的朋友**
　　　　　　　　　tā de péngyou

• 산 옷　　　　　　　**买的衣服**
　　　　　　　　　mǎi de yīfu

• 的 de 조 ~의
• 教室 jiàoshì 명 교실
• 同学 tóngxué 명 학우
• 词典 cídiǎn 명 사전
• 爸爸 bàba 명 아버지,아빠
• 衣服 yīfu 명 옷

기본 뼈대 잡기
02

~하지도 않고 ~하지도 않다 ─ 不~也不~

不大 + 也 + 不小　크지도 않고 + 작지도 않습니다
bú dà　yě　bù xiǎo

• 좋지도 나쁘지도 않습니다.　　**不好也不坏。**
　　　　　　　　　　　　　　Bù hǎo yě bú huài.

• 길지도 짧지도 않습니다.　　　**不长也不短。**
　　　　　　　　　　　　　　Bù cháng yě bù duǎn.

• 大 dà 형 크다
• 小 xiǎo 형 작다
• 坏 huài 형 나쁘다
• 长 cháng 형 길다
• 短 duǎn 형 짧다

술술
말해보기

18
CD

A 니먼 더 지아오스 따부따
你们的教室大不大?
Nǐmen de jiàoshì dà bu dà?

B 워먼 더 지아오스 부따 예 뿌시아오
我们的教室不大也不小。
Wǒmen de jiàoshì bú dà yě bù xiǎo.

해석

A 여러분의 교실은 큽니까?

B 우리 교실은 크지도 작지도 않습니다.

A 저것은 당신의 사전입니까?

B 아니요, 저것은 제 친구의 사전입니다. 저의 사전은 새 것이고, 작습니다.

A 나 스 니더 츠디엔 마
那是你的词典吗?
Nà shì nǐ de cídiǎn ma?

B 뿌 나 스 워 통쉬에 더 츠디엔
不, 那是我同学的词典,
Bù, nà shì wǒ tóngxué de cídiǎn,

워 더 츠디엔 헌 씬 헌 시아오
我的词典很新, 很小。
wǒ de cídiǎn hěn xīn, hěn xiǎo.

이것이라고 하고 싶다면 '这 zhè'를 쓰시면 됩니다. '那 nà' 는 그것, 저것이라는 뜻이에요. 자기와 떨어져 있는 것은 다 '那 nà'를 사용해서 가리킵니다.

단어

19
CD

• 的 de	조 ~의	• 那 nà	대 그, 그것, 저것
• 教室 jiàoshì	명 교실	• 词典 cídiǎn	명 사전
• 大 dà	형 크다	• 同学 tóngxué	명 학우, 동급생
• 小 xiǎo	형 작다	• 新 xīn	형 새롭다, 새로운

黑板
hēibǎn
칠판

板擦
bǎncā
칠판지우개

书
shū
책

本子
běnzi
노트

橡皮
xiàngpí
지우개

铅笔
qiānbǐ
연필

书包
shūbāo
책가방

铅笔盒
qiānbǐhé
필통

椅子
yǐzi
의자

尺子
chǐzi
자

桌子
zhuōzi
책상

08 그녀는 무척 예쁩니다
她漂亮极了!

경극

중국의 오페라 경극 – 京剧jīngjù (징쥐)

베이징에서 시작된 중국의 종합예술 경극입니다.
분장이 굉장히 화려하죠?

이것만은
꼭!!

■ '꽤 ~하다'라고 말하고 싶다면?

'형용사 + 极了'가 대표적인 표현법입니다. 위치 관계에 주의하면서
정도를 나타내는 표현 같이 익혀 보세요.

이 과의 주요 내용!

- 부사 比较
- 형용사 + 极了

중국어 뼈대 잡기

기본 뼈대 잡기 01

꽤 ~하다 — 정도를 나타내고 싶을 때 极了

> **漂亮 + 极了** 예쁘다 + 무척
> piàoliang jí le

很은 '꽤, 매우'의 뜻이지만 형용사 앞에 쓰이면 정도의 뜻이 거의 사라진다는 것을 배웠었죠? 그럴 때 형용사 뒤에 极了를 붙여 '형용사 + 极了'의 형태를 쓰면 정도의 높음을 나타낼 수 있습니다. 어법 용어로는 정도를 보충한다고 해서 정도보어라고 합니다.

- 漂亮 piàoliang 형 예쁘다
- 极了 jí le 극히, 아주, 매우

- 굉장히 좋다.   **好极了。**
                                 Hǎo jí le.

- 너무 바쁘다.   **忙极了。**
                                 Máng jí le.

기본 뼈대 잡기 02

비교적~ 하다 — 比较 + 형용사/심리동사

> **比较 + 大** 비교적 큽니다
> bǐjiào   dà

'비교적 ~하다' 혹은 '~한 편이다'라는 뜻으로 '比较 + 형용사' 형식을 사용합니다.

- 比较 bǐjiào 부 비교적

- 비교적 바쁩니다.   **比较忙。**
                                   Bǐjiào máng.

- 비교적 좋습니다.   **比较好。**
                                   Bǐjiào hǎo.

술술
읽어보기

쩌 스 따웨이　　타 스 이셩　　타 헌 슈아이
这是大卫，他是医生，他很帅。
Zhè shì Dàwèi,　tā shì yīshēng,　tā hěn shuài.

쩌 스 따웨이 더 아이런　옌징 비지아오 따　피아오 리앙 지-ㄹ 러
这是大卫的 爱人，眼睛比较大，漂亮极了。
Zhè shì Dàwèi de àirén,　yǎnjing bǐjiào dà,　piàoliang jí le.

쩌 스 타먼 더 뉘어-ㄹ　　타 헌 총밍　　예 헌 커아이
这是他们的女儿，她很聪明，也很可爱，
Zhè shì tāmen de nǚ'ér,　　tā hěn cōngming, yě hěn kě'ài,

타 씨환 치아오 커-ㄹ 리
她喜欢巧克力。
tā xǐhuan qiǎokèlì.

해석

이분은 大卫입니다. 그는 의
사이고, 잘 생겼습니다.
이분은 大卫의 아내입니다.
눈이 비교적 크고, 매우 아
름답습니다.
이 아이는 그들의 딸입니다.
이 아이는 똑똑하고, 귀엽
고, 초콜릿을 좋아합니다.

爱人은 우리말로 보면 '애
인'이라는 말 같지만 '아내'
혹은 '남편'을 가리키는 말이
에요.

단어

* 这 zhè　　　　대 이것, 이, 이 사람
* 医生 yīshēng　명 의사
* 帅 shuài　　　형 멋지다, 스마트하다
* 爱人 àiren　　명 남편 또는 아내
* 眼睛 yǎnjing　명 눈
* 比较 bǐjiào　　부 비교적
* 漂亮 piàoliang　형 예쁘다

* 极了 jí le　　　극히, 아주, 매우
* 女儿 nǚ'ér　　명 딸
* 聪明 cōngming　형 총명하다
* 可爱 kě'ài　　　형 귀엽다
* 喜欢 xǐhuan　　동 좋아하다
* 巧克力 qiǎokèlì　명 초콜릿
* 大卫 Dàwèi　　고유 데이빗(인명)

01 我妹妹 ⬜ 学生。 제 여동생은 학생입니다.

02 她不 ⬜ 大夫。 그녀는 의사가 아닙니다.

03 他是 ⬜ 是老师? 그는 선생님입니까?

04 我 ⬜ 他。 나와 그

05 他们 ⬜ 很好。 그들은 모두 잘 지냅니다.

06 我妹妹 ⬜ 词典。 내 여동생의 사전

07 不好 ⬜ 不坏。 좋지도 나쁘지도 않습니다.

08 我的词典很新，很 ⬜ 。 내 사전은 새것이고 작습니다.

09 忙 ⬜ 了。 너무 바쁩니다.

10 眼睛 ⬜ 大。 눈이 큰 편입니다.

정답

01. 是　02. 是　03. 不　04. 和　05. 都　06. 的　07. 也　08. 小　09. 极　10. 比较

09 건강하십니까?
你身体好吗?

편의점에서 쉽게 살 수 있는 중국 술이에요.
중국술은 종류가 매우 많고, 알코올 도수도
40~60도 정도로 아주 높은 편이랍니다.

이것만은
꼭!!

■ '주어 + 술어' 가 다시 술어가 되는 주술술어문

'나는 건강이 좋다'라고 말하려면 어떻게 해야할까? '~은, ~는, ~
이,~가'로 해석되면 주어라고 했는데 그럼 주어가 두 개인 건가? 이
과에서는 이렇게 주어가 두 개로 보여지는 문장의 어순을 잡아보도록
하겠습니다. 힌트를 살짝 드릴까요? 그냥 순서대로 쓰시면 됩니다.

이 과의 주요 내용!

- 주술 술어문
- '太~了'
- 不太
- 조동사 应该

69

중국어 뼈대 잡기

기본 뼈대 잡기 **01**

~는 ~이 ~합니다 ─ '주어+술어'가 술어 자리에 올 때

我 + 身体 + 很好　저는 + 건강이 + 좋습니다
wǒ　shēntǐ　hěn hǎo

지금까지는 형용사, 동사, 是가 술어인 문장들을 공부했습니다. 이번에는 술어가 주술구조로 된 문장을 연습해 보도록 해요. 술어인데 쪼개보니 '주어 + 술어'로 되어진 문장을 어법 용어로는 '주술술어문'이라고 합니다.

알아두세요!

▶ 술어란
'~가 어떠하다' 혹은 '~가 (무엇을) 한다'에서 '어떠하다, ~한다'에 해당하는 부분이라고 전에 배웠죠? 주로 동사나 형용사가 담당합니다.

- **身体** shēntǐ 몡 신체, 몸

- 저는 건강이 좋습니다.　**我 +** [**身体**(주어) **+ 很好**(술어)]
　　　　　　　　　　　Wǒ　　shēntǐ　　　hěn hǎo.

- 너는 공부하느라 너무 힘들었다.　**你 +** [**学习**(주어) **+ 太累了**(술어)]
　　　　　　　　　　　　　Nǐ　　xuéxí　　　tài lèi le.

기본 뼈대 잡기 **02**

너무 ~합니다 ─ 太 + 형용사/심리동사 + 了

太 + 累 + 了　너무 + 피곤하다
tài　lèi　le

'太'는 '너무'라는 뜻의 정도부사입니다. 단독으로 써도 되지만 종종 문장 끝에 '了'를 동반하고 다니면서 '太~了'의 형태로 쓰입니다.

- **太** tài 분 너무

- **了** le 죠 완료, 변화의 의미를 나타내는 조사

- 너무 잘됐다.　　　**太好了。**
　　　　　　　　Tài hǎo le.

- 너무 바쁘다.　　　**太忙了。**
　　　　　　　　Tài máng le.

03 별로 ~하지 않습니다 — 不太 + 형용사 / 심리동사

不太 + 舒服 별로 + 편치않다
bú tài   shūfu

- **不太** bú tài
  부 그다지 ~ 하지 않다
- **舒服** shūfu 형 (육체나 정신이) 편안하다, 상쾌하다

- 별로 좋지 않다. **不太好。**
  Bú tài hǎo.

- 별로 크지 않다. **不太大。**
  Bú tài dà.

04 마땅히 ~해야한다 — 조동사 应该

应该 + 休息 마땅히 쉬어야 한다
yīnggāi   xiūxi

조동사는 동사를 도와 응당, 필요, 바람 등을 나타내는 역할을 합니다. 부사 보다는 뒤에 동사 보다는 앞에 있어야 합니다.

- **应该** yīnggāi 조동 마땅히 ~해야 한다
- **休息** xiūxi 명 동 휴식(하다)

- 마셔야 한다. **应该喝。**
  Yīnggāi hē.

- 마땅히 봐야 한다. **应该看。**
  Yīnggāi kàn.

알아두세요!
▶ 중국어의 기본어순

'주어 + (시간사) + 부사 + 조동사 + {전치사 + 명사/대명사} + 술어 + 목적어'

술술
말해보기

A 니 션티 하오 뿌 하오
你身体好不好?
Nǐ shēntǐ hǎo bu hǎo?

B 워 션티 헌 부추어 니너
我身体很不错。你呢?
Wǒ shēntǐ hěn bú cuò. Nǐ ne?

시간명사 ▶
今天과 最近은 시간을 나타
내다고 해서 시간명사라고 합
니다. 시간명사는 주어 앞에
와도 되고 뒤에 와도 됩니다.

A 찐 티엔 워 션티 부타이 슈푸
今天我身体不太舒服。
Jīntiān wǒ shēntǐ bú tài shūfu.

B 쭈이 진 니 쉬에 시 타이 레이ㅡ르러, 잉 까이 씨우 씨
最近你学习太累了，应该休息。
Zuìjìn nǐ xuéxí tài lèi le, yīnggāi xiūxi.

해석

A 당신은 건강이 좋습니까?

B 전 건강합니다. 당신은요?

A 오늘 전 몸이 그다지 좋지
않습니다.

B 요즘 당신이 공부하느라
너무 힘들어서 그래요. 쉬
어야 합니다.

단어

- **身体** shēntǐ   명 신체, 몸
- **不错** bú cuò   형 괜찮다, 좋다
- **今天** jīntiān   명 오늘
- **不太** bú tài   부 그다지 ~하지 않다
- **舒服** shūfu   형 (육체나 정신이) 편안하다
- **最近** zuìjìn   명 최근, 요즈음

- **太** tài   부 너무
- **了** le   조 완료, 변화의 의미를 나타
  내는 조사
- **应该** yīnggāi   조동 마땅히 ~해야 한다
- **休息** xiūxi   명동 휴식(하다)

10

그는 몸이 좀 불편합니다
他有点儿不舒服。

호텔

상그릴라 호텔이네요. 큰 호텔은 饭店 fàndiàn (판디엔)혹은 酒店 jiǔdiàn(지우디엔)이라고 합니다. 식당이나 주점으로만 생각하기 쉬운데 호텔이라는 거 기억해 두세요.

이것만은
꼭!!

■ '약간 ~하다'라고 말하려면 '有点儿+ 형용사'

'조금(약간) ~하다'라는 표현을 배워볼 거예요. '조금 아파, 조금 바빠'라는 표현은 '有点儿+형용사' 형태로 쓰이는데 익숙하게 표현할 수 있도록 연습해 보세요.

이 과의 주요 내용!

• 부사 有点儿
• 需要
• 접속사 '可是'

조금 ~합니다 — 有点儿 + 동사/형용사

有点儿 + 不舒服   약간 불편해요
yǒu diǎnr   bù shūfu

'有点儿'은 형용사나 심리동사 앞에서 '조금 ~하다'의 뜻으로 쓰입니다. 말하는 사람의 언짢은 심기를 나타낼 때 쓰이므로 뒤에 '不'가 올 수 있고, 긍정적 의미의 단어와는 함께 쓰이지 않습니다.

예 有点儿好 yǒu diǎnr hǎo (×) 有点儿不好 yǒu diǎnr bù hǎo (○)

- 有点儿 yǒudiǎnr 부 조금
- 疼 téng 동 아프다

- 조금 바빠요.   有点儿忙。
Yǒu diǎnr máng.

- 조금 아파요.   有点儿疼。
Yǒu diǎnr téng.

~을 필요로 합니다 — 需要 + 동사 / 명사

 需要 + 休息   필요로 한다 + 휴식을
xūyào   xiūxi

需要는 '~해야한다' 혹은 '~을 필요로 하다'의 의미로 쓰입니다.

- 需要 xūyào 조동 명·동
~해야한다, 필요(로 하다)

- 선생님이 필요하다.   需要老师。
Xūyào lǎoshī.

- 공부를 해야한다.   需要学习。
Xūyào xuéxí.

 기본 빼대 잡기

그러나 — 역접관계를 나타내는 접속사 可是

可是 + 他不舒服 하지만 + 그는 몸이 불편합니다
kěshì tā bù shūfu

문두에 쓰여 앞뒤 관계가 역접관계임을 나타내는 접속사입니다.

• 可是 kěshì 접 그러나, 하지만, 그렇지만

• 나는 사지만, 그는 사지 않는다.
我买, 可是他不买。
Wǒ mǎi, kěshì tā bù mǎi.

• 나는 마시지만, 그는 마시지 않는다.
我喝, 可是他不喝。
Wǒ hē, kěshì tā bù hē.

Plus 중국 이야기

중국 지도를 보면 수탉처럼 생기지 않았나요? 그런데 이 중국지도를 놓고 아주 재미있는 해석을 하는 글을 본 적이 있습니다. '중국은 수탉, 일본은 벌레' 라나요! 그러니까 그 말은 수탉인 중국이 벌레를 잡아먹을 형세라는 말이죠. 그리고 더 재미있는 해석은 우리나라였어요.

우리나라는 수탉의 목과 턱수염 부위에 있잖아요. 그러니까 우리는 수탉의 급소를 쥐고 있는 셈이니 턱수염 효과를 잘 이용하자라는 내용의 글이었어요. 참 신선하고 재치 있는 중국지도 이야기 아닌가요?

10 그는 몸이 좀 불편합니다   **75**

술술 읽어보기

왕 이 페이　션 티　헌　지엔 캉
王一飞身体很健康。
Wáng Yīfēi shēntǐ hěn jiànkāng.

커 스　찐 티엔　타 여우　디얼　뿌　슈푸
可是今天他有点儿不舒服，
Kěshì jīntiān tā yǒu diǎnr bù shūfu.

터우 텅　　옌징 텅　　뚜즈　예 텅
头疼、眼睛疼、肚子也疼。
Tóu téng、yǎnjing téng、 dùzi yě téng.

타　통우 슈어　　니　잉 까이　취 이 위엔
他同屋说：“你应该去医院。”
Tā tóngwū shuō: 'Nǐ yīnggāi qù yīyuàn.'

타　슈어　워　부　취 이위엔　　　워　쉬 아오　씨우 시
他说：“我不去医院，我需要休息。”
Tā shuō: 'Wǒ bú qù yīyuàn, wǒ xūyào xiūxi.'

해석

王一飞는 건강합니다.
그러나 오늘 그는 몸이 좀 불
편합니다.
머리가 아프고, 눈이 아프고,
배도 아픕니다.
그의 룸메이트가 "너는 병원
에 가야 해"라고 말했습니다.
그는 "난 병원에 안 가, 난 휴
식이 필요해"라고 말했습니
다.

단어

- 健康 jiànkāng　　명 건강
- 可是 kěshì　　접 그러나, 그렇지만
- 有点儿 yǒudiǎnr　부 조금
- 头 tóu　　명 머리
- 疼 téng　　동 아프다
- 肚子 dùzi　　명 배
- 同屋 tóngwū　명 룸메이트
- 说 shuō　　동 말하다
- 去 qù　　동 가다
- 需要 xūyào　조동 동 명 ~해야한다, 필요(로 하다)

11

날씨가 어떻습니까?
天气怎么样?

 분식집

가볍게 먹을 수 있는 간식을 파는 곳인데 우리나라로 치면 분식집 정도에 해당하겠네요. 小吃店 xiǎochīdiàn(시아오츠띠엔)이라고 합니다.

이것만은
꼭!!

■ '~은 어떻습니까?'라고 말하려면 '~怎么样?'

너무나 자주 쓰이면 표현이에요. 건강, 날씨, 근황 등 '~가(는) 어때요?'하고 물을 때 유용하게 쓰이는 말입니다. '~怎么样?'구문을 꼭 익혀 두세요!

이 과의 주요 내용!

- 의문대명사 怎么样
- 看起来
- 조동사 会⑴

중국어 뼈대 잡기

기본 뼈대 잡기 01

~는 어떻습니까? — '怎么样?'

天气 + 怎么样?   날씨가 + 어떻습니까?
Tiānqi zěnme yàng?

怎么样은 '어떻습니까'라는 뜻의 의문사로 '성질, 상황, 방식' 등을 물을 때 쓰입니다.

- 天气 tiānqi 뗭 날씨
- 怎么样 zěnme yàng 때 어떠하냐, 어떻게

- 당신은 건강이 어떻습니까?
  你身体怎么样?
  Nǐ shēntǐ zěnme yàng?

- 너희 선생님은 어떠시니?
  你们的老师怎么样?
  Nǐmen de lǎoshī zěnme yàng?

기본 뼈대 잡기 02

보기에 ~해 보인다 — 看起来 + 추측 / 평가

看起来 + 会下雨   보아하니 + 비가 올 것 같다
kàn qǐ lái   huì xià yǔ

看起来는 '~해 보인다, ~인 것 같다'라는 뜻으로 주로 문두에 쓰여 어떤 상황에 대한 추측이나 평가를 나타냅니다.

- 看起来 kàn qǐ lai 보아하니, 보기에
- 下雨 xià yǔ 뗭 비가 내리다(오다)

- 그는 중국인인 것 같다.
  看起来他是中国人。
  Kàn qǐ lái tā shì Zhōngguó rén.

- 그는 피곤해 보인다.
  看起来他很累。
  Kàn qǐ lái tā hěn lèi.

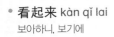

03 기본 뼈대 잡기

비가 옵니까?

下 + 不 + 下雨? 비가 옵니까?
Xià   bu   xià yǔ?

下雨는 '下(내리다) + 雨(비를)'형태로, 刮风은 '刮(불다) + 风(바람을)'형태로 이루어진 단어입니다. 이렇게 '동사 + 목적어'형태로 이루어진 단어는 긍정부정의문문을 만들어 줄 때 일반적으로 앞 동사만 중첩합니다.

• **刮风** guāfēng
  동 바람이 불다

• **唱歌** chànggē
  동 노래 부르다

• 바람이 붑니까? **刮不刮风?**
  Guā bu guā fēng?

• 노래를 합니까? **唱不唱歌?**
  Chàng bu chànggē?

04 기본 뼈대 잡기

~일 것이다 ─ 추측을 나타내는 조동사 会

今天 + 会 + 下雨 오늘은 + 비가 올 것이다
jīntiān huì xià yǔ

会에는 '~할 수 있다(가능)'와 '~일 것이다(추측)'라는 두 가지 뜻이 있는데 이 과에서는 미래의 추측을 나타내는 용법을 배워봅시다.
会는 부정일 때에는 '不会(~일리 없다)'를 사용하며, 문장 끝에 조사 '的'가 따라다니면서 확신 있는 추측의 어기를 표현해 주기도 합니다.

> **알아두세요!**
>
> ▶ 会
> 학습을 통해 익힌 능력을 나타낼 때도 쓰입니다. '~을 할 수 있다'로 해석됩니다.
> 예 我会说汉语。 나는 중국어를 할 줄 안다.

• **会** huì 조동 ~할 것이다 . ~할 수 있다

• 그는 올 것이다. **他会来。**
  Tā huì lái.

• 그는 오지 않을 것이다. **他不会来。**
  Tā bú huì lái.

• 그녀는 좋아할 것이다. **她会喜欢的。**
  Tā huì xǐhuan de.

• 그녀는 좋아하지 않을 것이다. **她不会喜欢的。**
  Tā bú huì xǐhuan de.

술술
말해보기

A 今天天气怎么样?
Jīntiān tiānqi zěnme yàng?

B 不太好，外面很闷热。
Bú tài hǎo, wàimian hěn mēnrè.

A 下不下雨?
Xià bu xià yǔ?

B 看起来会下雨。
Kàn qǐ lai huì xiàyǔ.

A 刮不刮风?
Guā bu guā fēng?

B 不刮风。
Bù guā fēng.

해석

A 오늘 날씨가 어때?

B 그다지 좋지 않아, 밖은
아주 무더워.

A 비가 와?

B 비가 올 것 같아.

A 바람이 불어?

B 바람은 불지 않아.

단어

• 天气 tiānqi	명 날씨	• 看起来 kàn qǐ lai	보아하니, 보기에
• 怎么样 zěnme yàng	대 어떠하냐	• 会 huì	조동 ~할 것이다
• 外面 wàimian	명 바깥, 밖, 겉면	• 刮 guā	동 불다
• 闷热 mēnrè	형 무덥다	• 刮风 guāfēng	동 바람이 불다
• 下雨 xià yǔ	동 비가 내리다(오다)		

날씨

81

12

눈이 오려고 합니다
要下雪了。

노키아 핸드폰

NOKIA라고 크게 쓰여 있지요?
노키아는 诺基亚 Nuòjīyà (누어지야)이고,
手机店 shǒujīdiàn(셔우지띠엔)은 핸드폰
가게라는 뜻입니다.

이것만은
꼭!!

■ '곧 ~할 거야'라고 말하려면 '要~了'

중국어는 시제 표현이 간단합니다. 동사는 변하지 않고 동사의 앞 뒤
에 무언가를 붙이면 완료, 경험, 미래, 지속, 진행 등을 표현할 수 있
어요. 오늘은 여러 가지 시제 중 곧 일어날 상황을 나타내는 구문을
연습해 보기로 해요.

이 과의 주요 내용!

- '要~了'
- 조동사 '想'
- 전치사 '在'

중국어 뼈대 잡기

기본 뼈대 잡기 01

막 ~ 하려 하다 — 임박한 상황을 나타내려면 '要~了'

要 + 下雪 + 了 곧 + 눈이 내리 + 려고 합니다
yào   xià xuě le

행동이나 사건이 장차 발생할 것을 나타내는 구문입니다. 了는 어기조사라고 하는데 문장 끝에 따라다닌다는 것을 꼭 기억하세요.

- 要 yào 조동 ~할 것이다
- 下雪 xià xuě
  동 눈이 내리다
- 结婚 jiéhūn 동 결혼하다
- 上课 shàng kè
  동 수업하다

- 곧 결혼합니다.　　　　**要结婚了。**
　　　　　　　　　　　　Yào jiéhūn le.

- 곧 수업이 시작됩니다.　**要上课了。**
　　　　　　　　　　　　Yào shàng kè le.

기본 뼈대 잡기 02

~에서 ~하다 — 전치사 '在'

在 + 家 + 休息 집에서 + 쉽니다
zài   jiā xiūxi

'在'는 '~에서'라는 뜻의 전치사예요. '在 + 장소 + 동사'의 형태로 쓰입니다.

- 在 zài 동전 ~에 있다,
  ~에서
- 家 jiā 명 집

- 중국에서 공부를 합니다.　**在中国学习。**
　　　　　　　　　　　　　Zài Zhōngguó xuéxí.

- 교실에서 차를 마십니다.　**在教室喝茶。**
　　　　　　　　　　　　　Zài jiàoshì hē chá.

~하고 싶다 — 바램을 나타내는 조동사 想

我 + 想 + 出去   나는 + 나가고 싶다
wǒ xiǎng chū qu

• 想 xiǎng [조동][동] ~하고 싶다, 그립다
• 出去 chū qu [동] 나가다, 외출하다

'하고 싶다'는 '想', '하고 싶지 않다'는 '不想'이라고 하면 됩니다.

• 나가고 싶지 않다.   不想出去。
  Bù xiǎng chū qu.

• 집에서 쉬고 싶다.   想在家休息。
  Xiǎng zài jiā xiūxi.

• 집에서 쉬고 싶지 않다.   不想在家休息。
  Bù xiǎng zài jiā xiūxi.

술술
읽어보기

해석

28
CD

어제는 날씨가 좋았습니다. 춥지도 덥지도 않고, 시원했습니다.
오늘은 흐린 날씨이고, 눈이 오려고 합니다.
밖에 바람이 많이 불고, 매우 춥습니다.
나는 눈 오는 날을 좋아합니다.
눈 오는 날 저는 밖에 나가고 싶지 않고, 집에서 쉬고 싶습니다.

昨天天气很好，不冷也不热，很凉快。
Zuótiān tiānqi hěn hǎo, bù lěng yě bú rè, hěn liángkuai.

今天是阴天，要下雪了。
Jīntiān shì yīntiān, yào xià xuě le.

外面风特别大，冷极了。
Wàimian fēng tèbié dà, lěng jí le.

我喜欢下雪天。
Wǒ xǐhuan xià xuě tiān.

下雪天我不想出去，想在家休息。
Xià xuě tiān wǒ bù xiǎng chū qu, xiǎng zài jiā xiūxi.

단어

- 昨天 zuótiān 〔명〕 어제
- 冷 lěng 〔형〕 춥다
- 热 rè 〔형〕 덥다
- 凉快 liángkuai 〔형〕 서늘하다
- 阴天 yīntiān 〔명〕 흐린 날
- 要 yào 〔조동〕 ~할 것이다
- 下雪 xià xuě 〔동〕 눈이 내리다

- 风 fēng 〔명〕 바람
- 特别 tèbié 〔부〕 아주, 특히
- 下雪天 xià xuětiān 〔명〕 눈 오는 날
- 想 xiǎng 〔조동〕〔동〕 ~하고 싶다, 그립다
- 出去 chū qu 〔동〕 나가다, 외출하다
- 在 zài 〔동〕〔전〕 ~에 있다 ~에서
- 家 jiā 〔명〕 집

계절과 날씨

- 下雨 xià yǔ 〔동〕 비가 내리다

- 下雪 xià xuě 〔동〕 눈이 내리다
- 冬天 dōngtiān 〔명〕 겨울

- 刮风 guāfēng 〔동〕 바람이 불다

- 春天 chūntiān 〔명〕 봄
- 晴天 qíngtiān 〔명〕 맑은 날

- 夏天 xiàtiān 〔명〕 여름

- 秋天 qiūtiān 〔명〕 가을

9-12과 총정리 확인 테스트

01 他 ⬜⬜⬜ 很好。 그는 건강이 좋습니다.

02 ⬜⬜⬜ 忙了。 너무 바쁩니다.

03 ⬜⬜⬜ 学习。 공부해야 합니다.

04 ⬜⬜⬜ 不舒服。 좀 불편합니다.

05 ⬜⬜ 太漂亮。 별로 예쁘지 않습니다.

06 天气 ⬜⬜⬜? 날씨가 어떻습니까?

07 ⬜⬜ 起来她很忙。 그녀는 바빠 보인다.

08 他 ⬜⬜ 来的。 그는 올 것이다.

09 要下雨 ⬜⬜ 。 비가 오려고 한다.

10 ⬜⬜ 在家休息。 집에서 쉬고 싶다.

13

당신들은 수업이 있습니까?
你们有课吗?

네스까페 커피믹스

네스까페 커피믹스예요. 네스카페를
雀巢咖啡 Quècháo kāfēi (취에차오카페
이)라고 하네요. 送6包 sòng liù bāo는 '6포
(包)를 더 드립니다(送)'라는 뜻입니다.

이것만은
꼭!!

■ 有 와 没有

'~을 가지고 있다, 가지고 있지 않다'의 표현은 有 / 没有를 이용합니
다. 이 과에서는 동사 有와 没有가 있는 문장 표현법을 꼭 기억해 두
세요!

이 과의 주요 내용!

- 有자문
- 의문대명사 谁
- 有时候

~을 가지고 있다 — 有 + 사물

我们 + 有 + 课   저희는 + (가지고) 있습니다 + 수업을
wǒmen   yǒu   kè

동사 '有'가 술어인 문장을 '有'자문이라고 합니다. '有'뒤에 가지고 있는 사물을 쓰면 됩니다.

- 有 yǒu [동] (가지고) 있다
- 课 kè [명] 수업

- 저는 중국 친구가 있습니다.   我有中国朋友。
  Wǒ yǒu Zhōngguó péngyou.

- 저는 딸이 있습니다.   我有女儿。
  Wǒ yǒu nǚ'ér.

~을 가지고 있지 않다 — 没有 + 사물

 我们 + 没有 + 课   저희는 + 없습니다 + 수업이
wǒmen   méiyǒu   kè

'有'자문의 부정은 '不有'가 아니라 '没有'라는 것을 주의하세요. 의문형식은 끝에 '吗'를 붙이거나 긍정부정 형식인 '有没有'를 써주면 됩니다.

- 没有 méiyǒu [동] 없다

- 너는 중국 친구가 있니?
  你有没有中国朋友?
  Nǐ yǒu méiyǒu Zhōngguó péngyou?

  你有中国朋友吗?
  Nǐ yǒu Zhōngguó péngyou ma?

- 저는 중국 친구가 없습니다.
  我没有中国朋友。
  Wǒ méiyǒu Zhōngguó péngyou.

03 누구 － 의문대명사 谁

你们的老师 + 是 + 谁? 너희 선생님은 + 이시다 + 누구?
Nǐmen de lǎoshī   shì   shéi?

의문대명사를 써서 의문문을 만들 때 평서문 중의 질문하고자 하는 부분만 의문대명사로 대체하면 된다는 것은 이미 공부했습니다. 여기에서는 '누구'에 해당하는 '谁'를 가지고 함께 연습해 봅니다.

• 谁 shéi 대 누구

• 그녀는 보는 것을 좋아합니다.
她喜欢看。
Tā xǐhuan kàn.

• 누가 보는 것을 좋아하죠?
谁喜欢看?
Shéi xǐhuan kàn?

• 이것은 나의 사전입니다.
这是我的词典。
Zhè shì wǒ de cídiǎn.

• 이것은 누구의 사전입니까?
这是谁的词典?
Zhè shì shéi de cídiǎn?

04 간혹, 이따금, 어떤 때는 － 有时候

有时候 + 去朋友的宿舍 간혹 + 갑니다 + 친구의 기숙사에
yǒu shíhou qù péngyou de sùshè

'有时候'는 '가끔, 간혹'이라는 뜻인데 앞뒤로 쓰면 '어떤 때는 ~하고, 어떤 때는 ~하다'의 뜻이 됩니다.

• 有时候 yǒu shíhou
어떤 때, 가끔

• 宿舍 sùshè 명 기숙사

• 电视 diànshì 명 텔레비전(television)

• 电影 diànyǐng 명 영화

• 가끔 녹차를 마신다.
有时候喝绿茶。
Yǒu shíhou hē lǜchá.

• 어떤 때는 TV를 보고, 어떤 때는 영화를 본다
有时候看电视, 有时候看电影。
Yǒu shíhou kàn diànshì, yǒu shíhou kàn diànyǐng.

A 你们的老师是谁?
Nǐmen de lǎoshī shì shéi?

B 王老师和高老师。
Wáng lǎoshī hé Gāo lǎoshī.

A 现在你们有课吗?
Xiànzài nǐmen yǒu kè ma?

B 现在没有课，下午有课。
Xiànzài méiyǒu kè, xiàwǔ yǒu kè.

A 晚上，你们做什么?
Wǎnshang, nǐmen zuò shénme?

B 我们复习单词，读课文，听录音，
Wǒmen fùxí dāncí, dú kèwén, tīng lùyīn,

做练习，有时候去朋友的宿舍。
zuò liànxí, yǒu shíhou qù péngyou de sùshè.

해석

A 너희 선생님은 누구시니?

B 왕 선생님과 고 선생님이셔.

A 지금 너희들 수업이 있니?

B 지금은 수업이 없고, 오후에 수업이 있어.

A 저녁에 너희들은 무엇을 하니?

B 우리는 단어를 복습하고, 본문을 읽고, 녹음을 듣고, 연습을 하기도 하고, 가끔 친구의 기숙사에 가기도 해.

단어

- 谁 shéi　　　　데 누구
- 现在 xiànzài　　명 현재, 지금
- 有 yǒu　　　　동 있다, 가지고 있다
- 课 kè　　　　　명 수업
- 没有 méiyǒu　　동 없다, 가지고 있지 않다
- 下午 xiàwǔ　　　명 오후
- 晚上 wǎnshang　명 저녁
- 做 zuò　　　　　동 하다
- 复习 fùxí　　　　동 복습하다

- 单词 dāncí　　　명 단어
- 读 dú　　　　　동 읽다
- 课文 kèwén　　　명 본문
- 录音 lùyīn　　　명 녹음
- 练习 liànxí　　　명동 연습(하다)
- 有时候 yǒushíhou 어떤 때, 가끔
- 宿舍 sùshè　　　명 기숙사
- 王 Wáng　　　　고유 왕(성씨)
- 高 Gāo　　　　　고유 고(성씨)

14

작지만 깨끗합니다
小是小，但是很干净。

왓슨, 점포정리

(Watsons)왓슨을 屈臣氏 Qūchénshì(취천
스)라고 합니다. 간판 밑을 자세히 보면 大
清货 dàqīnghuò(따칭후어)라고 쓰여 있
는데 점포정리라는 뜻입니다.

이것만은
꼭!!

■ '~하긴 ~하지만, (어떠)하다' – '~是~, 但是~'

'좋기는 한데 너무 비싸' 이런 말은 어떻게 할까? 궁금하시죠? 상용
기본 구문을 함께 배워보도록 해요.

이 과의 주요 내용!

- 부사 一起
- 부사 常常
- A + 是 + A, 但是 + B

중국어
뼈대 잡기

함께 ~하다 — 부사 一起

一起 + 复习　함께 + 복습합니다
yìqǐ　　fùxí

一起는 '함께'라는 뜻의 부사입니다. 부사의 어순은 앞으로 첫 글자를 따서 '부-조-전'으로 외우기로 해요. 부사는 조동사나 전치사 보다는 앞이라는 거 잊으시면 안 돼요.

• **一起** yìqǐ 🕮 함께, 같이

- 함께 공부합니다.
  一起学习。
  Yìqǐ xuéxí.

- 함께 집에서 공부합니다.
  一起在家学习。
  Yìqǐ zài jiā xuéxí.

종종 ~하다 — 부사 常常

常常 + 去 + 朋友的宿舍　종종 + 간다 + 친구의 기숙사에
chángcháng qù péngyou de sùshè

常常은 '종종'이란 뜻의 부사예요. 어순은 아시죠? '부-조-전'의 순서입니다.

• **常常** chángcháng
  🕮 항상, 늘, 자주

- 자주 차를 마십니다.
  常常喝茶。
  Chángcháng hē chá.

- 종종 집에서 차를 마십니다.
  常常在家喝茶。
  Chángcháng zài jiā hē chá.

 기본뼈대잡기

03 ~하기는 ~하지만 — A + 是 + A, 但是(=可是=不过) + B

小 + 是 + 小, 但是 + 很干净 작기는 하지만 + 깨끗합니다
xiǎo shì xiǎo dànshì hěn gānjìng

- 但是 dànshì 젭 그러나
- 不过 bú guò 젭 그러나
- 干净 gānjìng 혱 깨끗하다
- 贵 guì 혱 비싸다

• 좋기는 좋지만, 너무 비싸다.
好是好，可是太贵。
Hǎo shì hǎo, kěshì tài guì.

• 크기는 한데, 별로 깨끗하지 못하다.
大是大，不过不太干净。
Dà shì dà, bú guò bú tài gānjìng.

Plus 중국 이야기

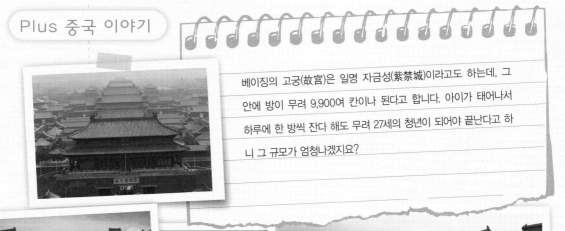

베이징의 고궁(故宫)은 일명 자금성(紫禁城)이라고도 하는데, 그 안에 방이 무려 9,900여 칸이나 된다고 합니다. 아이가 태어나서 하루에 한 방씩 잔다 해도 무려 27세의 청년이 되어야 끝난다고 하니 그 규모가 엄청나겠지요?

술술
읽어보기

해석

周末玛丽有日语课。
Zhōumò Mǎlì yǒu Rìyǔ kè.

老师说日语，不说英语。
Lǎoshī shuō Rìyǔ, bù shuō Yīngyǔ.

老师问问题，学生们回答。
Lǎoshī wèn wèntí, xuéshengmen huídá.

晚上，玛丽常常去朋友的宿舍。
Wǎnshang, Mǎlì chángcháng qù péngyou de sùshè.

宿舍小是小，但是很干净。
Sùshè xiǎo shi xiǎo, dànshì hěn gānjìng.

她们一起复习，预习，做作业 。
Tāmen yìqǐ fùxí, yùxí, zuò zuòyè.

주말에 玛丽는 일본어 수업이 있습니다.
선생님은 일본어로 얘기하시고 영어로는 얘기하지 않습니다. 선생님이 질문을 하고, 학생들이 대답합니다.
저녁에 玛丽는 종종 친구의 기숙사에 갑니다. 기숙사는 작지만 깨끗합니다. 그들은 같이 복습하고, 예습하고, 숙제를 합니다.

단어

- 周末 zhōumò 명 주말
- 日语 Rìyǔ 명 일어
- 问题 wèntí 명 문제, 질문
- 回答 huídá 동 대답하다
- 常常 chángcháng 부 항상, 늘, 자주

- 但是 dànshì 접 그러나, 그렇지만
- 干净 gānjìng 형 깨끗하다
- 一起 yìqǐ 부 함께, 같이
- 预习 yùxí 동 예습하다
- 作业 zuòyè 명 숙제

15

열여섯 명의 유학생이 있습니다
有十六个留学生。

SUBWAY(서브웨이)를 중국식으로는 赛
百味 Sàibǎiwèi(싸이바이웨이)로 발음
해요.

이것만은
꼭!!

■ 명사를 어떻게 셀까요?

우리말로 책은 '한 권, 두 권', 잔은 '한 잔, 두 잔', 사람은 '한 명, 두 명'
이라고 세는데 중국어로는 어떤 단위들을 쓸까요?
오늘은 명사를 세는 단위, 즉 양사에 대해 배워볼 거예요. 기본적인
양사들은 꼭 기억해 두세요!

이 과의 주요 내용!

- 양사
- 多少 와 几
- 의문대명사 哪儿
- 의문대명사 哪

중국어 뼈대 잡기

기본 뼈대 잡기 **01**

~개, ~분, ~잔 － 양사

三 + 位 + 老师   세 + 분 + 선생님
sān wèi lǎoshī

양사란 '~개, ~권, ~장'처럼 명사를 세는 단위를 말합니다. 중국어는 우리말 보다 더 양사가 세분화 되어 있답니다. 하나씩 나올 때 마다 외워 두세요. '个(개)'는 사용 범위가 가장 넓어서 사람, 물건, 단체 등의 명사 앞에 두루 쓰일 수 있습니다. 양사는 '수사 + 양사 + 명사'의 형태로 써 주어야 한다는 것도 기억해 두세요.

알아두세요!

▶ **수사란**
수를 나타내는 말을 말합니다
예 一、二、三、四

- **位** wèi 양 분
- **两** liǎng 수 2, 둘
- **个** ge 양 개, 명
- **本** běn 양 권
- **瓶** píng 양명 병
- **啤酒** píjiǔ 명 맥주
- **杯** bēi 양명 잔
- **牛奶** niúnǎi 명 우유

- 빵 두 개

两 + 个 + 面包
liǎng ge miànbāo

- 사전 세 권

三 + 本 + 辞典
sān běn cídiǎn

- 맥주 네 병

四 + 瓶 + 啤酒
sì píng píjiǔ

- 우유 한 잔

一 + 杯 + 牛奶
yì bēi niúnǎi

숫자 익히기

0	1	2	3	4	5	6	7	8	9	10
líng	yī	èr	sān	sì	wǔ	liù	qī	bā	jiǔ	shí
零	一	二	三	四	五	六	七	八	九	十

11	12	13	……	20	30	……	99	100
shíyī	shí'èr	shísān	……	èrshí	sānshí	……	jiǔshíjiǔ	yìbǎi
十一	十二	十三	……	二十	三十	……	九十九	一百

02

어디 — 장소를 물을 때의 의문대명사 哪儿

> **在 + 哪儿 + 学习?**　어디에서 공부합니까?
> Zài　nǎr　xuéxí?

- **哪儿** nǎr 대 어디, 어느 곳

- 너희는 어디를 가니? **你们去哪儿?**
  Nǐmen qù nǎr?

- 그는 어디에 있나요? **他在哪儿?**
  Tā zài nǎr?

03

몇, 얼마 — 수량을 물어볼 때는 의문 대명사 多少 / 几

> **多少 + (个) + 学生? / 几 + 个 + 学生?**　몇 명의 학생
> Duōshao ge xuésheng? / Jǐ　ge　xuésheng?

'10'이하의 숫자가 예상될 때에는 보통 '几'를 써주고, '多少'는 어떤 수량에도 쓰일 수 있습니다. '几'는 뒤에 양사를 써주어야 하고 '多少'는 양사를 붙일 수도 있고 생략할 수도 있습니다.

- **多少** duōshao 대 얼마, 몇
- **几** jǐ 수 몇
- **教** jiāo 동 가르치다
- **电话** diànhuà 명 전화
- **号码** hàomǎ 명 번호

- 몇 분의 선생님이 너희를 가르치시니? **几位老师教你们?**
  Jǐ wèi lǎoshī jiāo nǐmen?

- 전화번호가 몇 번이니? **电话号码是多少?**
  Diànhuà hàomǎ shì duōshao?

04

어느, 어떤 — 의문대명사 哪

> **哪 + 国 + 人?**　어느 + 나라 + 사람?
> Nǎ　guó　rén?

'哪'는 'nǎ'로도 읽을 수 있고, 'něi'로도 읽을 수 있습니다.

- **哪** nǎ 대 어느
- **国** guó 명 나라

- 넌 어떤 것을 좋아해? **你喜欢哪个?**
  Nǐ xǐhuan nǎ ge?

술술
말해보기

A 请问，你们是哪国人？
Qǐngwèn, nǐmen shì nǎ guó rén?

B 我们是日本人。
Wǒmen shì Rìběn rén.

A 你们在哪儿学习？
Nǐmen zài nǎr xuéxí?

B 我们在北京大学学习。
Wǒmen zài Běijīng Dàxué xuéxí.

A 你们班有多少留学生？
Nǐmen bān yǒu duōshao liúxuéshēng?

B 我们班有十六个留学生。
Wǒmen bān yǒu shíliù ge liúxuéshēng.

A 几位老师教你们？
Jǐ wèi lǎoshī jiāo nǐmen?

B 三位老师教我们。
Sān wèi lǎoshī jiāo wǒmen.

해석

A 실례지만, 여러분은 어느 나라 사람이세요?

B 우리는 일본 사람입니다.

A 어디에서 공부하세요?

B 우리들은 베이징 대학에서 공부합니다.

A 반에는 유학생이 몇 명 있습니까?

B 우리 반에는 열 여섯 명의 유학생이 있습니다.

A 몇 분의 선생님이 가르쳐 주십니까?

B 세 분의 선생님이 우리를 가르치십니다.

단어

哪 nǎ	대 어느	个 ge	양 개, 명
国 guó	명 나라	几 jǐ	수 몇
哪儿 nǎr	대 어디, 어느 곳	位 wèi	양 분
大学 dàxué	명 대학	教 jiāo	동 가르치다
班 bān	명 반	日本 Rìběn	고유 일본
多少 duōshao	대 얼마, 몇	北京 Běijīng	고유 베이징

16

그녀의 방은 308호입니다
她的房间是308号。

캐논(canon)을 **佳能** Jiānéng(지아넝)이라
고 하네요. 아래에는 **肯德基** Kěndéjī (컨더
지) 간판도 보입니다.

이것만은
꼭!!

■ 전화번호를 말하고 싶다면?

전화번호 말하기는 무척 쉽습니다. 숫자를 그냥 하나씩 읽어주기만
하면 되거든요.
자기 전화번호를 유창하게 또박또박 말할 수 있도록 이번 과에서는
전화번호 읽는 방법을 잘 배워 두세요.

이 과의 주요 내용!

- '跟~一起'
- 방 번호와 전화번호 읽는 법
- 부사 一共

중국어
뼈대 잡기
기본 뼈대 잡기
01

~와 함께 ~하다 — 跟~一起 + 동사

跟 + 同屋 + 一起 + 住	룸메이트와 + 함께 + 삽니다
gēn tóngwū yìqǐ zhù	

'跟'은 '~와'에 해당하는 전치사입니다. '和 hé'와 바꾸어 쓸 수 있습니다.

- 跟 gēn 접전 ~와, ~에게
- 住 zhù 동 살다
- 饭 fàn 명 밥

- 나와 함께 밥을 먹는다.
  跟我一起吃饭。
  Gēn wǒ yìqǐ chī fàn.

- 그와 함께 커피를 마신다.
  跟他一起喝咖啡。
  Gēn tā yìqǐ hē kāfēi.

기본 뼈대 잡기
02

~호, ~번 — 방번호와 전화번호 읽는 법

308 + 号	308 + 호
sān líng bā hào	

방 번호와 전화번호는 숫자를 하나씩 읽습니다. 방 번호와 전화번호에 쓰인 숫자 '1'은 보통 yāo로 읽어줍니다.

- 号 hào 명 호, 번, 일

- 301호
  三零一号
  sān líng yāo hào

- 58673421
  五八六七三四二一
  wǔ bā liù qī sān sì èr yāo

모두 합해서

> 一共 + 有十六个学生　　모두 합해서 + 16명의 학생이 있습니다
> yígòng yǒu shíliù ge xuésheng

一共은 합계를 말할 때 쓰는 부사입니다. 부사이지만 수량사 바로 앞에 써도 된다는 특징이 있습니다.

• 一共 yígòng ［부］ 합계,전부, 모두

- 모두 합해서 3개입니다.　　一共三个。
  　　　　　　　　　　　　　　Yígòng sān ge.

- 모두 합해서 3개가 있습니다. 一共有三个。
  　　　　　　　　　　　　　　Yígòng yǒu sān ge.

술술
읽어보기

36
CD

해석

我有一个外国朋友，叫直美。
Wǒ yǒu yí ge wàiguó péngyou, jiào Zhíměi.

她是日本留学生。
Tā shì Rìběn liúxuéshēng.

他们班女学生多，男学生少，
Tāmen bān nǚ xuéshēng duō, nán xuéshēng shǎo,

一共有十六个学生。
yígòng yǒu shí liù ge xuésheng.

他们学习非常努力，成绩也挺好的。
Tāmen xuéxí fēicháng nǔlì,　　chéngjì yě tǐng hǎo de.

直美跟同屋一起住。
Zhíměi gēn tóngwū yìqǐ zhù.

她的房间是308号，电话号码是58673421。
Tā de fángjiān shì sān líng bā hào, diànhuà hàomǎ shì wǔ bā liù qī sān sì èr yāo.

나는 直美라고 하는 외국 친구가 한 명 있습니다.
그녀는 일본 유학생입니다.
그들 반에 여학생은 많고, 남학생은 적습니다. 모두 열 여섯 명의 학생이 있습니다. 그들은 매우 열심히 공부하고, 성적도 좋습니다.
直美는 룸메이트와 함께 삽니다.
그녀의 방은 308호이고, 전화번호는 58673421 입니다.

'挺'은 종종 조사 '的' 와같이 다닙니다.

단어

- 外国 wàiguó　　명 외국
- 叫 jiào　　동 (이름을) ～라고 하다
- 女生 nǚshēng　　명 여학생
  女学生 nǚxuésheng　명 여학생
- 多 duō　　형 많다
- 男生 nánshēng　　명 남학생
  男学生 nánxuésheng　명 남학생
- 少 shǎo　　형 적다
- 一共 yígòng　　부 합계, 전부, 모두

- 非常 fēicháng　　부 대단히, 매우
- 成绩 chéngjì　　명 성적
- 挺 tǐng　　부 아주, 매우
- 跟 gēn　　접 ～와, ～에게
- 住 zhù　　동 살다, 묵다
- 房间 fángjiān　　명 방
- 电话 diànhuà　　명 전화
- 号码 hàomǎ　　명 번호
- 直美 Zhíměi　　고유 인명

나라와 수도 이름

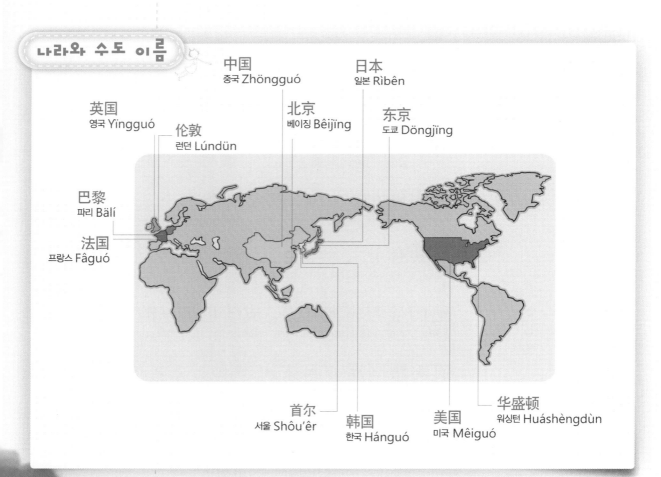

中国
중국 Zhōngguó

日本
일본 Rìběn

英国
영국 Yīngguó

伦敦
런던 Lúndün

北京
베이징 Běijīng

东京
도쿄 Döngjīng

巴黎
파리 Bälí

法国
프랑스 Fàguó

首尔
서울 Shôu'ěr

韩国
한국 Hánguó

美国
미국 Měiguó

华盛顿
워싱턴 Huáshèngdùn

102

13-16과 총정리 확인 테스트

01 我 ⬭⬭⬭ 词典。 나는 사전이 있습니다.

02 他 ⬭⬭⬭ 美国朋友。 그는 미국 친구가 없습니다.

03 这是 ⬭⬭⬭ 的教室? 이것은 누구의 교실입니까?

04 ⬭⬭⬭ 看电影。 가끔 영화를 봅니다.

05 漂亮 ⬭⬭⬭ 漂亮，可是太贵。 예쁘긴 하지만 너무 비쌉니다.

06 四 ⬭⬭⬭ 牛奶。 우유 네 잔.

07 五 ⬭⬭⬭ 老师。 선생님 다섯 분.

08 老师在 ⬭⬭⬭ ? 선생님은 어디에 계시나요?

09 跟同屋 ⬭⬭⬭ 作练习。 룸메이트와 함께 연습을 합니다.

10 电话号码是 ⬭⬭⬭ ? 전화번호가 몇번입니까?

17

얼마예요?
多少钱?

점포

电话 diànhuà(띠엔화)라고 크게 쓰여 있네요. 각종 전화카드를 파는 작은 점포인데 이런 점포를 小铺 xiǎopù라고 합니다.

이것만은
꼭!!

■ 목적어가 두 개라면 '∼에게 + ∼을'의 순서대로.

간접 목적어 직접 목적어 두 개가 나온다면 무엇부터, 어떻게 쓸까의 문제를 해결해 보는 시간입니다. 힌트! 영어의 어순과 같답니다.

● 주어 + 동사 + 간접 목적어(∼에게) + 직접 목적어(∼을)

이 과의 주요 내용!

● 화폐단위 읽는 법
● '多少钱?'
● 이중 목적어를 갖는 동사

104

중국어 뼈대 잡기

기본 뼈대 잡기 **01**

~원, ~십전, ~원─ 화폐단위 읽는 법

一 + 块 + 二 + 毛 + 五 + 分	1원 + 25전
yí kuài èr máo wǔ fēn	

중국 인민폐(人民币)의 단위는 '元 yuán − 角 jiǎo − 分 fēn'인데, 회화체로는 보통 '块 kuài − 毛 máo − 分 fēn'을 사용합니다. '毛'나 '分'이 금액의 끝에 오면 생략할 수 있습니다.

* 块 kuài 양 원 (중국의 화폐단위)

* 毛 máo 양 ~십전 (중국 화폐단위:1毛는 1块의 십분의 일)

* 分 fēn 양 ~전 (중국 화폐단위:1分은 1毛의 십분의 일)

* 钱 qián 명 돈

* 3원 56전   **3.56**   三块五毛六(分)
  sān kuài wǔ máo liù (fēn)

* 7원 49전   **7.49**   七块四毛九(分)
  qī kuài sì máo jiǔ (fēn)

* 8원 30전   **8.30**   八块三(毛)
  bā kuài sān (máo)

만약에 단위가 '块'나 '毛' 혹은 '分'이 하나 뿐일 때, 회화체에서는 흔히 '钱'을 붙여줍니다

* 8원   **8.00**   八块(钱)
  bā kuài (qián)

* 80전   **0.80**   八毛(钱)
  bā máo (qián)

* 8전   **0.08**   八分(钱)
  bā fēn (qián)

얼마예요? — 금액을 물어볼 때 多少钱?

一杯牛奶, 多少钱? 우유 한 잔에 + 얼마예요?
Yì bēi niúnǎi, duōshao qián?

수량사를 '多少钱' 뒤에 붙여서 표현해도 괜찮습니다.

▶ 斤 jīn
우리나라에선 육류 한 근에 600g, 채소 한 근에 400g을 가리키는데 중국에서는 500g이랍니다. 괜히 사기 당하는 줄 알고 싸우시면 안 돼요.

• 多少钱 duōshaoqián
  얼마 입니까?
• 斤 jīn 양 근
• 苹果 píngguǒ 명 사과

• 우유 한 잔에 얼마예요?
  一杯牛奶, 多少钱?
  Yì bēi niúnǎi, duōshao qián?

  牛奶, 多少钱一杯?
  Niúnǎi, duōshao qián yì bēi?

• 사과 한 근에 얼마예요?
  一斤苹果, 多少钱?
  Yì jīn píngguǒ, duōshao qián?

  苹果, 多少钱一斤?
  Píngguǒ, duō shao qián yì jīn?

~에게 ~을 ~하다 — 이중목적어를 갖는 동사

找 + 您 + 六块 거슬러 드립니다 + 당신에게 + 6원을
zhǎo nín liù kuài

'教(가르치다)', '给(주다)', '找(거슬러주다)', '问(묻다)'와 같은 일부 동사들은 두 개의 목적어를 가질 수 있습니다. 이 경우 영어의 어순과 똑같이 '~에게 + ~을'의 순서로 써주면 됩니다.

• 找 zhǎo 동 거슬러 주다.
  찾다
• 给 gěi 동 주다

• 우리에게 중국어를 가르친다.   教我们汉语。
                              Jiāo wǒmen Hànyǔ.

• 나에게 돈을 준다.   给我钱。
                    Gěi wǒ qián.

A 两杯咖啡、一杯牛奶，多少钱？
Liǎng bēi kāfēi, yì bēi niúnǎi, duōshao qián?

B 一杯咖啡五块、一杯牛奶四块，
Yì bēi kāfēi wǔ kuài, yì bēi niúnǎi sì kuài,

一共十四块钱。
yí gòng shí sì kuài qián.

A 很便宜。
Hěn piányi.

B 是的，咖啡和牛奶都不贵。
Shì de, kāfēi hé niúnǎi dōu bú guì.

A 钱在这儿。
Qián zài zhèr.

B 您有零钱吗？
Nín yǒu língqián ma?

A 没有。
Méiyǒu.

B 收您二十块，找您六块。
Shōu nín èrshí kuài, zhǎo nín liù kuài.

해석

A 커피 두 잔, 우유 한 잔이면 얼마예요?

B 커피 한 잔에 5원, 우유 한 잔에 4원이니까 모두 14원입니다.

A 싸네요.

B 그래요. 커피와 우유는 모두 비싸지 않아요.

A 돈 여기 있습니다.

B 잔돈 있으세요?

A 없습니다.

B 20원 받았으니까, 6원 거슬러 드릴게요.

단어

- 多少钱 duōshaoqián 얼마 입니까?
- 块 kuài　양 원 (중국의 화폐단위)
- 便宜 piányi　형 싸다
- 贵 guì　형 비싸다
- 钱 qián　명 돈
- 这儿 zhèr　대 여기
- 零钱 língqián　명 잔돈
- 收 shōu　동 받다, 접수하다
- 找 zhǎo　동 거슬러 주다, 찾다

1지아오
1角 yì jiǎo

5지아오
5角 wǔ jiǎo

1위엔
1元 yì yuán

5위엔
5元 wǔ yuán

10위엔
10元 shí yuán

20위엔
20元 èrshí yuán

50위엔
50元 wǔshí yuán

100위엔
100元 yìbǎi yuán

잔돈
零钱 língqián
1위엔, 5펀, 1지아오

18

맛 좀 보세요!
您尝尝!

통신회사

중국의 유명한 통신회사 차이나모바일(中国
移动通信 Zhōngguó yídòng tōngxìn(쭝
구어이뚱통씬)과 차이나유니콤 中国联通
Zhōngguó liántōng(쭝구어리엔통)이에요.

이것만은 꼭!!

■ '어떻게'라고 묻고 싶다면 '怎么~'

동작의 방식을 묻는 의문대명사 '怎么~'가 들어간 문형에 익숙해져
보는 시간입니다. '怎么＋동사' 형태로 사용한다는 것 기억해 두세요!

이 과의 주요 내용!

- '的'자 구조
- 동사의 중첩
- 의문대명사 怎么

～것 – '的'자 구조

大 + 的 큰 것(큰 아이)
dà de

앞에서 언급한 사람 또는 사물을 생략하고 말할 때 쓰는 표현입니다. 명사·대명사·동사·형용사 등의 단어 뒤에 '的'를 쓰면 명사가 없는 '的'자 구조가 되어 명사처럼 쓰이고 사람이나 사물을 가리키게 됩니다.

- 내 것　　　　　　　　**我的**
　　　　　　　　　　　　wǒ de

- 작은 것(작은 아이)　**小的**
　　　　　　　　　　　　xiǎo de

- 먹을 것　　　　　　　**吃的**
　　　　　　　　　　　　chī de

- 좋은 것　　　　　　　**好的**
　　　　　　　　　　　　hǎo de

02 동사의 중첩 – AA/A一A/ABAB

 尝尝 좀 맛보세요
cháng chang

동사를 중첩하면 '가벼움, 발생의 빠름, 시도, 어기완화' 등의 의미를 나타낼 수 있습니다. 단음절의 경우 AA/A一A 형태로, 이음절의 경우 ABAB의 형태로 중첩합니다.

- 书 shū 명 책

- 나는 집에서 책도 보고 싶습니다.
  我在家看看书, 休息休息。 (가벼운 느낌)
  Wǒ zài jiā kàn kan shū, xiūxi xiūxi.

- 너 좀 들어봐라.
  你听(一)听吧。 (어기 완화)
  Nǐ tīng (yi) tīng ba.

어떻게 ~합니까? — 상황, 방식을 묻는 의문대명사 怎么

怎么 + 卖? 어떻게 파시나요?
Zěnme mài?

동사 앞에 놓여서 동작의 방식을 물을 때 사용되는 의문대명사입니다.

• 怎么 zěnme 대 어떻게, 어째서, 왜
• 卖 mài 동 팔다
• 写 xiě 동 쓰다
• 走 zǒu 동 가다

• 어떻게 쓰나요?　　　　**怎么写?**
　　　　　　　　　　　　Zěnme xiě?

• 어떻게 말하죠?　　　　**怎么说?**
　　　　　　　　　　　　Zěnme shuō?

• 어떻게 가죠?　　　　　**怎么走?**
　　　　　　　　　　　　Zěnme zǒu?

술술
말해보기

40
CD

A **一杯可乐，多少钱?**
　Yì bēi kělè, duōshao qián?

B **五块。**
　Wǔ kuài.

해석

A 콜라 한 잔에 얼마예요?
B 5원입니다.

▶ 교체연습

四瓶啤酒 sì píng píjiǔ	**七块二** qī kuài èr
两个面包 liǎng ge miànbāo	**九块** jiǔkuài
三本辞典 sān běn cídiǎn	**八十块** bā shí kuài
一杯牛奶 yī bēi niúnǎi	**三块** sān kuài

맥주 네 병　7원 20전
빵 두 개　　9원
사전 세 권　80원
우유 한 잔　3원

A 苹果怎么卖?
Píngguǒ zěnme mài?

해석

A 사과 어떻게 팔아요?

B 큰 것은 한 근에 4원이고, 작은 것은 다섯 근에 8원 입니다.

A 선선합니까?

B 맛 좀 보세요, 굉장히 신 선해요.

B 大的四块钱一斤, 小的八块钱五斤。
Dà de sì kuài qián yì jīn,　xiǎo de bā kuài qián wǔ jīn.

A 新鲜不新鲜?
Xīnxiān bu xīnxiān?

B 您尝尝, 新鲜极了。
Nín chángcháng, xīnxiān jí le.

단어

- 苹果 píngguǒ 명 사과
- 怎么 zěnme 대 어떻게, 어째서, 왜
- 卖 mài 동 팔다
- 斤 jīn 양 근
- 新鲜 xīnxiān 형 신선하다
- 尝 cháng 동 맛보다

▶ 과일 자판대
여러 가지 과일이 색깔별로 예쁘게 놓여 있네요.
제일 앞에 보이는 노랗고 큰 과일은 하미과 (哈密瓜 hāmiguā)라고 합니다. 메론하고 맛이 비슷해요.

西瓜 xīguā 수박

香瓜 xiāngguā 참외

草莓 cǎoméi 딸기

苹果 píngguǒ 사과

梨 lí 배

柠檬 níngméng 레몬

香蕉 xiāngjiāo 바나나

桃子 táozi 복숭아

葡萄 pútao 포도

菠萝 bōluó 파인애플

橙子 chéngzi 오렌지

망고
芒果 mángguǒ

여지
荔枝 lìzhī

하미과
哈密瓜 hāmìguā

红薯
hóngshǔ
고구마

大葱
dàcōng
대파

生菜
shēngcài
상추

黄瓜
huángguā
오이

白菜
báicài
배추

胡萝卜
húluóbo
당근

萝卜
luóbo
무우

辣椒
làjiāo
고추

大蒜
dàsuàn
마늘

蘑菇
mógū
버섯

洋葱
yángcōng
양파

土豆
tǔdòu
감자

브로컬리
西兰花 xīlánhuā

수수
高粱 gāoliáng

고사리
蕨菜 juécài

19

당신은 무슨 일을 하시나요?
您是做什么工作的?

모토로라

(MOTOROLA)모토로라 핸드폰 가게입니다.
摩托罗拉 Mótuōluólā (모투어루어라)라
고 하는데 한자는 어렵지만 발음은 비슷하
죠?

이것만은
꼭!!

■ 이름 묻고 대답하기

중국어의 높임말 표현은 우리말처럼 까다롭지 않습니다. 하지만 이름
을 물을 때는 구분해서 표현해 주어야 한답니다. 높임말과 예사말 표
현에 유의하면서 이름 묻고 대답하기와 직업 묻고 대답하는 표현을
기억해 두세요!

이 과의 주요 내용!

- 직업을 묻는 표현
- 성과 이름을 묻는 표현

무슨 일을 하십니까? — 직업을 묻는 표현

您 + 是 + 做什么工作 + 的? 당신은 + 하십니까 + 무슨 일을?
Nín shì zuò shénme gōngzuò de?

직업을 묻고자 할 때에는 일반적으로 '做什么工作? ' 혹은 '是做什
么工作的? '라는 표현을 씁니다. 대답은 보통 '~是~'로 합니다.

* **工作** gōngzuò 명동 일
  (하다), 직업
* **记者** jìzhě 명 기자
* **厨师** chúshī 명 요리사

• 당신은 무슨 일을 하시죠?

A **你做什么工作?**
Nǐ zuò shénme gōngzuò?

• 저는 기자입니다.

B **我是记者。**
Wǒ shì jìzhě.

• 당신은 무슨 일을 하시죠?

A **你是做什么工作的?**
Nǐ shì zuò shénme gōngzuò de?

• 저는 요리사예요.

B **我是厨师。**
Wǒ shì chúshī.

~를 알게 되어 기쁩니다 — 기본적인 인사말(3)

认识您 + 很高兴 당신을 알게되어 + 기쁩니다
rènshi nín hěn gāoxìng

* **认识** rènshi 동 알다
* **高兴** gāoxìng 형 기쁘다

쪼개보면 '认识您(당신을 알게되다)' 구문과 '很高兴(기쁘다)' 구
문이 합쳐진 문장입니다. 원인과 결과의 의미를 나타내는 문장인데
도 특별한 접속사가 없이 두 문장 간의 관계를 나타낼 수 있습니다.
중국어는 이렇게 특별한 접속사 없이도 두 구문간의 긴밀한 관계를
나타낼 수 있다는 게 특징입니다.

성함이 어떻게 되시죠? — 성씨를 물을 때(높임말)

> **您贵姓?** 성이 어떻게 되시죠? (높임말)
> Nín guì xìng?

'您贵姓? '은 상대방의 성을 묻는 높임말 표현입니다. 예사말로는 '你姓什么? '라고 하면 됩니다. '他贵姓? '이라고는 하지 않는다는 데 주의하세요. 대답은 다음과 같이 합니다.

* **贵 guì** 혤 존경의 뜻을 나타내는 말
* **姓 xìng** 몡 동 성, 성이 ~이다

* 제 성은 왕입니다.　　　　**我姓王。**(대답1)
　　　　　　　　　　　　　Wǒ xìng Wáng.

* 저는 왕이페이라고 합니다.　**我叫王一飞。**(대답2)
　　　　　　　　　　　　　Wǒ jiào Wáng Yīfēi.

* 저는 왕이페이입니다.　　　**我是王一飞。**(대답3)
　　　　　　　　　　　　　Wǒ shì Wáng Yīfēi.

* 저는 성이 왕이고, 이페이라고 합니다.
　　　　　　　　　　　　　我姓王, 叫一飞。(대답4)
　　　　　　　　　　　　　Wǒ xìng Wáng, jiào Yīfēi.

이름이 어떻게 되시죠? — 이름을 물을 때

> **您 + 叫什么名字?** 당신은 + 이름이 어떻게 되시나요?
> Nín jiào shénme míngzi?

대답은 '我叫~' 혹은 '我是~'로 해주면 됩니다.

* **名字 míngzi** 몡 이름

* 저는 왕이페이라고 합니다.　**我叫王一飞。**(대답1)
　　　　　　　　　　　　　Wǒ jiào Wáng Yīfēi.

* 저는 왕이페이입니다.　　　**我是王一飞。**(대답2)
　　　　　　　　　　　　　Wǒ shì Wáng Yīfēi.

술술
말해보기

A 请问，您贵姓？
Qǐngwèn, nín guì xìng?

B 我姓王。
Wǒ xìng Wáng.

A 您叫什么名字？
Nín jiào shénme míngzi?

B 我叫王一飞。
Wǒ jiào Wáng Yīfēi.

A 您是做什么工作的？
Nín shì zuò shénme gōngzuò de?

B 我是厨师，这是我的名片。
Wǒ shì chúshī,　zhè shì wǒ de míngpiàn.

A 认识您很高兴。
Rènshi nín hěn gāoxìng.

B 认识您，我也很高兴。
Rènshi nín,　wǒ yě hěn gāoxìng.

해석

A 실례지만, 성이 어떻게 되십니까?

B 저는 성이 왕입니다.

A 이름은 무엇입니까?

B 저는 왕이페이라고 합니다.

A 무슨 일을 하십니까?

B 저는 요리사예요, 이것은 제 명함입니다.

A 당신을 알게 되어 기쁩니다.

B 당신을 알게 되어, 저도 기쁩니다.

단어

- 贵 guì　　　　형 비싸다. 존경의 뜻을 나타내는 말
- 姓 xìng　　　　명동 성, 성이 ~이다
- 名字 míngzi　　명 이름
- 工作 gōngzuò　동명 일(하다), 직업
- 厨师 chúshī　　명 요리사
- 名片 míngpiàn　명 명함
- 认识 rènshi　　동 알다, 인식하다
- 高兴 gāoxìng　　형 기쁘다, 즐겁다

20

당신 아버님은 어디에서 일하시나요?
你父亲在哪儿工作?

펩시콜라

우리에게 익숙한 마크지요? 펩시콜라를 중국에서는 **百事可乐** Bǎishì kělè(바이스컬러)라고 합니다.

이것만은
꼭!!

■ '어디에서'라고 묻고 싶다면 '在哪儿~'

어디에서 무엇을 하는지를 묻고 싶을 때 '在哪儿~'을 이용해 문장을 만듭니다. 뒤에 동사만 따라와 주면 되므로 쉽게 여러 가지 표현을 할 수 있어요. '在哪儿~+동사' 표현 잘 기억해 두세요!

이 과의 주요 내용!

- 형제간의 서열 표시법
- 在哪儿을 이용한 표현법

큰~, 작은~, 첫째~, 둘째~ — 형제간의 서열 표시법

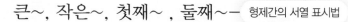

大 + 姐   큰 누나(언니)
dà   jiě

같은 형제 입장에서 큰 누나(언니), 큰 형(오빠)이라고 할 경우엔
大姐, 大哥 라고 하고, 둘째 ~, 셋째 ~라는 표현은 각각 앞에
二, 三, 四를 붙여주면 됩니다.

알아두세요!

▶ 산아제한 정책
중국은 한 자녀 낳기 산아제한 정
책을 실시하고 있기 때문에 거
의 대부분의 집들이 외동 딸 외아
들 뿐이랍니다. 그러니 앞으로 哥
哥、大哥、姐姐、二姐、妹妹
라는 말들도 사라지게 되지 않을
까요?

- 큰 형(오빠)
  大哥
  dà gē

- 둘째 누나(언니)
  二姐
  èr jiě

- 둘째 형(오빠)
  二哥
  èr gē

기본 뼈대 잡기 02

큰 애, 둘째, 셋째 — 형제간의 서열 표시법(2)

老 + 大   큰 애
lǎo   dà

부모님 입장에서 자식들의 항렬을 말할 때 '큰 애'는 '老'뒤에 '大'
를, 그 다음 부턴 '二, 三 ~ '을 붙여주면 되고 '막내'라는 표현은
'老小'라고 합니다

- 둘째 아이
  老二
  lǎo èr

- 셋째 아이
  老三
  lǎo sān

- 막내
  老小 (**老闺女** 막내 딸 / **老儿子** 막내 아들)
  lǎo xiǎo (lǎo guīnǚ / lǎo érzi)

어디에서 ~하시죠? — 在哪儿을 이용한 표현법

在哪儿 + 工作?　　어디에서 + 일하세요?
Zài nǎr　gōngzuò?

- 어디에서 공부를 하나요?　**在哪儿学习?**
　　　　　　　　　　　　　　Zài nǎr xuéxí?

- 어디에서 수업을 하나요?　**在哪儿上课?**
　　　　　　　　　　　　　　Zài nǎr shàng kè?

- 어디에서 쉬나요?　　　　　**在哪儿休息?**
　　　　　　　　　　　　　　Zài nǎr xiūxi?

술술
말해보기

A **你父亲在哪儿工作?**
　Nǐ fùqin zài nǎr gōngzuò?

B **他在报社工作，他是记者。**
　Tā zài bàoshè gōngzuò, tā shì jìzhě.

A **你母亲呢?**
　Nǐ mǔqīn ne?

B **她不工作，她是家庭主妇。**
　Tā bù gōngzuò, tā shì jiātíng zhǔfù.

A **两个姐姐做什么工作?**
　Liǎng ge jiějie zuò shénme gōngzuò?

B **大姐是公司职员，二姐是汉语老师。**
　Dàjiě shì gōngsī zhíyuán, èrjiě shì Hànyǔ lǎoshī.

해석

A 당신 아버님은 어디에서 일하
십니까?

B 아버님은 신문사에서 일하세
요, 기자십니다.

A 당신 어머님은요?

B 어머님은 일 안 하세요, 가정주
부십니다.

A 두 누님들은 무슨 일을 하시
죠?

B 큰 누나는 회사원이고, 둘째 누
나는 중국어 선생님이세요.

- **父亲** fùqin 명 아버지
- **报社** bàoshè 명 신문사
- **记者** jìzhě 명 기자
- **母亲** mǔqīn 명 어머니
- **家庭主妇** jiātíng zhǔfù 명 가정주부

- **姐姐** jiějie 명 언니, 누나
- **大姐** dàjiě 명 큰언니, 큰누나
- **公司** gōngsī 명 회사
- **职员** zhíyuán 명 직원
- **二姐** èrjiě 명 둘째 언니, 둘째 누나

가족

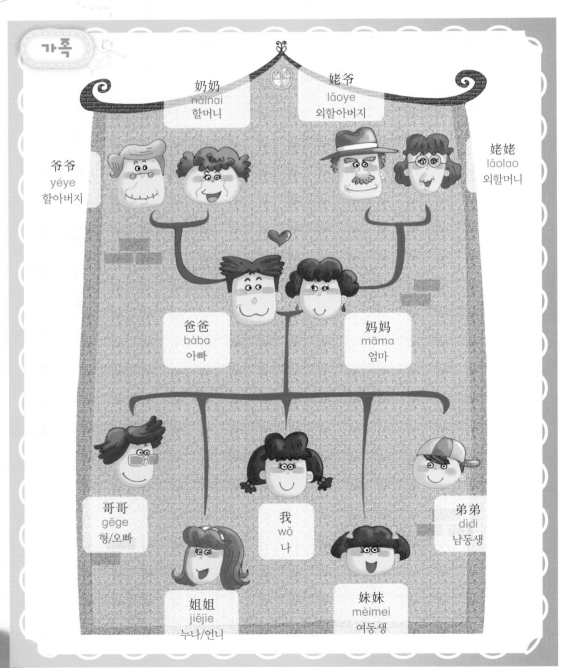

奶奶 nǎinai 할머니

姥爷 lǎoye 외할아버지

爷爷 yéye 할아버지

姥姥 lǎolao 외할머니

爸爸 bàba 아빠

妈妈 māma 엄마

哥哥 gēge 형/오빠

我 wǒ 나

弟弟 dìdi 남동생

姐姐 jiějie 누나/언니

妹妹 mèimei 여동생

쇼핑센터
购物中心 gòuwù zhōngxīn

부동산
房地产中介公司
fángdìchǎn zhōngjiè gōngsī

약국
药房 yàofáng / **药店** yàodiàn

서점
书店 shūdiàn

옷가게
服装店 fúzhuāngdiàn

식품 과일 가게
食品水果超市
shípǐn shuǐguǒ chāoshì

은행
银行 yínháng

아동 용품점
儿童用品店 értóng yòngpǐndiàn

01 一瓶啤酒 ⬚⬚⬚⬚⬚⬚? 맥주 한 병에 얼마예요?

02 ⬚⬚⬚ 他们汉语。 그들에게 중국어를 가르친다.

03 ⬚⬚⬚ 我们钱。 우리에게 돈을 준다.

04 好 ⬚⬚⬚ 。 좋은 것.

05 ⬚⬚⬚⬚ 写? 어떻게 쓰죠?

06 你是做什么工作 ⬚⬚⬚ ? 당신은 무슨 일을 하십니까?

07 我是 ⬚⬚⬚⬚ 。 저는 요리사예요.

08 您贵 ⬚⬚⬚ ? 당신은 성함이 어떻게 되시나요?

09 我 ⬚⬚⬚ 刘, ⬚⬚⬚ 玉。 제 성은 刘이고, 玉이라고 합니다.

10 你叫什么 ⬚⬚⬚⬚ ? 당신은 이름이 무엇입니까?

정답

01. 多少钱　02. 教　03. 给　04. 的　05. 怎么　06. 的　07. 厨师　08. 姓　09. 姓/叫
10. 名字

屋顶 wūdǐng 지붕

房间 fángjiān 방

门 mén 문

卧室 wòshi 침실

阳台 yángtái 베란다

浴室 yùshì 욕실

窗户 chuānghu 창문

墙 qiáng 벽

楼梯 lóutī 계단

厨房 chúfáng 주방

客厅 kètīng 거실

门口 ménkǒu 현관

院子 yuànzi 뜰

125

제3부 | 기본 표현 익히기편

중국어의 전체적인 틀을 잡았으면 이제 알맞은 표현을 어떻게 해야 할지 알아야겠지요?

3부에서는 기본 표현에 중심을 두어 구성하였습니다. 날짜 말하기, 시간 말하기, 식구 말하기, 나이 말하기 등 일상생활에서 많이 쓰이는 내용 위주로 실었어요. 1부 보다 세부적인 내용이 많고 외워야 할 부분도 많아지지만 중국어는 기본적으로 동사 형태의 변화가 없으므로 어렵지 않답니다.

나머지 20과도 열심히 따라해 보세요.

다음은 제3부의 주요 내용입니다.

- 나이 묻고 대답하기
- ～하러 가다 표현 익히기
- 식구 묻고 대답하기
- 시간 묻고 대답하기
- 날짜 묻고 대답하기
- ～하려고 하다 표현 익히기
- 장소 표현 익히기
- 진행. 상태 표현 익히기
- 변화를 나타내는 표현 익히기
- 경험 표현 익히기
- 비교 표현 익히기

21

나이가 어떻게 되시죠?
你今年多大?

드라이 클리닝

드라이 클리닝을 干洗 gānxǐ(깐시)라고 합니다. 干洗中心 gānxǐ zhōngxīn (깐시쭝씬)은 드라이 클리닝 센터라는 뜻 이에요.

이것만은
꼭!!

■ 나이를 묻고 싶다면?

중국어는 우리말처럼 존칭어가 복잡하게 발달되어 있지 않지만, 나이 를 물을 때 만큼은 윗사람, 동년배, 아랫사람을 구분해서 말합니다. 나이 묻는 표현 꼭 기억해 두세요!

이 과의 주요 내용!

- 명사 술어문
- 나이를 묻는 표현
- 听说
- 표현연습 – 这是秘密

기본 표현 익히기

기본 표현 익히기 **01**

주어 + 명사(술어) — 명사가 술어가 될 때

> 大哥 + 三十二　　큰 오빠는 + 32살입니다
> dà gē　sān shí èr

명사, 명사구, 간단한 수량사 등이 술어의 주요 성분으로 쓰인 문장을 '명사 술어문'이라고 합니다. 명사 술어문은 주로 시간, 연령, 본적, 수량 등을 표시할 때 쓰입니다. 긍정문에서는 일반적으로 동사 是를 쓰지 않지만, 부정문에서는 반드시 명사술어 앞에 不是를 써주어야 합니다.

- **现在 xiànzài** 명 현재
- **点 diǎn** 명 시
- **半 bàn** 명 반
- **号 hào** 명 일, 호, 번
- **星期 xīngqī** 명 주, 요일

- 지금은 세 시 반입니다.
  现在(是)三点半。
  Xiànzài shì sān diǎn bàn.

- 오늘은 십오 일입니다.
  今天(是)十五号。
  Jīntiān shì shí wǔ hào.

- 내일은 월요일이 아닙니다.
  明天不是星期一。
  Míngtiān bú shì xīngqī yī.

기본 표현 익히기 **02**

연세가 어떻게 되시죠? — 나이를 묻는 표현

> 您 + 多大年纪?　　당신은 + 연세가 어떻게 되시나요?
> Nín duō dà niánjì?

중국어로 연장자의 연령을 물을 때에는 '多大年纪?', 성인의 나이를 물을 때에는 '多大?', 10살 이하의 어린이 나이를 물을 경우에는 '几岁?'라고 합니다. 대답할 경우에는 '~岁'라고 하면 되는데, 앞뒤 문맥상 내용이 명확할 경우에는 '岁'를 생략할 수 있습니다. 하지만 열 살 이하일 경우에는 '岁'를 생략하면 안됩니다.

- **多大 duō dà** (나이, 크기가) 얼마나 됩니까
- **年纪 niánjì** 명 나이, 연세

A 당신은 연세가 어떻게 되시죠?
A **您多大年纪?**
　Nín duō dà niánjì?

B 저는 50세입니다.
B **我五十(岁)。**
　Wǒ wǔshí (suì)

- 岁 suì ⟨양⟩ ~살

A 당신은 나이가 어떻게 되나요?　A 你多大?
　　　　　　　　　　　　　　　　　Nǐ duō dà?

B 저는 서른살이에요.　　　　　　B 我三十(岁)。
　　　　　　　　　　　　　　　　　Wǒ sān shí (suì)

A 너는 몇살이니?　　　　　　　　A 你几岁?
　　　　　　　　　　　　　　　　　Nǐ jǐ suì?

B 저는 다섯살이에요.　　　　　　B 我五岁。
　　　　　　　　　　　　　　　　　Wǒ wǔ suì.

기본 표현 익히기 03

듣자하니 ~라고 합니다 — 听说 + 전해들은 이야기

> 听说 + 有一个孩子　· 듣기로 + 아이가 하나 있다
> tīngshuō yǒu yí ge háizi

- 听说 tīngshuō ⟨동⟩ 듣자
  하니, 듣건대
- 孩子 háizi ⟨명⟩ 아이, 자식
- 女朋友 nǚ péngyou
  ⟨명⟩ 여자 친구
- 男朋友 nán péngyou
  ⟨명⟩ 남자 친구

- 듣자하니 그 사람은 여자 친구가 있다고 한다.
  听说他有女朋友。
  Tīngshuō tā yǒu nǚ péngyou.

- 들리는 말로는 그녀는 올해 30세라고 한다.
  听说她今年三十岁。
  Tīngshuō tā jīnnián sānshí suì.

기본 표현 익히기 04

그건 비밀이에요.

> 这 + 是 + 秘密　그것은 + 입니다 + 비밀
> zhè　shì　mìmì

- 秘密 mìmì ⟨명⟩ 비밀

A 너 남자친구 있니?　　　A 你有没有男朋友?
　　　　　　　　　　　　　　Nǐ yǒu méiyǒu nán péngyou?

B 그건 비밀이야.　　　　　B 这是秘密。
　　　　　　　　　　　　　　Zhè shì mìmì.

A 너 성적은 좋니?　　　　A 你成绩好吗?
　　　　　　　　　　　　　　Nǐ chéngjì hǎo ma?

B 그건 비밀이야.　　　　　B 这是秘密。
　　　　　　　　　　　　　　Zhè shì mìmì.

술술
말해보기

A 听说你有一个孩子，今年几岁?
　Tīngshuō nǐ yǒu yí ge háizi,　jīnnián jǐ suì?

B 三岁。
　Sān suì.

A 你父母今年多大年纪?
　Nǐ　fùmǔ　jīnnián duō dà niánjì?

B 我父亲今年五十八，我母亲今年五十四。
　Wǒ fùqin jīnnián wǔ shí bā,　wǒ mǔqīn jīnnián wǔ shí sì.

A 你哥哥今年多大?
　Nǐ　gēge　jīnnián duō dà?

B 大哥三十二，二哥三十。
　Dà gē　sānshí'èr,　èr gē sānshí.

A 你呢?
　Nǐ ne?

B 这是秘密。
　Zhè shì mìmì.

해석

A 당신은 아이가 한 명 있다고 들었는데요, 올해 몇 살 인가요?

B 3살이에요.

A 당신 부모님은 올해 연세가 어떻게 되시나요?

B 아버님은 올해 58세이고, 어머니는 올해 54세예요.

A 당신 오빠는 올해 나이가 어떻게 되시나요?

B 큰 오빠는 서른 둘, 둘째 오빠는 서른 살이에요.

A 당신은요?

B 그건 비밀이에요

 47
CD

단어

- 听说 tīngshuō 〔동〕 듣자하니, 듣건대
- 孩子 háizi 〔명〕 아이, 자녀, 자식
- 今年 jīnnián 〔명〕 올해, 금년
- 岁 suì 〔양〕 ~살 (나이를 세는 양사)
- 父母 fùmǔ 〔명〕 부모
- 多大 duō dà 나이(크기)가 어떻게 됩니까
- 年纪 niánjì 〔명〕 연세, 나이
- 哥哥 gēge 〔명〕 오빠, 형
- 秘密 mìmì 〔명〕 비밀

22

저는 아이가 둘 있습니다.
我有两个孩子。

필립스

飞利浦 Fēilìpǔ(페이리푸)는 필립스 (PHILIPS)를 음역하여 만든 이름이고, 专卖店 zhuānmàidiàn(쭈안마이띠엔)전문점이라는 뜻이에요.

이것만은
꼭!!

■ 동사가 두 개가 나온다면 무엇부터 먼저 써야 할까?

동사가 한 문장에 두 개 이상 출현하는 문장을 어법 용어로는 연동문이라고 해요. 그렇다면 어떤 동사를 먼저 쓸 까요? 만일 두 동사가 순차적으로 발생한다면 순서대로, 목적을 나타낸다면 목적을 나타내는 동사를 뒷 자리에 두어야 하는 것이 원칙입니다. 오늘은 여러 유형의 연동문 중 목적관계 연동문을 함께 익혀보도록 해요.

이 과의 주요 내용!

- '二'과 '两'
- 연동문(1)

'二'과 '两'

> 两 + 个 + 孩子　두 + 명 + 의 아이
> Liǎng　ge　háizi

중국어로 숫자 읽기는 어렵지 않습니다. '2' 읽는 법만 주의하시면
되는데 二과 两은 모두 '2'를 나타내는 숫자예요. 읽는 법은 대체로
아래와 같습니다.

① 양사 앞에서는 两을 써 줍니다.

- 책 두 권 两本书 liǎng běn shū
- 두 살 两岁 liǎng suì

② 양사 앞이라도 '20' 과 '12'는 반드시 각각 '二十', '十二'이라고 합니다.

③ '길이, 높이, 무게 단위' 앞에는 '二'과 '两'을 다 쓸 수 있습니다.

- 2미터 二米 èr mǐ = 两米 liǎng mǐ

- 孩子 háizi 圓 아이
- 米 mǐ 圓영 미터

~하러 ~한다 ─ 주어 + 동사1+(목적어)+동사2+(목적어) : 목적관계 연동문

> 他 + 出去 + 玩　그는 + 나갑니다 + 놀러
> tā　chū qu　wán

주어 하나에 동사가 연이어 나오는 문장을 '연동문'이라고 합니다.
만일 두 동사 간의 관계가 목적을 나타낸다면 목적을 나타내는 동
사가 뒤에 오는 것이 원칙입니다.

- 그녀는 상점에 물건을 사러 갑니다.

  她去商店买东西。 (왜 가나요? 사러) - 목적을 나타내는 동사가 뒤에 옵니다
  Tā qù shāngdiàn mǎi dōngxi.
  　동사1　　　동사2

- 그들은 베이징에 공부하러 옵니다.

  他们来北京学习。 (왜 오나요? 공부하러)- 목적을 나타내는 동사가 뒤에 옵니다
  Tāmen lái Běi jīng xuéxi.
  　동사1　　　동사2

- 出去 chūqu 圄 (밖으로)
  나가다. 외출하다.
- 玩 wán 圄 놀다
- 商店 shāngdiàn 圓 상점
- 东西 dōngxi 圓 물건

술술
읽어보기

我有两个孩子。大儿子今年十六岁。
Wǒ yǒu liǎng ge háizi. Dà érzi jīnnián shíliù suì.

他喜欢安静，不喜欢热闹。
Tā xǐhuan ānjìng, bù xǐhuan rènao.

他常常在家喝茶，听音乐，看书。
Tā chángcháng zài jiā hē chá, tīng yīnyuè, kàn shū.

小儿子今年十三岁。
Xiǎo érzi jīnnián shísān suì.

他喜欢热闹，不喜欢安静。
Tā xǐhuan rènao, bù xǐhuan ānjìng.

他常常跟朋友一起出去玩。
Tā chángcháng gēn péngyou yìqǐ chūqu wán.

你呢？喜欢安静还是热闹？
Nǐ ne? Xǐhuan ānjìng háishi rènao?

해석

저는 아이가 두 명 있습니다. 큰 아들은 올해 열 여섯 살입니다. 그는 조용한 것을 좋아하고, 왁자지껄한 것을 싫어합니다.

큰 애는 종종 집에서 차를 마시고, 음악을 듣고, 책을 읽습니다.

작은 아들은 올해 열세 살입니다. 그는 왁자지껄한 것을 좋아하고, 조용한 것을 싫어합니다.

그 애는 자주 친구들과 함께 놀러 나갑니다.

당신은요? 조용한 것을 좋아합니까? 아니면 시끌벅적한 것을 좋아합니까?

단어

- **孩子** háizi 　명 아이
- **大儿子** dà érzi 　명 큰 아들
- **安静** ānjìng 　형 조용하다, 고요하다
- **热闹** rènao 　형 번화하다, 벅적벅적하다

- **音乐** yīnyuè 　명 음악
- **小儿子** xiǎo érzi 명 작은 아들
- **出去** chūqu 　동 (밖으로) 나가다, 외출하다
- **玩** wán 　동 놀다

48
CD

49
CD

134

23

식구가 몇 명입니까?
你家有几口人?

喜喜

喜喜 喜자 두 개가 합쳐진 모양으로 双喜 shuāng xǐ (슈앙시)라고 읽습니다. 기쁜 일이 함께 온다라는 뜻이에요. 중국의 결혼식장에서 많이 볼 수 있습니다.

이것만은 꼭!!

■ 식구를 묻는 회화 문장 따라잡기

이 과에서는 가족의 수를 묻고 대답하는 연습을 해보겠습니다.
자기 가족이 몇 식구이고 구성원은 어떻게 되는지 얘기할 수 있게 꼭 익혀 두세요!

이 과의 주요 내용!

- 가족 수를 묻는 표현
- 표현연습 – 那还用说

식구가 몇 명이죠? — 가족 수를 물을 때

你家 + 有 + 几口人? 너희 집엔 + 있니 + 몇 식구가?
Nǐ jiā   yǒu   jǐ kǒu rén?

사람을 셀 때는 '个'라는 양사를 써야 하지만, 식구 수를 묻는 경우에는 '口'라는 양사를 써야 합니다. 그러므로 가족 수를 물을 때에는 '几口人'이라고 묻고, 대답할 때에는 '几'자리에 '숫자'를 넣어주면 됩니다.

• **口 kǒu** 양 식구를 세는 단위

알아두세요!

▶ 양사란
명사를 세는 단위를 말합니다.
예 个、本、杯、瓶

• 식구가 몇 명이죠? **有几口人?**
Yǒu jǐ kǒu rén?

• 식구가 세 명이에요. **有三口人。**
Yǒu sān kǒu rén.

• 여섯 식구예요. **有六口人。**
Yǒu liù kǒu rén.

그야 당연하죠

那还用说 그야 당연하죠
nà hái yòng shuō

직역하면 '그거 또 말할 필요 있겠습니까?'로 당연하다(当然)는 뜻입니다. 회화체에 자주 사용되는 말이니 꼭 익혀두세요.

• **还 hái** 부 반문구에 쓰이는 부사
• **用 yòng** 동 필요가 있다. 사용하다
• **爱 ài** 조동 ~하기를 좋아하다
• **菜 cài** 명 요리

A 남자 친구가 그립니? A **你想男朋友吗?**
Nǐ xiǎng nán péngyou ma?

B 그야 당연하지. B **那还用说。**
Nà hái yòng shuō.

A 중국요리를 좋아하니? A **你爱吃中国菜吗?**
Nǐ ài chī Zhōngguó cài ma?

B 그야 말할 필요 있겠어. B **那还用说。**
Nà hái yòng shuō.

술술
말해보기

A 你想不想家?
　Nǐ xiǎng bu xiǎng jiā?

B 那还用说, 我很想家。
　Nà hái yòng shuō, Wǒ hěn xiǎng jiā.

A 你家有几口人?
　Nǐ jiā yǒu jǐ kǒu rén?

B 我家有六口人。
　Wǒ jiā yǒu liù kǒu rén.

A 你家都有什么人?
　Nǐ jiā dōu yǒu shénme rén?

세 가지 이상을 병렬할 때
마지막 항목 앞에 놓이며 '
그리고'의 뜻으로 쓰입니다.

B 爸爸、妈妈、两个哥哥、一个姐姐和我。
　Bàba、　māma、　liǎng ge gēge、　yí ge　jiějie　hé wǒ.

你呢?
Nǐ ne?

A 我很羡慕你。我是独生子, 没有兄弟姐妹。
　Wǒ hěn xiànmù nǐ. Wǒ shì dúshēngzǐ, méiyǒu xiōngdì jiěmèi.

해석

A 넌 집이 그립지 않니?
B 그야 당연하지. 집 생각
　많이 나.
A 너희 집은 가족이 몇 명
　이야?
B 우리 집은 여섯 식구야.
A 너희 집에는 누구누구가
　있는데?
B 아빠,엄마,형 두 명, 누나
　한 명,그리고 나. 너는?
A 네가 정말 부럽다. 난 형
　제자매가 없어, 외아들이
　야.

단어

- 想 xiǎng [조동][동] (조동) 그리워하다, ~하고 싶다
- 还 hái [부] 반문구에 쓰이는 부사
- 用 yòng [동] 필요가 있다, 사용하다
- 口 kǒu [양] 식구 [사람을 셀 때 쓰임]
- 人 rén [명] 사람

- 羡慕 xiànmù [동] 부러워하다
- 独生子 dúshēngzǐ [명] 외아들, 독자
- 兄弟 xiōngdì [명] 형제
- 姐妹 jiěmèi [명] 자매

24

자전거를 타고 출근합니다
骑自行车上班。

이용실

중국에서는 미용실을 美容院 měiróng
yuàn (메이롱위엔) 혹은 美发店 měifà
diàn (메이파띠엔)이라고 합니다.

이것만은
꼭!!

■ 동사가 두 개 이상 나온다면 무엇을 먼저 써야 할까?

둘의 관계가 목적을 나타낸다면 목적을 나타내는 동사가 뒤쪽에 놓인
다는 것을 22과에서 배웠습니다. 그런데 둘의 관계가 방식을 나타내
게 되면 무엇을 먼저 써야 할까요? 이 과에서 함께 해결해 볼까요?

이 과의 주요 내용!

• 各~~各的
• 전치사 离
• 연동문(2)

기본 표현
익히기

기본 표현
익히기
01

각자 ~하다 — 各 + A + 各的

各 + 忙 + 各 + 的 각자 + 나름대로 + 바쁘다
gè máng gè de

- 各 gè 대 각자
- 付 fù 동 지불하다

- 각자 따로 먹는다.　　　　　**各吃各的**
　　　　　　　　　　　　　　gè chī gè de

- 각자 따로 내다.(더치 페이하다.)　**各付各的**
　　　　　　　　　　　　　　gè fù gè de

- 제각기 따로 산다.　　　　　**各买各的**
　　　　　　　　　　　　　　gè mǎi gè de

기본 표현
익히기
02

~은 ~에서 (거리가) ~하다 — A + 离 + B + 시간.거리의 양

公司 + 离 + 家 + 不太远 회사는 + 집에서 + 별로 멀지 않다
gōngsī lí jiā bú tài yuǎn

离는 시간·장소를 나타내는 명사 앞에 써서 A에서 B사이의 공간
적·시간적 거리가 얼마나 되는지를 나타냅니다.

- 离 lí 전 ~에서, ~로부터
- 远 yuǎn 형 멀다
- 天津 Tiānjīn 고유 티엔진
  (지명)
- 近 jìn 형 가깝다
- 学校 xuéxiào 명 학교

- 베이징은 티엔진에서 가깝다.
  北京离天津很近。
  Běijīng lí Tiānjīn hěn jìn.

- 학교는 여기에서 멀지 않다.
  学校离这儿不远。
  Xuéxiào lí zhèr bù yuǎn.

~로 ~한다 ─ 주어 + 동사1+동사2 (방식을 나타내는 연동문)

> **骑 + 自行车 + 上班** 자전거를 타고 + 출근한다
> qí   zìxíngchē   shàng bān

주어 하나에 동사가 연이어 나오면서 특정 관계를 이루는 문장을 연동문이라고 한다는 것은 이미 배웠습니다. 오늘은 두 동사와의 관계가 방식을 나타내게 될 때의 위치 관계를 배워봅시다. 윗 문장에서 '출근'은 어떤 방식으로 하고 있나요? '걸어서'하나요 '버스를 타고'가나요 아니면 '자전거를 타고'가나요? '출근'의 수단, 방식에 대해서 말하고 있다는 걸 알 수 있습니다. 이럴 때 수단, 방식을 나타내는 동사가 '동사1'자리에 온다는 걸 기억하세요.

- 骑 qí 동 (걸터) 타다
- 自行车 zìxíngchē 명 자전거
- 上班 shàng bān 동 출근하다
- 坐 zuò 동 앉다. 타다
- 火车 huǒchē 명 기차

- 기차를 타고 간다. **坐 火车 去。**(방식)
  Zuò huǒchē qù.
  동사1   동사2

- 중국어로 말한다. **用 汉语 说。**(수단)
  Yòng Hànyǔ shuō.
  동사1   동사2

해석

조 선생님 댁에는 모두 네 식구가 삽니다. 조 선생님은 올해 48세입니다.
그분의 학교는 집에서 그다지 멀지 않아서, 매일 자전거로 출근합니다.
그의 아내는 변호사이고, 그녀는 자신의 일을 좋아합니다.

赵老师家有四口人, 赵老师今年四十八岁。
Zhào lǎoshī jiā yǒu sì kǒu rén, Zhào lǎoshī jīnnián sì shí bā suì.

他的学校离他家不太远, 每天骑自行车上班。
Tā de xuéxiào lí tā jiā bú tài yuǎn, měitiān qí zìxíngchē shàng bān.

他爱人是律师, 她喜欢她的工作。
Tā àirén shì lùshī,   tā xǐhuan tā de gōngzuò.

술술
읽어보기

赵老师的大女儿在百货商场工作，
Zhào lǎoshī de dà nǚ'ér zài bǎihuò shāngchǎng gōngzuò,

她是售货员。
tā shì shòuhuòyuán.

赵老师的小女儿不工作，她是高中生。
Zhào lǎoshī de xiǎo nǚ'ér bù gōngzuò, tā shì gāozhōngshēng.

大家都各忙各的。
Dàjiā dōu gè máng gè de.

해석

조 선생님의 큰 딸은 백화점에
서 일을 합니다. 그녀는 판매
원이에요.
조 선생님의 작은 딸은 일을
하지 않습니다. 그녀는 고등
학생입니다.
그들은 모두 제각기 바쁩니다.

단어

• 学校 xuéxiào	명 학교	
• 离 lí	전 ~에서, ~로부터	
• 远 yuǎn	형 멀다	
• 每天 měitiān	명 매일	
• 骑 qí	동 (걸터) 타다	
• 自行车 zìxíngchē	명 자전거	
• 上班 shàng bān	동 출근하다	

• 律师 lǜshī	명 변호사	
• 百货商场 bǎihuò shāngchǎng	명 백화점	
• 售货员 shòuhuòyuán	명 판매원	
• 高中生 gāozhōngshēng	명 고등학생	
• 各 gè	대 각자	
• 赵 Zhào	고유 조 (성씨)	

20-24과 총정리 확인 테스트

01 我今年 ⬚⬚⬚⬚ 岁。 저는 올해 27살 입니다.

02 ⬚⬚⬚⬚ 他是美国人。 듣기로 그는 미국인이라고 한다.

03 ⬚⬚⬚⬚ 个女儿。 딸 두 명.

04 我 ⬚⬚⬚⬚ 。 나는 차를 마시러 나간다.

05 你哥哥 ⬚⬚⬚ 大? 너희 오빠는 나이가 어떻게 되시니?

06 小儿子 ⬚⬚⬚ 岁? 막내 아들은 몇 살이죠?

07 他家有 ⬚⬚⬚ 口人? 그 사람 집엔 몇 식구가 살죠?

08 你 ⬚⬚⬚ 男朋友吗? 남자 친구가 보고 싶은가요?

09 那 ⬚⬚⬚⬚ 。 그야 당연하죠.

10 我家 ⬚⬚⬚ 学校不太远。 우리 집은 학교에서 별로 멀지 않다.

정답

01. 二十七 02. 听说 03. 两 04. 出去喝茶 05. 多 06. 几 07. 几 08. 想 09. 还用说
10. 离

버스
公共汽车 gōnggòng qìchē

버스정류장
公共汽车站 gōnggòng qìchēzhàn

택시
出租车 chūzūchē

택시 내부 모습
운전자와 승객 사이에 철창 같은 칸막이가
처져 있습니다.

지하철
地铁 dìtiě

지하철역
地铁站 dìtiězhàn

25

지금 몇 시죠?
现在几点?

쿵푸허슬

우리나라에는 쿵푸허슬
이라는 제목으로 소개
된 주성치 주인공의 코
믹영화예요. 원 제목은
功夫 gōngfu (꿍푸-실
력, 기술)랍니다.

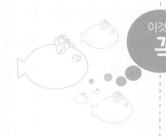

이것만은
꼭!!

■ 똑딱 똑딱! 시간에 관한 회화체 표현법.

중국어는 수와 관련된 표현이 간단하여 2에 관한 표현만 주의하면 됩
니다. 시간을 나타내는 말도 마찬가지예요. 숫자 '一、二、三、四……'
를 자기 자리에 두기만 하면 수에 관한 표현을 할 수 있습니다. 이 과
에서는 시간을 표현하는 방법 몇 가지를 배워보도록 해요.

이 과의 주요 내용!

- 시간 읽는 법(1)
- 一点儿也不~A~
- 의문대명사 什么时候
- '~ 吗' 와 '~吧'

기본 표현 익히기

~시 ~분 입니다 – 시간 읽는 법

七 + 点 + 十五 + 分   7시 + 15분
qī   diǎn   shíwǔ   fēn

중국어로 시간을 읽는 방법은 비교적 간단합니다. '시'는 '点', '분' 은 '分'이라고 하고 '15분'은 '一刻', '45분'은 '三刻'라고도 합니다. 참, '两刻'라는 말은 없어요. 또, 2시라고 할 때 '二点'이라 하지 않 고 '两点'이라고 한다는 것도 주의하세요.

* **点** diǎn 몡 시
* **分** fēn 양 분
* **刻** kè 양 15분
* **差** chà 동 차이가 나다

알아두세요!

▶ **시차**
중국은 베이징 시간을 표준으로 하고 있답니다. 한국과의 시차는 1시간 밖에 안 나지만 같은 땅인 데도 중국은 워낙 넓다 보니 베이 징과 우루무치 간에는 2시간 정 도의 시차가 있다고 하네요.

* 8:00   **八点**
  bā diǎn

* 8:05   **八点五分 / 八点零五(分)**
  bā diǎn wǔ fēn / bā diǎn líng wǔ (fēn)

* 7:15   **七点十五(分) / 七点一刻**
  qī diǎn shí wǔ (fēn) / qī diǎn yí kè

* 7:30   **七点三十(分) / 七点半**
  qī diǎn sān shí (fēn) / qī diǎn bàn

* 7:45   **七点四十五(分) / 七点三刻**
  qī diǎn sì shí wǔ (fēn) / qī diǎn sān kè

* 7:55   **七点五十五(分) / 差五分八点**
  qī diǎn wǔ shí wǔ (fēn) / chà wǔ fēn bā diǎn

하나도 ~하지 않다 – 一点儿也不A

一点儿也不 + 难   하나도 안 + 어렵다
yì diǎnr   yě   bù   nán

자주 쓰이는 상용격식입니다. 꼭 익혀두세요.

* **一点儿** 수량 yì diǎnr 약간
* **难** nán 형 어렵다

* 하나도 안 예쁘다.   **一点儿也不好看。**
  Yì diǎnr yě bù hǎo kàn.

* 하나도 안 바쁘다.   **一点儿也不忙。**
  Yì diǎnr yě bù máng.

기본 표현 익히기 03

언제~ — 때를 나타내는 의문 대명사 什么时候

什么时候 + 上课? 　언제 + 수업합니까?
Shénme shíhou shàng kè?

동사 앞에서 동작 발생 시간을 물을 때 사용하는 의문대명사입니다.

• 什么时候 shénme shíhou 때 언제

• 언제 공부해? 　　　　　**什么时候学习?**
　　　　　　　　　　　　Shénme shíhou xuéxí?

• 언제 사? 　　　　　　　**什么时候买?**
　　　　　　　　　　　　Shénme shíhou mǎi?

기본 표현 익히기 04

'~입니까?' 와 '~이시죠?' — 吗 와 吧

汉语难 + 吧? 　중국어 어렵 + 죠?
Hànyǔ nán ba?

심증을 어느 정도 굳힌 상태에서 확인의 어투로 물어볼 때 문장 끝에 '吧'를 써줍니다. 예를 들어 '어렵습니까?'라는 문장과 '어렵죠?'라는 문장은 어감이 다르죠? 앞 문장은 '~吗?'로, 뒷 문장은 '~吧?'로 말해야 합니다.

• 吧 ba 조 ~겠지?(확신이 있는 추측)

• 당신은 중국인입니까? 　　**你是中国人吗?**
　　　　　　　　　　　　　Nǐ shì Zhōngguó rén ma?

• 당신은 중국인이시죠? 　　**你是中国人吧?**
　　　　　　　　　　　　　Nǐ shì Zhōngguó rén ba?

• 당신은 공부하느라 바쁩니까? 　**你学习忙吗?**
　　　　　　　　　　　　　Nǐ xuéxí máng ma?

• 당신은 공부하느라 바쁘시죠? 　**你学习忙吧?**
　　　　　　　　　　　　　Nǐ xuéxí máng ba?

술술 말해보기

A 现在几点?
Xiànzài jǐ diǎn?

B 现在六点半。
Xiànzài liù diǎn bàn.

A 你几点吃早饭?
Nǐ jǐ diǎn chī zǎofàn?

B 我七点一刻吃早饭。
Wǒ qī diǎn yí kè chī zǎofàn.

A 你什么时候上汉语课?
Nǐ shénme shíhòu shàng Hànyǔ kè?

B 我上午九点上课，十二点下课。
Wǒ shàngwǔ jiǔ diǎn shàng kè, shí'èr diǎn xià kè.

A 汉语难吧?
Hànyǔ nán ba?

B 一点儿也不难，挺有意思。
Yì diǎnr yě bù nán, tǐng yǒu yìsi.

해석

A 지금 몇시니?

B 지금은 6시 반이야.

A 넌 몇시에 아침밥을 먹니?

B 난 7시 15분에 아침밥을 먹어.

A 넌 언제 중국어 수업을 받니?

B 오전 9시에 수업을 하고, 12시에 수업이 끝나.

A 중국어 어렵지?

B 하나도 안 어려워, 재미있어.

단어

- 点 diǎn 　명 시
- 半 bàn 　명 반 (1/2)
- 早饭 zǎofàn 　명 아침밥
- 刻 kè 　양 15분
- 什么时候 shénme shíhou 　대 언제
- 上课 shàng kè 　동 수업하다
- 下课 xià kè 　동 수업 마치다
- 难 nán 　형 어렵다
- 吧 ba 　조 ~겠지?(확신 있는 추측)
- 一点儿 yì diǎnr 　수량 약간
- 有意思 yǒu yìsi 　재미있다, 흥미있다

26

12시가 넘어야 잠을 잡니다
十二点以后才睡觉。

커피숍

도로변에 있는 **咖啡馆** *kāfēiguǎn*(카페이관–커피숍)이네요. 종업원들이 밖에 서 있는 모습이 인상적입니다.

이것만은 **꼭!!**

■ '~에서 ~까지' 를 표현하려면 '从 ~到~'

시간(~부터 ~까지), 혹은 장소(~에서 ~까지)의 범위를 나타내는 표현 방법을 중점적으로 배워보는 과입니다.

이 과의 주요 내용!

- 从~到~
- 부사 才와 就
- 以后와 以前

기본 표현
익히기

기본 표현
익히기
01

~부터 ~까지 — 从A到B

从 + 两点 + 到 + 五点	2시부터 5시까지
cóng liǎng diǎn dào wǔ diǎn	

A에서 B까지 범위를 한정해 줄 때 쓰는 고정격식입니다.

• 从 ~到 cóng ~ dào
~부터 ~까지

• 오전부터 오후까지 **从上午到下午**
cóng shàngwǔ dào xiàwǔ

• 우리 집에서 너희 집까지 **从我家到你家**
cóng wǒ jiā dào nǐ jiā

기본 표현
익히기
02

~가 되어서야 / ~인데 바로 — 시간사 + 才 / 就

六点 + 才 + 起床	6시에야 일어난다
liù diǎn cái qǐchuáng	
六点 + 就 + 起床	6시면 일어난다
liù diǎn jiù qǐchuáng	

시간을 나타내는 말 뒤에 '就'를 쓰면 '발생의 빠름'을, '才'를 쓰면 '발생의 늦음'을 나타냅니다.

• 就 jiù ⸤부⸥ 바로

• 起床 qǐchuáng
⸤동⸥ 일어나다

• 才 cái ⸤부⸥ 겨우, 비로
소, 이제서야

• 早 zǎo ⸤형⸥ 이르다

• 그는 40이 되어서야 결혼했다.
他四十岁才结婚。
Tā sìshí suì cái jiéhūn.

• 20살에 결혼하는 것은 너무 이르다.
二十岁就结婚，太早了。
Èr shí suì jiù jiéhūn, tài zǎo le.

~이후/ ~이전~ 以后 / 以前

十二点 + 以后 12시 이후 / 十二点 + 以前 12시 이전
shí'èr diǎn yǐhòu / shí'èr diǎn yǐqián

• 以后 yǐ hòu 명 이후
• 以前 yǐqián 명 이전

• 아침밥을 먹은 후   吃早饭以后
Chī zǎofàn yǐhòu

• 아침밥을 먹기 이전   吃早饭以前
Chī zǎofàn yǐqián

• 결혼한 이후   结婚以后
Jiéhūn yǐhòu

• 결혼하기 전   结婚以前
Jiéhūn yǐqián

술술
읽어보기

56
CD

我的一天
Wǒ de yì tiān

해석

나의 하루

저는 매일 아침 6시에 일어납니다.

6시 반에 아침밥을 먹고 도서관에 갑니다.

낮 12시에 학교 식당에서 점심을 먹습니다.

저는 오후 2시부터 5시까지 도서관에서 중국어를 공부합니다.

5시 반에 기숙사로 돌아와서, 빨래하고, 방을 청소하고, 샤워를 합니다.

저녁 9시에 드라마를 보고, 12시가 넘어서야 잠을 잡니다.

我每天早上六点就起床。
Wǒ měitiān zǎoshang liù diǎn jiù qǐchuáng.

六点半吃早饭以后去图书馆。
Liù diǎn bàn chī zǎofàn yǐhòu qù túshūguǎn.

中午十二点在学校食堂吃午饭。
Zhōngwǔ shí'èr diǎn zài xuéxiào shítáng chī wǔfàn.

我从下午两点到五点在图书馆学习汉语。
Wǒ cóng xiàwǔ liǎng diǎn dào wǔ diǎn zài túshūguǎn xuéxí Hànyǔ.

五点半回宿舍，洗衣服，打扫房间，洗澡。
Wǔ diǎn bàn huí sùshè, xǐ yīfu, dǎsǎo fángjiān, xǐzǎo.

晚上九点看电视剧，十二点以后才睡觉。
Wǎnshang jiǔ diǎn kàn diànshìjù, shí'èr diǎn yǐhòu cái shuìjiào.

나의 하루

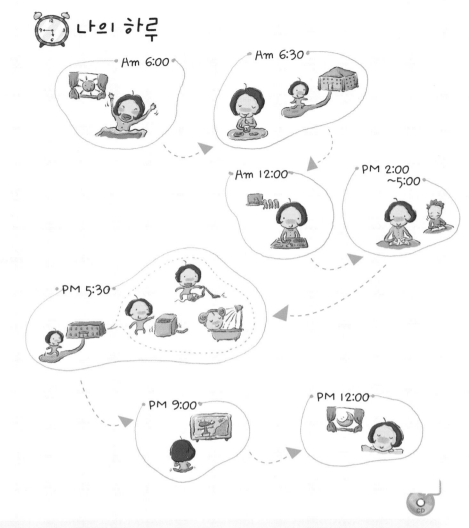

Am 6:00

Am 6:30

Am 12:00

PM 2:00
~5:00

PM 5:30

PM 9:00

PM 12:00

단어

• 天 tiān	몡 날, 일	• 从~到 cóng ~ dào	~부터 ~까지
• 早上 zǎoshang	몡 아침	• 回 huí	통 돌아가다(오다)
• 就 jiù	뷔 바로	• 洗 xǐ	통 빨다, 닦다
• 起床 qǐchuáng	통 일어나다	• 衣服 yīfu	몡 옷
• 以后 yǐhòu	몡 이후	• 打扫 dǎsǎo	통 청소하다
• 图书馆 túshūguǎn	몡 도서관	• 洗澡 xǐzǎo	통 목욕하다
• 中午 zhōngwǔ	몡 점심	• 电视剧 diànshìjù	몡 텔레비전 드라마
• 食堂 shítáng	몡 구내식당	• 才 cái	뷔 겨우, 비로소, 이제서야
• 午饭 wǔfàn	몡 점심밥	• 睡觉 shuìjiào	통 잠자다

27 오늘은 몇 월 며칠입니까?
今天几月几号?

쇼핑몰

服饰城 fúshìchéng(푸스청)이라고 크게 쓰여 있지요? 복장과 장신구를 파는 곳입니다.

이것만은
꺽!!

■ '〜하는 게 어때?'라고 제안하고 싶을 땐 '〜 行吗?'

그럼 대답은 어떻게 할까?
이 과에서는 제안할 때의 표현, ok라고 동의할 때의 표현, 동의하지 않을 때의 표현을 함께 익혀보도록 해요.

이 과의 주요 내용!

- 월, 일, 요일 표시법
- 표현연습 – 好主意
- '〜, 行吗? '

기본 표현 익히기 ①

~하는 거 어때? — ~, 行吗? / ~, 怎么样? / ~, 好吗?

上午八点，行吗?　　오전 8시 + 괜찮아?
Shàngwǔ bā diǎn, xíng ma?

주로 건의를 하거나 상대의 의견을 물을 때 쓰는 표현입니다. 대답은 동의하는 경우 '行 / 好(的) / 好(啊)'로, 동의하지 않는 경우 '不行'이라고 하면 됩니다.

A 3시에 만나는 거 어때?

A **三点见面，行吗?**
　　Sān diǎn jiànmiàn, xíng ma?

B 좋아.

B **行。**
　　Xíng.

A 커피 마시는 거 어때?

A **喝咖啡，怎么样?**
　　Hē kāfēi, zěnme yàng?

B 좋아.

B **好(的)。**
　　Hǎo (de)

▶ 行은
두 가지의 발음이 있어요. 银行은 yínháng으로, 行吗?는 xíng ma?로 읽어야하죠. 이렇게 의미에 따라 발음이 달라지는 글자를 다음자(多音字)라고 하는데요 중국어에서 다음자가 꽤 많이 있으니 그때그때 따로 외워두세요.

- **行** xíng 〔형〕 좋다, 괜찮다
- **见面** jiànmiàn 〔동〕 만나다

기본 표현 익히기 ②

좋은 생각이야 — 好主意

好 + 主意　　좋은 + 생각이야
hǎo　zhǔyi

영어의 'good idea!'에 해당하는 표현입니다.

A 우리 고궁에 가는 거 어때?

A **我们去故宫, 怎么样?**
　　Wǒmen qù Gùgōng, zěnme yàng?

B 좋은 생각이야.

B **好主意。**
　　Hǎo zhǔyi.

A 오리구이 먹는게 어때?

A **吃烤鸭, 怎么样?**
　　Chī kǎoyā, zěnme yàng?

B 좋은 생각이야.

B **好主意。**
　　Hǎo zhǔyi.

- **主意** zhǔyi 〔명〕 생각
- **故宫** Gùgōng 〔고유〕 고궁
- **烤鸭** kǎoyā 〔명〕 통오리구이

십이 개월은 숫자 뒤에 **月**을 붙여서 순서대로 써 주면 됩니다.

1월	2월	3월	4월	5월	6월
一月	二月	三月	四月	五月	六月
yī yuè	èr yuè	sān yuè	sìyuè	wǔ yuè	liù yuè

7월	8월	9월	10월	11월	12월
七月	八月	九月	十月	十一月	十二月
qī yuè	bā yuè	jiǔ yuè	shí yuè	shí yī yuè	shí'èr yuè

날짜는 숫자 뒤에 '号 hào'나 '日 rì'를 써서 표시하는데 회화에서는 주로 '号'를, 서면어에서는 주로 '日'를 씁니다

1일	2일	3일	10일	11일	20일
一号	二号	三号	十号	十一号	二十号
yī hào	èr hào	sān hào	shí hào	shí yī hào	èrshí hào

21일	30일	31일
二十一号	三十号	三十一号
èrshíyī hào	sānshí hào	sānshí yī hào

일주일을 나타내는 방법은 星期 뒤에 숫자를 붙여주면 됩니다. 星期 xīngqī 대신 礼拜 lǐbài나 周 zhōu를 이용해서 요일을 표시할 수도 있습니다.

일요일	월요일	화요일	수요일
星期天(日)	星期一	星期二	星期三
xīngqī tiān(rì)	xīngqī yī	xīngqī'èr	xīngqī sān

목요일	금요일	토요일
星期四	星期五	星期六
xīngqī sì	xīngqī wǔ	xīngqī liù

술술 말해보기

A 今天几月几号?
Jīntiān jǐ yuè jǐ hào?

B 今天八月八号。
Jīntiān bā yuè bā hào.

A 今天星期几?
Jīntiān xīngqī jǐ?

B 今天星期五。
Jīntiān xīngqī wǔ.

A 明天是周末，我们去故宫，怎么样?
Míngtiān shì zhōumò, wǒmen qù Gùgōng, zěnme yàng?

B 好主意。什么时候出发?
Hǎo zhǔyi. Shénme shíhou chūfā?

A 上午八点，行吗?
Shàngwǔ bā diǎn, xíng ma?

B 行，八点我在宿舍门口等你。
Xíng, bā diǎn wǒ zài sùshè ménkǒu děng nǐ.

8月

月	火	水	木	金	土	日
				1	2	3
4	5	6	7	8	9	10
11	12	13	14	15	16	17
18	19	20	21	22	23	24
25	26	27	28	29	30	31

해석

A 오늘이 몇 월 며칠이지?

B 오늘은 8월 8일이야.

A 오늘은 무슨 요일이니?

B 오늘은 금요일이야.

A 내일은 주말이니까 우리 고궁에 가는 게 어떨까?

B 좋은 생각이야. 언제 출발할까?

A 오전 8시, 괜찮아?

B 그래. 8시에 기숙사 입구에서 기다릴게.

단어

- 月 yuè　명 월
- 号 hào　명 일
- 星期 xīngqī　명 주, 요일
- 明天 míngtiān　명 내일
- 主意 zhǔyi　명 생각, 아이디어

- 出发 chūfā　동 출발하다
- 行 xíng　형 좋다, 괜찮다, 충분하다
- 门口 ménkǒu　명 입구, 현관
- 等 děng　동 기다리다
- 故宫 Gùgōng　고유 고궁

28

그는 백화점에 물건을 사러 가려고 합니다
他要去商场买东西。

나이키와 아디다스

빨간 건물에 나이키와 아디다스 마크가 인상적이지요? 나이키는 耐克 nàikè(나이커) 아디다스는 阿迪 ādí(아디)라고 합니다.

이것만은
꼭!!

■ '~할거야'라고 말하려면 조동사 '要'

조동사는 동사를 보조하여 '능력이나 바람' 등을 나타내는 역할을 한다는 것 기억하고 계시죠? 이번 과에서는 조동사 중 주어의 의지나 염원을 나타내는 '要'의 용법을 익혀 봅시다!

이 과의 주요 내용!

- 조동사 要
- 시간 읽는 법(2)

156

기본 표현 익히기

~ 하려고 한다 — 조동사 要

> 我 + 要 + 去 商场 + 买东西
> wǒ yào qù shāngchǎng mǎi dōngxi
> 나는 + 가려고 한다 + 백화점에 물건을 사러

'하려고 한다' 혹은 '하고야 말 것이다'와 같이 염원이나 굳은 의지를 나타낼 때 쓰는 조동사입니다. 부정은 '不要'로 하지 않고 '不想'으로 한다는 것 주의하세요.

알아두세요!

- **要** yào 조동 ~하려고 한다

주의

▶ 要는 동사로도 쓰입니다. 동사일 경우에는 '을 원하다, 필요로 하다' 는 뜻입니다.

예 你要什么? 넌 무엇을 원하니?

- 나는 사전을 사려고 해.　　**我要买词典。**
  Wǒ yào mǎi cídiǎn.

- 나는 사전을 사고 싶지 않아.　**我不想买词典。**
  Wǒ bù xiǎng mǎi cídiǎn.

- 그는 세 시에 출발하려고 한다. **他要三点出发。**
  Tā yào sān diǎn chūfā.

~시 ~분전 — 시간 표시법

> 差 + 一刻 + 九 + 点　9시 15분 전
> chà yí kè jiǔ diǎn

'差'는 원래 '모자라다, 차가 나다'의 의미인데 '~분 전'이라는 표현을 바로 이 '差'를 이용해서 합니다. 어순은 '差'를 먼저 쓰고 시간을 나중에 써 줍니다.

- 8시 5분 전　　**差五分八点。**
  Chà wǔ fēn bā diǎn.

- 6시 10분 전　**差十分六点。**
  Chà shí fēn liù diǎn.

- 7시 15분 전　**差一刻七点。**
  Chà yí kè qī diǎn.

술술
읽어보기

60
CD

今天是星期天，王一飞没有课。
Jīntiān shì xīngqī tiān,　Wáng Yīfēi méiyǒu kè.

他要去商场买东西，
Tā yào qù shāngchǎng mǎi dōngxi,

他想买一双鞋和一顶帽子。
tā xiǎng mǎi yì shuāng xié hé yì dǐng màozi.

玛丽也想去商场，
Mǎlì yě xiǎng qù shāngchǎng,

她要买一条裙子和一件衬衣。
tā yào mǎi yì tiáo qúnzi hé yí jiàn chènyī.

商场9点半开门。
Shāngchǎng jiǔ diǎn bàn kāi mén.

差一刻九点，他们要一起出发。
Chà yí kè jiǔ diǎn,　tāmen yào yìqǐ chūfā.

해석

오늘은 일요일이라. 王一飞는
수업이 없습니다.
그는 백화점에 물건을 사러 가
려고 하는데, 신발 한 켤레와
모자 한 개를 살 생각입니다.
玛丽도 백화점에 가려고 합니
다. 그녀는 치마 한 벌과 블라
우스 한 벌을 사려고 합니다.
백화점은 9시 반에 문을 엽니
다.
9시 15분 전에 그들은 함께 출
발하려고 합니다.

61
CD

단어

- 要 yào　　　　　　조동 ~하려고 한다
- 商场 shāngchǎng 명 상가, 백화점
- 双 shuāng　　　　양 켤레
- 鞋 xié　　　　　　명 신발
- 顶 dǐng 양 꼭지가 있는 물건을 세는 양사
- 帽子 màozi　　　　명 모자

- 条 tiáo 양 가늘고 긴 것을 세는 데 쓰임
- 裙子 qúnzi　　　　명 치마
- 件 jiàn 양 일, 사건, 사물, 옷을 세는 양사
- 衬衣 chènyī　　　명 셔츠
- 开门 kāimén　　　동 개점하다, 영업 시작하다
- 差 chà　　　　　　동 ~차이가 나다

158

25-28과 총정리 확인 테스트

01 现在八 [ ] 五十 [ ] 。 8시 50분 입니다.

02 [ ] 也不漂亮。 하나도 안 예뻐요.

03 回宿舍 [ ] 打扫房间。 기숙사에 돌아간 이후에 방 청소를 합니다.

04 现在九点一 [ ] 。 9시 15분입니다.

05 [ ] 来? 언제 오죠?

06 你是留学生 [ ] ？ 당신은 유학생이시죠?

07 九点 [ ] 来。 9시가 되어야 옵니다.

08 今天八 [ ] 三 [ ] 。 오늘은 8월 3일 입니다.

09 明天星期 [ ] ？ 내일은 무슨 요일이지?

10 星期 [ ] 在家休息。 월요일엔 집에서 쉽니다.

정답

01. 点 / 分   02. 一点儿   03. 以后   04. 刻   05. 什么时候   06. 吧   07. 才   08. 月/号
09. 几   10. 一

29

서점은 어디에 있나요?
书店在哪儿?

약국 간판입니다. 약국을 **药房** yàofáng (야오팡)혹은 **药店** yàodiàn(야오띠엔)이라고 합니다.

이것만은
꼭!!

■ 어디 어디! 장소를 나타내는 동사 '在'

'~은 ~에 있다'라는 표현은 어떻게 할까요? 장소가 나올 때에는 동사 在를 떠올려 보세요. 이번 과에서는 동사 在의 쓰임을 기억해 두세요!

• 在 + 장소

이 과의 주요 내용!

• 방위사
• 在를 이용한 존재의 표현—존재문(1)
• 전치사 往

기본 표현 익히기

~쪽 — 방위사

马路 + 旁边儿 길 + 옆쪽
mǎlù   pángbiānr

'앞쪽, 뒤쪽, 동쪽, 서쪽, 오른쪽, 왼쪽' 과 같이 방위를 나타내는 명사를 '방위사' 라고 합니다. 방위사는 주어, 목적어, 관형어로 쓰일 수 있고, 명사의 수식을 받을 수도 있습니다.

- 马路 mǎlù 몡 길
- 旁边儿 pángbiānr 몡 옆쪽
- 清华大学 Qīnghuá Dàxué 고유 칭화대학
- 电影院 diànyǐngyuàn 몡 영화관

- 칭화 대학 옆에 있다.
  在清华大学旁边儿。
  Zài Qīnghuá Dàxué pángbiānr.

- 옆은 영화관이다.
  旁边儿是电影院。
  Pángbiānr shì diànyǐng yuàn.

~이 ~에 있다 — 사람(사물) + 在 + 장소

书店 + 在 + 马路旁边儿 서점은 + 있다 + 길 옆쪽에
shūdiàn zài   mǎlù pángbiānr

사물이 어떤 장소에 있음을 나타낼 때에는 동사 '在'를 사용하며 '사물 + 在 + 장소' 형태로 쓰입니다. 어순에 주의하세요.

- 书店 shūdiàn 몡 서점
- 银行 yínháng 몡 은행
- 南边儿 nánbianr 몡 남쪽

- 그의 집은 칭화대학 옆에 있다.
  他家在清华大学旁边儿。
  Tā jiā zài Qīnghuá dàxué pángbiānr.

- 중국은행은 영화관 남쪽에 있다.
  中国银行在电影院南边儿。
  Zhōngguó yínháng zài diànyǐngyuàn nánbianr.

~쪽으로 ― 전치사 往

往 + 右 + 拐 오른쪽으로 + 돌아가세요
wǎng yòu guǎi

'往'은 전치사로 '(~를) 향하여'라는 뜻인데, '往 + 방위사/처소사 + 동사' 형태로 써주세요.

- **往 wǎng** 전 (~로) 향하여
- **右 yòu** 명 오른쪽
- **拐 guǎi** 동 돌다
- **左 zuǒ** 명 왼쪽
- **前 qián** 명 앞
- **东 dōng** 명 동쪽

- 왼쪽으로 돌아가세요.　　**往左拐。**
　　　　　　　　　　　Wǎng zuǒ guǎi.

- 앞으로 가세요.　　　　**往前走。**
　　　　　　　　　　　Wǎng qián zǒu.

- 동쪽으로 가세요.　　　**往东走。**
　　　　　　　　　　　Wǎng dōng zǒu.

술술 말해보기

62
CD

A 请问，书店在哪儿?
　Qǐng wèn, shūdiàn zài nǎr?

B 书店在马路旁边儿。
　Shūdiàn zài mǎlù pángbiānr.

A 怎么走?
　Zěnme zǒu?

B 往右拐。
　Wǎng yòu guǎi.

A 邮局呢?
　Yóujú ne?

해석

A 실례지만, 서점이 어디에 있습니까?
B 서점은 큰길 옆에 있습니다.
A 어떻게 갑니까?
B 오른쪽으로 도세요.
A 우체국은요?

邮局　　书店

B 对不起，我不知道。
Duì bu qǐ, wǒ bù zhīdào.

A 没关系。
Méi guānxi.

B 미안합니다, 모르겠는데요.
A 괜찮습니다.

단어

- 书店 shūdiàn　　명 서점
- 马路 mǎlù　　명 큰길, 대로
- 旁边儿 pángbiānr　　명 옆쪽
- 怎么 zěnme　　대 어떻게, 왜
- 往 wǎng　　전 (~로) 향하여
- 右 yòu　　명 오른쪽
- 拐 guǎi　　동 돌다
- 邮局 yóujú　　명 우체국
- 知道 zhīdao　　동 알다

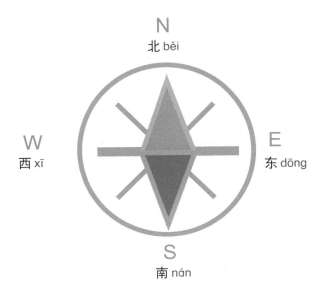

N
北 běi

W
西 xī

E
东 dōng

S
南 nán

30

그녀의 집 맞은편엔 안경점이 있다
她家对面是眼镜店。

마포떠우푸

麻婆豆腐 mápó dòufu (마포떠우푸)
우리가 잘 알고 있는 마파두부랍니다. 두부를
매콤하게 조리한 요리예요.

이것만은
꼭!!

■ 모종의 장소에 어떤 물건이 있는지 말하고 싶다면 '是' 또는 '有'

有와 是를 사용하여 모종의 장소에 어떤 물건이 있는지 표현하는 방법을 익혀 두세요!

• 장소 + 是/有 + 사물

이 과의 주요 내용!

• '有', '是'를 이용한 존재의 표현-존재문(2)
• 동사 '猜'
• 표현연습 - ○○가게

~에는 ~이 있다 — 장소 + 有 / 是 + 사람(사물)

她家对面 + 是 + 眼镜店 그녀의 집 맞은 편에는 안경점이 있다
tā jiā duìmiàn shì   yǎnjìng diàn

有와 是 모두 존재를 나타낼 수 있지만 '有'를 사용한 문장의 목적
어는 그 대상이 불명확한데 반해, '是'를 사용한 문장의 목적어는
불명확한 대상이 될 수도 있고 명확한 대상이 될 수도 있다는 것이
다릅니다.

• 对面 duìmiàn 몡 맞은편
• 眼镜店 yǎnjìng diàn
　몡 안경점
• 桌子 zhuōzi 몡 책상
• 上边(儿) shàngbian(r)
　몡 위쪽
• 闹钟 nàozhōng 몡 자명종
• 床 chuáng 몡 침대
• 下边(儿) xiàbian(r)
　몡 아래쪽

• 책상 위엔 자명종이 하나 있다.
  桌子上边有一个闹钟。
  Zhuōzi shàng bian yǒu yí ge nàozhōng.

• 침대 아래에는 마리의 신발이 있다.
  床下边是玛丽的鞋。
  Chuáng xiàbian shì Mǎlì de xié.

알아두세요!

[주의] 有와 是의 차이

▶ 有 + 불명확한 대상
眼镜店旁边儿有他的鞋店。 (x)
Yǎnjìng diàn pángbianr yǒu tā de xiédiàn.
안경가게 옆에 그의 신발가게가 있다.

眼镜店旁边儿有一家鞋店。 (o)
Yǎnjìng diàn pángbianr yǒu yì jiā xiédiàn.
안경가게 옆에 어떤 신발가게가 있다.

▶ 是 + 불명확한 대상/명확한 대상
眼镜店旁边儿是一家鞋店。 (o)
Yǎnjìng diàn pángbianr shì yì jiā xiédiàn.
안경가게 옆은 신발가게이다.

眼镜店旁边儿是他的鞋店。 (o)
Yǎnjìng diàn pángbianr shì tā de xiédiàn.
안경가게 옆은 그의 신발가게이다.

기본 표현
익히기

02

기본 뼈대
잡기

~라고 추측하다 – 猜

你们 + 猜猜 + 刘玉家在哪儿?
Nǐmen cāi cai Liú Yù jiā zài nǎr?

맞춰보세요 + 리우위의 집이 어디에 있을지

'猜'는 '~라고 추측하다' 혹은 '~을 맞춰보다'는 뜻입니다. '내 추측
으로는'이라고 하려면 '我猜~'로, '네가 맞춰봐/네 생각에는?'이라
고 하려면 '你猜~'라고 하면 됩니다.

• 猜 cāi 동 추측하다. 알아맞추다

• 내가 올해 몇 살일지 맞춰보세요
你猜我今年多大?
Nǐ cāi wǒ jīnnián duō dà?

• 너는 그가 어느나라 사람일 것 같니?
你猜他是哪国人?
Nǐ cāi tā shì nǎ guó rén?

• 오늘 누가 안 올 것 같니?
你猜今天谁不来?
Nǐ cāi jīntiān shéi bù lái?

기본 표현
익히기

03

~가게 – 00가게

鞋 + 店   신발 + 가게
xié   diàn

중국어에서는 '~가게'라고 할 때 흔히 '~店'으로 표현해 줍니다.

• 花 huā 명 꽃
• 文具 wénjù 명 문구
• 服装 fúzhuāng 명 복장. 옷
• 理发 lǐfà 동 이발하다
• 洗衣 xǐ yī 동 세탁하다

빵 가게	面包店 miànbāo diàn	꽃 가게	花店 huādiàn
안경점	眼镜店 yǎnjìng diàn	서점	书店 shūdiàn
문구점	文具店 wénjù diàn	세탁소	洗衣店 xǐyī diàn
옷가게	服装店 fúzhuāng diàn	이발소	理发店 lǐfà diàn

166

술술 읽어보기

해석

여러분 맞춰 보세요. **刘玉**네 집은 어디에 있을까요?

刘玉의 집은 칭화대 동쪽에 있는데, 근처에 음식점과 상점들이 많습니다.

刘玉의 집 맞은 편에는 안경점이 있습니다.

안경점 옆에 신발가게가 하나 있습니다.

난징 영화관은 신발가게 남쪽에 있습니다.

你们猜猜，刘玉家在哪儿？
Nǐmen cāi cai,　Liú Yù jiā zài nǎr?

刘玉家在清华大学东边儿，
Liú Yù jiā zài Qīnghuá Dàxué dōngbianr,

附近有很多餐馆和商店。
fùjìn yǒu hěn duō cānguǎn hé shāngdiàn.

她家对面是眼镜店。
Tā jiā duìmiàn shì yǎnjìng diàn.

眼镜店旁边儿是一家鞋店。
Yǎnjìng diàn pángbiānr shì yì jiā xiédiàn.

南京电影院在鞋店南边儿。
Nánjīng diànyǐngyuàn zài xiédiàn nánbianr.

단어

- **猜** cāi　　　　　　　동 추측하다, 알아맞추다
- **附近** fùjìn　　　　　명 근처, 부근
- **东边儿** dōngbianr　명 동쪽
- **餐馆** cānguǎn　　　명 음식점
- **商店** shāngdiàn　　명 상점
- **对面** duìmiàn　　　　명 맞은편

- **眼镜店** yǎnjìng diàn 명 안경점
- **家** jiā　양 가정·가게·기업 따위를 세는 단위
- **鞋店** xiédiàn　　　　명 신발 가게
- **刘玉** Liú Yù　　　　고유 리우위 (인명)
- **南京** Nánjīng　　　　고유 난징 (지명)

안경점
眼镜店 yǎnjìngdiàn

냉면 가게
冷面店 lěngmiàndiàn

보석가게
珠宝店 zhūbǎodiàn

커피숍
咖啡店 kāfēidiàn

간이 식당
小吃店 xiǎochīdiàn

신발가게
鞋店 xiédiàn

서점
书店 shūdiàn

빵집
面包店 miànbāodiàn

할인마트
廉价商店 liánjià shāngdiàn

31

칠판을 닦고 있습니다
正在擦黑板。

탕추리지

糖醋里脊 tángcù lǐji (탕추리지)
달콤새콤한 맛을 내는 탕수육 중국 이름도 알
아 두세요.

이것만은
꼭!!

■ 뭔가를 '하고 있는 중'일 때의 회화 문장 따라잡기

중국어는 시제에 관한 표현이 간단합니다. 동사 자체가 변하지 않기
때문이지요. 진행시제를 표현할 때도 마찬가지예요. 동사는 가만두고
동사 앞에 진행시제를 표현하는 부사만 딱 붙여주면 그만입니다. 시제
를 나타내는 문장 중 이번 과에서는 진행시제에 관한 표현법을 함께
익혀 봅시다.

● 주어 + 正在 + 동사 + 목적어 + (呢)

이 과의 주요 내용!

● 진행시제 표시법 – '正在 / 正 / 在 + 동사'
● '有的~有的~'

~하고 있는 중이다 — 진행시제 표현법 – '正在/正/在 + 동사'

他 + 正在 + 擦 + 黑板   그는 + 닦고 있다 + 칠판을
tā   zhèngzài   cā   hēibǎn

동작이 진행되고 있는 상황을 표시할 때는, 동사 앞에 '正在', '正', '在'를 붙여주거나 문장 끝에 '呢'를 붙여주면 됩니다. '正在', '正', '在'와 '呢'를 함께 써 주어도 괜찮습니다.

- 正在 zhèngzài
  [부] ~하는 중이다(진행)
- 擦 cā [동] 닦다
- 黑板 hēibǎn [명] 칠판
- 小李 Xiǎo Lǐ [고유] 샤오리
- 呢 ne [조] 동작의 진행을 나타냄

- 샤오리는 무엇을 하고 있지?   **小李在做什么呢?**
  Xiǎo Lǐ zài zuò shénme ne?

- 그는 잠을 자고 있다.   **他睡觉呢。**
  Tā shuìjiào ne.

어떤 것은 ~하고, 어떤 것은 ~하다 — 有的~ 有的~

有的 + 大, 有的 + 小   어떤 것은 + 크고, 어떤 것은 + 작습니다
yǒu de   dà   yǒu de   xiǎo

이 구문은 전체 중의 일부분을 가리킬 때 쓰는 구문입니다. 단독으로 사용될 수도 있고, 두세 개가 연속적으로 사용될 수도 있습니다.

- 有的 yǒu de [대] 어떤 것, 어떤 사람
- 容易 róngyì [형] 쉽다

- 어떤 애는 커피를 마시고 어떤 애는 숙제를 한다.
  有的喝咖啡, 有的做作业。
  Yǒu de hē kāfēi, yǒu de zuò zuòyè.

- 어떤 것은 어렵고 어떤 것은 쉽다.
  有的难, 有的容易。
  Yǒu de nán, yǒu de róngyì.

술술 읽어보기

현재是休息时间。
Xiànzài shì xiūxi shíjiān.

有的正在擦黑板,
Yǒu de zhèng zài cā hēibǎn,

有的在跟朋友们一起聊天儿,
yǒu de zài gēn péngyoumen yìqǐ liáotiānr,

有的正在看小说。
yǒu de zhèngzài kàn xiǎoshuō.

咦, 小李在做什么呢? 他睡觉呢。
Yí, Xiǎo Lǐ zài zuò shénme ne? Tā shuìjiào ne.

해석

지금은 쉬는 시간입니다.
어떤 친구는 칠판을 닦고 있고,
어떤 친구는 친구들과 함께 잡
담을 하고 있고, 어떤 친구는
소설책을 보고 있습니다.
아니, 샤오리는 무엇을 하고 있
나요? 그는 잠을 자고 있군요.

단어

- 时间 shíjiān 　　　명 시간
- 有的 yǒu de 　　　대 어떤 것·어떤 사람
- 正在 zhèngzài 　　부 ~하는 중이다(진행)
- 擦 cā 　　　　　　동 닦다
- 黑板 hēibǎn 　　　명 칠판
- 聊天儿 liáotiānr 　동 한담하다

- 小说 xiǎoshuō 　　명 소설(책)
- 咦 yí 　　　　　　감 어머(놀람을 표시함)
- 呢 ne 　　　　　　조 동작의 진행을 나타냄
- 睡觉 shuìjiào 　　동 잠을 자다
- 小李 xiǎo Lǐ 　　　고유 샤오리(인명)

32

등이 켜져 있습니다
灯开着。

시홍스차오지딴

西红柿炒鸡蛋 xīhóngshì chǎo jīdàn
(시홍스차오지딴)토마토 계란 볶음 요리
토마토를 먹기 좋게 썰어서 계란과 함께 기름
에 볶은 요리예요.

이것만은
꼭!!

■ 여러 시제가 있는 회화 문장 따라잡기

동사 앞뒤에 뭔가를 붙여주면 과거, 완료, 경험, 미래, 지속, 진행 등
을 전부 표현할 수 있다고 여러 차례 이야기했지요?
이번 과에서는 지속에 관한 표현, 두 가지 동작이 동시에 진행될 때의
회화 표현을 꼭 익혀 두세요!

이 과의 주요 내용!

• 지속상태의 표현 – '동사+ 着'
• '一边~一边~'

기본 표현 익히기

~해 있다 — 지속 상태 표현법 — 동사 + 着

開 + 着　켜져있다, 열려있다
kāi　zhe

동사 뒤에 동태조사 '着'를 붙이면, 동작이나 상태가 지속되고 있음을 나타낼 수 있습니다.

• 开 kāi 동 열다
• 着 zhe 조 ~해 있다. ~한 채로 있다
• 摆 bǎi 동 놓다. 진열하다
• 花瓶 huāpíng 명 꽃병
• 门 mén 명 문

• 꽃병이 놓여있다.　　　摆着花瓶。
　　　　　　　　　　　Bǎi zhe huāpíng.

• 문이 열려있다.　　　门开着。
　　　　　　　　　Mén kāi zhe.

~하면서 ~한다 — 동시에 진행중인 동작 — 一边~ 一边~

一边 + 喝咖啡 + 一边 + 做作业
yì biān　hē kāfēi　yì biān　zuò zuòye
커피를 마시며 숙제를 하고 있다

동사 앞에 쓰여서 두 가지 이상의 동작이 동시에 진행되고 있음을 나타내는 표현법입니다.

• 一边~一边~ yì biān ~yì biān~ 접 ~하면서 ~하다
• 抽烟 chōuyān 동 담배를 피우다

• 책을 보며 담배를 피우고 있다.
一边看书 一边抽烟。
Yì biān kàn shū yì biān chōuyān.

• 커피를 마시면서 음악을 듣고 있다.
一边喝咖啡, 一边听音乐。
Yì biān hē kāfēi, yì biān tīng yīnyuè.

• 소설책을 보며 초코렛을 먹고 있다.
一边看小说, 一边吃巧克力。
Yì biān kàn xiǎoshuō, yì biān chī qiǎokèlì.

술술
읽어보기

这是我们的教室。
Zhè shì wǒmen de jiàoshì.

窗台上摆着花瓶,
Chuāngtái shàng bǎi zhe huāpíng,

灯开着, 门也开着。
dēng kāi zhe, mén yě kāi zhe.

同学们有的正在打电话,
Tóngxuémen yǒu de zhèngzài dǎ diànhuà,

有的一边看书一边吃巧克力,
yǒu de yì biān kàn shū yì biān chī qiǎokèlì,

有的一边喝咖啡, 一边做作业。
yǒu de yì biān hē kāfēi,　　yì biān zuò zuòyè.

看起来他们都很忙。
Kàn qǐ lái tāmen dōu hěn máng.

해석

이곳은 우리 교실입니다.
창가에는 꽃병이 놓여져 있고,
등이 켜져 있고, 문도 열려있습
니다.
학우들 중 어떤 친구는 전화를
걸고 있고, 어떤 친구는 책을
보며 초콜릿을 먹고 있고, 어떤
친구는 커피를 마시며 숙제를
하고 있습니다.
모두들 무척 바빠 보입니다.

단어

- 窗台 chuāngtái 명 창문턱
- 摆 bǎi 동 놓다, 진열하다
- 着 zhe 조 ~해 있다. ~한 채로 있다
- 花瓶 huāpíng 명 꽃병
- 灯 dēng 명 등

- 开 kāi 동 열다
- 门 mén 명 문
- 打 dǎ 동 치다 (전화 걸다)
- 一边~一边 yì biān~ yì biān~
  접 ~하면서 ~하다

29-32과 총정리 확인 테스트

01 书店 ⬚⬚⬚ 银行前边。 서점은 은행 앞에 있습니다.

02 ⬚⬚⬚ 前走。 앞으로 가세요.

03 往右 ⬚⬚⬚。 오른쪽으로 도세요.

04 ⬚⬚⬚ 走? 어떻게 가죠?

05 你 ⬚⬚⬚ 我是哪国人? 내가 어느 나라 사람인지 맞춰보세요.

06 我正在做作业 ⬚⬚⬚。 나는 숙제를 하고 있는 중입니다.

07 ⬚⬚⬚ 大，⬚⬚⬚ 小。 어떤 것은 크고 어떤 것은 작습니다.

08 窗台上摆 ⬚⬚⬚ 花瓶。 창가에는 꽃병이 놓여져 있습니다.

09 ⬚⬚⬚ 看电视 ⬚⬚⬚ 吃饭。 TV를 보며 밥을 먹고 있습니다.

10 ⬚⬚⬚ 他们都很忙。 그들은 모두 바빠 보입니다.

정답

01. 在　02. 往　03. 拐　04. 怎么　05. 猜　06. 呢　07. 有的/有的　08. 着　09. 一边/一边
10. 看起来

33

무슨 요리를 먹었나요?
吃了什么菜?

난과빙

南瓜饼 nánguā bǐng (난과빙)
호박을 얇게 썰어 삶은 후 으깨어 찹쌀, 분유,
설탕 등을 넣고 잘 섞어 기름에 튀긴 음식이
에요.

이것만은
꼭!!

■ '완료'시제가 있는 회화 문장 따라잡기

동작이 완료되었음을 나타낼 땐 동사 뒤에 '了'만 붙여주면 됩니다.
그런데 몇 가지 주의사항이 있어요. 이번 과에서는 '완료'시제에 관
한 모든 것을 함께 익혀봅시다.

- 동사 + 了
- 没(有) + 동사

이 과의 주요 내용!

- 동태조사 了
- 부정부사 没(有) 와 不
- 대명사 这么

기본 표현 익히기 01

~했다 — 동작의 완료를 나타내는 동태조사 了

吃 + 了　먹었다
Chī le

동작이 완료되었음을 표시하려면 동사 뒤에 동태조사 了를 써주면 됩니다.

- 보았다. **看了。**
  Kàn le.

- 마셨다. **喝了。**
  Hē le.

기본 표현 익히기 02

~을 했다 — 동태조사 了 와 목적어의 관계

吃 + 了 + 一只 + 烤鸭　먹었다 + 한 마리의 + 오리구이를
chī le yì zhī kǎoyā

동작이 완료되었음을 표시하려면 동사 뒤에 '了'를 써주면 됩니다. 그런데 '吃了烤鸭'처럼 목적어가 있을 때 '了'가 동사 뒤에만 있으면 '오리구이를 먹고'와 같이 말이 끝난 느낌이 들지 않습니다. 이 문장을 '오리구이를 먹었다'처럼 완전한 문장을 만들어 줄 수 있는 방법 중 한 가지는 '吃烤鸭了'처럼 목적어 뒤에 '了'를 써 주고 동사 뒤의 '了'는 생략하는 것입니다. 혹은 '吃了一只烤鸭'처럼 동사 뒤의 '了'는 그대로 두고 목적어 앞에 수식어를 붙여 주는 방법이 있습니다.

알아두세요!

동태조사란▶
동작이 어떤 상태에 놓여 있는 지나타내주는 조사를 말합니다. 지속 상태를 나타내는 '着', 경험 상태를 나타내는 '过', 완료 상태를 나타내는 '了'가 동태조사에 속합니다.

- 나는 치마를 샀다.　　**我买裙子了。**
  Wǒ mǎi qún zi le.

- 나는 치마를 한 벌 샀다.　　**我买了一条裙子。**
  Wǒ mǎi le yì tiáo qúnzi.

- 그는 옷을 빨았다.　　**他洗衣服了。**
  Tā xǐ yīfu le.

- 그는 옷을 한 벌 빨았다.　　**他洗了一件衣服。**
  Tā xǐ le yí jiàn yīfu.

~하지 않았다/ ~하지 않는다 — 부정부사 没(有)/不

没(有) + 吃 / 不 + 吃   먹지 않았다 / 먹지 않는다
méi(yǒu) chī / bù chī

'没 / 没有'는 과거 사실을 부정할 때 쓰는 부사로서, 주관적 의지와
는 상관이 없습니다. 이에 비해 '不'는 '~을 하지 않겠다'는 주관적
의지나 '~은 하지 않는다'는 습관을 나타낼 경우가 많습니다. 윗 문
장을 보면 '没(有) + 吃'는 과거에 그런 일이 발생하지 않았음을 말하
고, '不吃'는 '먹지 않겠다' 혹은 '먹지 않는다'는 의미를 나타냅니다.

• 没有 méiyǒu 图 ~하지
않았다(동사의 과거 사실 부정)

• 나는 사지 않았다.   我没买。 (과거 사실 부정)
                         Wǒ méi mǎi.

• 나는 안 산다.   我不买。 (주관적 의지)
                     Wǒ bù mǎi.

• 나는 가지 않았다.   我没去。 (과거 사실 부정)
                         Wǒ méi qù.

• 나는 안 간다.   我不去。 (주관적 의지)
                     Wǒ bú qù.

이렇게 ~하다 — 这么 + 형용사/동사

这么 + 多   이렇게 + 많다니!
zhème duō

동사 앞에 쓰여서 동작의 방식을, 형용사 앞에 쓰여서 정도를 강조하
는 역할을 합니다.

• 这么 zhème 때 이러한,
이렇게

• 이렇게 하는 것이다.   这么做。
                      Zhème zuò.

• 이렇게 좋다니!   这么好!
                  Zhème hǎo!

술술
말해보기

A 周末你做什么了?
　Zhōumò nǐ zuò shénme le?

B 跟女朋友去中国餐厅了。
　Gēn nǚ péngyou qù Zhōngguó cāntīng le.

A 你们吃火锅了吗?
　Nǐmen chī huǒguō le ma?

B 我们没吃火锅。
　Wǒmen méi chī huǒguō.

A 你们吃了什么菜?
　Nǐmen chī le shénme cài?

B 我们吃了一只烤鸭、一盘鱼香肉丝、
　Wǒmen chī le yì zhī kǎoyā,　　yì pán yúxiāng ròusī,

　一份饺子。
　yí fèn jiǎozi.

A 嗬，吃了这么多！
　Hē,　chī le zhème duō!

해석

A 주말에 너 뭐했니?

B 여자 친구랑 중국 음식점에 갔었어.

A 너희 중국식 샤브샤브 먹었니?

B 우리는 샤브샤브 안 먹었어.

A 너희 무슨 요리 먹었니?

B 우리는 통오리구이 한 마리, **鱼香肉丝** 한 접시, 만두 일 인분 먹었어.

A 아, 그렇게 많이 먹다니!

 단어

- **餐厅** cāntīng ㆍ몡 음식점
- **火锅** huǒguō ㆍ몡 중국식 샤브샤브
- **没(有)** méi(yǒu) ㆍ뷔 ~하지 않았다
  (동사의 과거 사실 부정)
- **菜** cài ㆍ몡 요리, 반찬
- **只** zhī ㆍ양 마리
- **烤鸭** kǎoyā ㆍ몡 통오리구이

- **盘** pán ㆍ양 접시
- **鱼香肉丝** yúxiāng ròusī ㆍ몡 위시앙러우쓰
- **份** fèn ㆍ양 ~인분
- **饺子** jiǎozi ㆍ몡 만두
- **嗬** hē ㆍ감 허! 애 [놀라움을 나타냄]
- **了** le ㆍ조 동작의 변화 또는 완료를 나타내는 조사
- **这么** zhème ㆍ대 이러한, 이렇게

北京烤鸭 Běijīng kǎoyā
베이징카오야

중국 궁중요리의 하나로 매우 귀한 음식이었는데 후에 민간에 전해져 지금은 베이징 최고의 요리가 되었습니다. 살찌운 오리를 독특한 방법으로 조리하여 사진과 같이 얇게 썰어 내오면 밀가루 전병에 파, 양념 등을 넣고 같이 싸 먹는 요리입니다.

全聚德 Quánjùdé
베이징에서 가장 유명한 카오야 전문점이며, 늘 사람들로 붐비는 곳입니다. ●

주방장이 조리된 오리를 자르고 있네요.

全聚德 Quánjùdé 의 내부 모습입니다.

鱼香肉丝 yúxiāng ròusī
위시앙러우쓰

고기를 채썰기 하여 새콤달콤하게 볶은 요리입니다. (肉丝는 가늘게 채썬 모양을 말합니다.)

火锅 huǒguō 후어구어

여러 가지 야채와 고기 혹은 해산물을 탕이 있는 냄비에 조금씩 넣고 살짝 익혀 먹는 요리입니다. 한쪽은 매운 국물이고 한쪽은 맵지 않은 국물이에요.

盖饭 gàifàn
패스트푸드점에서 파는 덮밥이에요. 카레밥은 **咖喱饭** gālífàn(까리판)이라고 합니다.

牛肉面 niúròu miàn
쇠고기면(우육면)

쇠고기 국물에 간장과 설탕으로 간을 하고 면 위에 양념된 쇠고기 덩어리 몇 조각을 얹은 면 요리입니다.

34

키가 자랐다
个子高了。

찡지앙러우쓰

京酱肉丝 jīngjiàng ròusī 찡지앙러우쓰
돼지 등심 부분을 중국자장으로 볶은 음식입니다. 달고 짠 맛이 적당하고 맛있어요.

이것만은
꼭!!

■ '예쁘다'와 '예뻐졌다'의 어감 표현법 따라잡기

'예뻐졌다'는 변화를 나타내는 어감입니다. 이번 과에서는 이런 변화의 어감을 나타내려면 어떻게 해야 하는지 배워보겠습니다.

이 과의 주요 내용!

● 어기조사 了
● 부사 更

182

기본 표현 익히기 01

~해졌다, ~하게 되었다 — 변화를 나타내는 了

~ 了 ~하게 되었다, ~되었다
le

'예쁘다'와 '예뻐졌다'는 어감이 다릅니다. 후자는 '변화'가 발생했음을 나타내는데 이렇게 '변화'를 나타내려면 문장 끝에 '了'를 써주면 됩니다. 이때의 '了'는 완료의 '了'와는 달리 어감만 조절하는 역할을 하므로 어법 용어로는 어기조사라고 합니다.

• 个子 gèzi 명 키
• 高 gāo 형 (키가)크다, 높다

- 그녀는 예뻐요.
  她很漂亮。
  Tā hěn piàoliang.

- 그녀는 예뻐졌어요.
  她漂亮了。
  Tā piàoliang le.

- 그는 키가 커요.
  他个子很高。
  Tā gèzi hěn gāo.

- 그는 키가 자랐어요.
  他个子高了。
  Tā gèzi gāo le.

기본 표현 익히기 02

훨씬 ~하다 — 부사 更

更 + 可爱 훨씬 + 귀엽다
gèng kě'ài

• 更 gèng 부 더, 더욱
• 便宜 piányi 형 싸다

- 훨씬 더 싸다.
  更便宜。
  Gèng piányi.

- 훨씬 더 크다.
  更大。
  Gèng dà.

- 훨씬 더 좋아한다.
  更喜欢。
  Gèng xǐhuan.

- 훨씬 어렵다.
  更难。
  Gèng nán.

술술
읽어보기

三年以前，林梅还很小。
Sān nián yǐqián,　Lín Méi hái hěn xiǎo.

现在她八岁了，上小学了。
Xiànzài tā bā suì le,　shàng xiǎoxué le.

个子高了，头发长了，更聪明了。
Gèzi gāo le,　tóufa cháng le,　gèng cōngming le.

她最近有点儿胖了，不过看起来更可爱了。
Tā zuìjìn yǒu diǎnr pàng le,　búguò kàn qǐ lái gèng kě'ài le.

해석

3년 전만 해도, 林梅는 어렸습니다.

지금 그 애는 8살이 되었고, 초등학교에 들어갔습니다.

키가 자랐고, 머리도 길어졌으며, 더 똑똑해졌습니다.

林梅는 최근에 살이 조금 쪘는데, 더 귀여워 보입니다.

단어

- 还 hái　　　📖 아직
- 小学 xiǎoxué　📖 초등학교
- 个子 gèzi　　📖 키
- 高 gāo　　　📖 (키가)크다, 높다
- 头发 tóufa　　📖 머리카락

- 长 cháng　　📖 길다
- 更 gèng　　📖 더, 더욱
- 胖 pàng　　📖 뚱뚱하다, 살찌다
- 林梅 Lín Méi　📖 린메이 (인명)

35

배워본 적이 없습니다
没学过。

후이구어러우

回锅肉 huíguōròu (후이구어러우)
돼지고기 간장과 식초로 간을 하여 기름에
볶은 사천(四川) 요리예요. 맛있겠죠?

이것만은
꼭!!

■ '~해 본 적이 있다'라고 경험을 얘기할 땐 '동사 + 过'

이번 과에서는 경험을 나타내는 표현 '~해 본 적이 있다', '~해 본 적
이 없다'에 관한 회화 문장을 익혀보겠습니다.

• 동사 + 过　　　• 没(有) + 동사 + 过

이 과의 주요 내용!

• 조동사 会(2)
• 동태조사 过
• 의문대명사 怎么(2)

185

～을 할 수 있다 － 조동사(会)

会 + 念   읽을 + 줄 압니다
huì niàn

동사나 형용사 앞에서 '가능, 바람, 필요, 능력'등을 나타내는 동사를 조동사 혹은 능원동사 라고 합니다. '会'는 학습을 통해 어떤 기능을 익힘으로써 할 수 있다는 것을 나타내는 조동사입니다. 부정은 '不'로 합니다.

• 운전을 할 줄 안다.　　**会开车。**
　　　　　　　　　　　　Huì kāi chē.

• 중국어를 할 줄 안다.　**会说汉语。**
　　　　　　　　　　　　Huì shuō Hànyǔ.

• 한자를 쓸 줄 안다.　　**会写汉字。**
　　　　　　　　　　　　Huì xiě Hànzì.

• **念** niàn 동 읽다, 낭독하다
• **开车** kāi chē 동 운전하다
• **汉字** Hànzi 명 한자

알아두세요!

▶ **会**는
동사로도 쓰입니다. 동사로 쓰이면 '능숙하다, 잘 알다(하다)'의 의미를 나타냅니다.
예 **会英文** 영어를 잘한다

～을 한 적이 있다 － 동사 + 过

学 + 过   배운 + 적이 있다
xué guo

과거에 그러한 경험이 있음을 말하고자 할 때 동사 뒤에 '过'를 써줍니다.

• 배운 적이 있다.　　**学过。**
　　　　　　　　　　Xué guo.

• 본 적이 있다.　　　**看过。**
　　　　　　　　　　Kàn guo.

• 마셔 본 적이 있다.　**喝过。**
　　　　　　　　　　Hē guo.

• 사 본 적이 있다.　　**买过。**
　　　　　　　　　　Mǎi guo.

• **过** guo 조 ～한 적이 있다

~을 한 적이 없다 — 没(有) + 동사 + 过

没(有) + 学 + 过　　배워본 + 적이 없다
méi(yǒu) xué guo

동태조사 '过'가 있는 문장의 부정 형식은 '没(有) + 동사 + 过'입니다. 종종 부사 '还'와 함께 쓰여 '아직 ~해 본 적이 없다'의 형태로 쓰이기도 합니다.

- 배워본 적이 없다.

  没(有)学过。
  Méi(yǒu) xué guo.

- 본 적이 없다.

  没(有)看过。
  Méi(yǒu) kàn guo.

- 마셔본 적이 없다.

  没(有)喝过。
  Méi(yǒu) hē guo.

- 사본 적이 없다.

  没(有)买过。
  Méi(yǒu) mǎi guo.

어째서 ~하는 거니? — 의문대명사 怎么

怎么 + 不会?　　왜 + 할 줄 모르는 거지?
Zěnme bú huì?

'怎么'는 '어떻게' 혹은 '어째서'의 두 가지 뜻을 나타낼 수 있습니다.

• **怎么 zěnme** 때 어떻게, 왜

- 어째서 안 오는 거지?

  怎么不来?
  Zěnme bù lái?

- 왜 안 사지?

  怎么不买?
  Zěnme bù mǎi?

A 你念吧！
Nǐ niàn ba!

B 我不会念。
Wǒ bú huì niàn.

A 怎么不会？
Zěnme bú huì?

B 还没学过。
Hái méi xué guo.

A 你妹妹会不会念？
Nǐ mèimei huì bu huì niàn?

B 她也不会。
Tā yě bú huì.

A 你们都不会念吗？
Nǐmen dōu bú huì niàn ma?

B 是，都不会。
Shì, dōu bú huì.

해석

A 읽어봐!

B 저는 읽을 줄 몰라요.

A 왜 못하지?

B 아직 안 배웠어요.

A 너의 여동생은 읽을 줄 아니?

B 동생도 못해요.

A 너희들 다 읽을 줄 모르니?

B 네, 모두 못해요.

단어

- 念 niàn　동 읽다, 낭독하다
- 会 huì　조동 (배워서) ~할 수 있다, ~할 줄 알다
- 过 guo　조 동작의 경험 상태를 나타내는 동태조사

36 상하이에 여행을 갈 생각입니다
我打算去上海旅行。

쩡지아오즈

蒸饺子 zhēng jiǎozi 쩡지아오즈
중국의 전통 찜통에 여러 가지 소를
넣고 찐 만두입니다.

이것만은
꼭!!

■ 이유를 말할 때는 '因为+이유'

이번 과에서는 원인과 결과를 나타내는 문장에서 원인 구문을 이끄는
접속사 '因为'에 대해서 배워보겠습니다.

● 因为 + 원인

이 과의 주요 내용!

- 접속사 因为
- 조동사 打算
- 동사 觉得

왜냐하면 ~이기 때문이다 — 因为 + 원인

因为 + 我觉得很浪漫 왜냐하면 + 낭만적이라고 생각되기 때문이죠
yīnwèi   wǒ jué de hěn làngmàn

因为는 원인절을 이끄는 접속사입니다. 앞절에 나올 수도 있고 뒷절에 나올 수도 있습니다.

• 因为 yīnwèi 쩝 왜냐하면
  (~때문이다)
• 觉得 juéde 동 ~라고 느끼다
• 浪漫 làngmàn 형 로맨틱
  하다, 낭만적이다
• 外边 wàibian 명 밖

• 내가 중국어 공부를 좋아하는 것은 중국어가 재미있기 때문이다.
  我喜欢学汉语, 因为汉语很有意思。
  Wǒ xǐhuan xué Hànyǔ, yīnwèi Hànyǔ hěn yǒu yìsi.

• 내가 오늘 안 가는 이유는 밖에 비가 오기 때문이다.
  我今天不去, 因为外边正在下雨。
  Wǒ jīntiān bú qù, yīnwèi wàibian zhèngzài xià yǔ.

• 내가 그녀를 좋아하는 이유는 그녀가 예쁘기 때문이다.
  我喜欢她, 因为她很漂亮。
  Wǒ xǐhuan tā, yīnwèi tā hěn piàoliang.

~ 하려고 하다, 작정이다 — 조동사 打算

打算 + 去上海旅行 작정이다 + 상해에 여행을 갈
dǎsuan qù Shànghǎi lǚxíng

• 打算 dǎsuan 조동 ~하려
  고 하다, ~할 작정이다

알아두세요!

▶ 打算은
'계획(하다)' 라는 뜻의 동사·명사
로도 쓰입니다.
예 没有打算 계획이 없다

• 내일 출발하려고 한다.   **打算明天出发。**
                          Dǎsuan míngtiān chūfā.

• 중국어를 공부할 작정이다.   **打算学习汉语。**
                          Dǎsuan xuéxí Hàn yǔ.

• 도서관에서 공부할 생각이다.   **打算在图书馆学习。**
                          Dǎsuan zài túshūguǎn xuéxí.

~ 라고 생각하다 — 觉得 + 평가

○ 觉得 + 坐火车旅行很浪漫
　juéde　　zuò huǒchē lǚxíng hěn làng màn
　생각한다 + 기차를 타고 여행하는 것은 낭만적이라고

觉得 뒤에는 생각이나 견해, 평가를 나타내는 내용이 올 수 있습니다.

• 旅行 lǚxíng 명동 여
　행 (하다)

• 有意思 yǒu yìsi 재미
　있다

• 그는 중국어가 재미있다고 생각한다.
他觉得汉语很有意思。
Tā jué de Hànyǔ hěn yǒu yìsi.

• 나는 그녀가 똑똑하다고 생각한다.
我觉得她很聪明。
Wǒ jué de tā hěn cōngming.

술술
읽어보기

해석

저는 여행을 좋아합니다.
저는 이미 베이징, 쑤저우,
항저우, 씨안, 난징, 광저우
, 홍콩을 가보았습니다. 샹
하이를 아직 못 가봐서 겨울
방학에는 샹하이를 여행할
계획입니다.
저는 기차를 타고 가려고 합
니다. 왜냐하면 기차여행은
아주 낭만적이니까요.

我喜欢旅行。我已经去过 北京、苏州、
Wǒ xǐhuan lǚxíng.　Wǒ yǐjīng qùguo Běijīng、 Sūzhōu、

杭州、西安、南京、广州、香港。
Hángzhōu、Xī'ān、 Nánjīng、Guǎngzhōu、Xiānggǎng.

还没去过上海，寒假我打算去上海旅行。
Hái méi qù guo Shànghǎi、hánjià wǒ dǎsuan qù Shànghǎi lǚxíng.

我要坐火车去，因为我觉得坐火车旅行
Wǒ yào zuò huǒchē qù, yīnwèi wǒ jué de zuò huǒchē lǚxíng

很浪漫。
hěn làngmàn.

단어

- 旅行 lǚxíng 　　　명 동 여행 (하다)
- 已经 yǐjīng 　　　부 이미, 벌써
- 寒假 hánjià 　　　명 겨울방학
- 打算 dǎsuan 　　　조동 ~하려고 하다, ~할 작정이다
- 火车 huǒchē 　　　명 기차
- 因为 yīnwèi 　　　접 왜냐하면 (~때문이다)
- 觉得 juéde 　　　동 ~라고 느끼다
- 浪漫 làngmàn 　　　형 로맨틱하다, 낭만적이다
- 苏州 Sūzhōu 　　　고유 쑤저우 (지명)
- 杭州 Hángzhōu 　　　고유 항저우 (지명)
- 西安 Xī'ān 　　　고유 씨안 (지명)
- 广州 Guǎngzhōu 　　　고유 광저우 (지명)
- 香港 Xiānggǎng 　　　고유 홍콩 (지명)
- 上海 Shànghǎi 　　　고유 샹하이 (지명)

Plus 중국 이야기

쓰촨성 구채구

1. 장이모 감독의 영화 '영웅'을 보신 분이 있다면 낯설지 않게 느껴질 이 곳. '영웅'에서 보았던 그 절세 비경이 어디일까 궁금하셨을 텐데 그곳이 바로 이 곳 '구채구' 라는 곳입니다.

2. 꼭 신선이 살고 있을 것만 같이 신비한 느낌이 드는 이곳은 사천 성 북부에 위치하고 있습니다. 40여 킬로미터 길이의 산골짜기 곡 지를 따라가다 보면 봉우리, 골짜기, 호수, 폭포, 시냇물 등을 만나 볼 수 있구요, 100여종의 식물과 희귀동물들도 볼 수 있어요.

3. 참! '구채구' 라는 이름의 유래가 궁금하시죠? 골짜기 안에 9개의 티베트족 마을이 있는데, 여기서 '구채구'라는 이름이 유래하게 되었 다고 합니다.

01 我买面包 ____。 나는 빵을 샀습니다.

02 他 ____ 买裙子。 그는 치마를 사지 않았습니다.

03 他胖 ____ 。 그는 살이쪘다.

04 弟弟买 ____ 一瓶啤酒。 남동생은 맥주 한 병을 샀습니다.

05 我 ____ 喜欢大的。 나는 큰 것을 훨씬 좋아합니다.

06 我 ____ 说汉语。 저는 중국어를 말할 줄 압니다.

07 妈妈 ____ 去 ____ 中国。 엄마는 중국에 가 본 적이 없습니다.

08 ____ 不说? 어째서 말을 하지 않는 거지?

09 ____ 英语很难。 영어가 어렵기 때문입니다.

10 我 ____ 汉语很有意思。 나는 중국어가 재미있다고 생각됩니다.

37

탁구를 잘 칩니까?
打乒乓球打得怎么样?

꿍바오지띵

宮保鸡丁 gōngbǎo jīdīng 꿍바오지띵
닭고기요리예요. 달콤 짭짤한 매콤한 맛이 우
리 입맛에 딱이랍니다.

이것만은
꼭!!

■ 평가를 해 주고 싶다면 '동사 + **得** + 평가'

동사 뒤에서 동작을 평가, 묘사하는 역할을 하는 것을 어법 용어로는
정태보어라고 하는데, 오늘은 바로 이 동작에 대한 평가를 할 때의 표
현법을 배워봅시다.

● 동사 + **得** + 평가

이 과의 주요 내용!

● 정태보어
● 표현 연습 - 马马虎虎

194

기본 표현 익히기 01

정태보어 — 술어 + 得 + 정태보어

打 + 乒乓球 + 打 + 得 + 不太好　　탁구를 잘 못 칩니다.
dǎ　pīngpāng qiú　dǎ　de　bú tài hǎo

'말을 잘 한다' 혹은 '탁구를 잘 친다'와 같이 동작에 대해 평가를 해 주고 싶다면 '(동사) + 목적어 + 동사 + 得 + 평가'의 형태로 써 줍니다. 평가 되는 부분을 어법 용어로는 정태보어라고 합니다. 윗 문장을 보면 탁구를 잘 치는지 못 치는지를 평가해주고 있는 '不太好'가 정태보어입니다. 보어는 항상 동사 뒤에 온다는 사실을 기억해 두세요.

* **打** dǎ 图 (놀이·운동을)
  하다
* **乒乓球** pīngpāngqiú
  图 탁구
* **得** de 조 정태보어에 사
  용되는 구조조사
* **唱歌** chànggē 图 노래
  부르다
* **球** qiú 图 공
* **踢** tī 图 차다
* **踢球** tīqiú 图 축구하다
* **棒** bàng 형 훌륭하다

* 탁구를 잘 칩니까?

  打乒乓球打得怎么样?
  Dǎ pīngpāng qiú dǎ de zěnme yàng?

* 노래를 잘 합니다.

  唱歌唱得很好。
  Chànggē chàng de hěn hǎo.

* 그는 축구를 굉장히 잘 참니다.

  他球踢得很棒。
  Tā qiú tī de hěn bàng.

기본 표현 익히기 02

그저그래요 — 马马虎虎

썩 좋은 것은 아니고 그렇다고 나쁜 것은 아닐 때 '썩 나쁘지는 않다' 혹은 '그저 그만하다'라고 말할 때 쓰는 표현입니다. 생활 속에서 자주 쓰이는 이 말을 잘 기억해 두셨다가 꼭 사용해 보세요. 글자가 재미있습니다. 말(马)두 마리에 호랑이(虎) 두 마리로 이루어 졌네요.

* **马马虎虎** mǎmǎ hūhū
  형 그저 그렇다. 썩 좋지는 않다

A 잘생겼나요?

B 그저그래요.

A **帅吗?**
Shuài ma?

B **马马虎虎。**
Mǎmǎ hūhū.

A 예쁩니까?

B 그저그래요.

A **好看吗?**
Hǎo kàn ma?

B **马马虎虎。**
Mǎmǎ hūhū.

A 성적은 좋습니까?

A **成绩好吗?**
Chéngjì hǎo ma?

B 그저그래요.

B **马马虎虎。**
Mǎmǎ hūhū.

술술
말해보기

A 你最喜欢什么运动?
Nǐ zuì xǐhuan shénme yùndòng?

B 我最喜欢打乒乓球。
Wǒ zuì xǐhuan dǎ pīngpāngqiú.

A 你打乒乓球打得怎么样?
Nǐ dǎ pīnpāngqiú dǎ de zěnme yàng?

B 会是会, 不过马马虎虎。
Huì shi huì, bú guò mǎmǎ hūhū.

A 经常打吗?
Jīngcháng dǎ ma?

B 是啊, 经常跟爱人一起打。
Shì a, jīngcháng gēn àirén yìqǐ dǎ.

해석

A 너는 무슨 운동을 가장 좋아
하니?

B 난 탁구 치는 걸 가장 좋아해.

A 너 탁구 잘 치니?

B 칠 줄은 알지만, 그저 그래.

A 자주 치니?

B 응, 남편과 함께 자주 쳐.

단어

• 最 zuì	男 제일, 최고로
• 运动 yùndòng	명 운동
• 打 dǎ	동 (놀이 · 운동을) 하다
• 乒乓球 pīngpāngqiú	명 탁구
• 得 de	조 정태보어에 사용되는 구조조사
• 马马虎虎 mǎmǎ hūhū	형 그저 그렇다, 썩 좋지는 않다
• 经常 jīngcháng	男 늘, 항상, 언제나

38

무슨 음악이든 다 좋아합니다
什么音乐都喜欢。

라즈지띵

辣子鸡丁 làzǐ jīdīng (라즈지띵)
닭고기요리인데 빨간 고추를 듬뿍 넣고 볶은
매콤한 맛이 일품이에요.

이것만은
꼭!!

■ '특히 ~이 그러하다'라고 말하고 싶을 땐 '特别'

여러 개 중 가장 특출난 것을 강조하여 말하고 싶을 때의 표현법을 함
께 익혀볼까요?

● 일반적인 것, 特别 + 가장 특출난 것

이 과의 주요 내용!

● 부사 特别
● 什么~都~

특히 ~이 ~하다 — 特别 + 가장 특출 난 것

特别 + 喜欢踢球 특히 + 축구를 좋아합니다
tèbié   xǐhuan tī qiú

앞에 거론된 것 중 가장 특출난 것을 끄집어 내어 강조하고자 할 때 쓰는 부사입니다.

- 特别 tèbié 부 특히, 유달리

▶ 特别는
'매우'의 의미로도 자주 쓰입니다.
예 特别好。 굉장히 좋다

- 古典 gǔdiǎn 명 고전, 클래식

• 그녀는 차 마시는 것을 좋아하는데, 특히 홍차를 좋아합니다.
  她喜欢喝茶，特别喜欢喝红茶。
  Tā xǐhuan hē chá, tèbié xǐhuan hē hóngchá.

• 그는 음악을 좋아하는데 특히 클래식을 좋아합니다.
  他喜欢听音乐，特别喜欢听古典音乐。
  Tā xǐhuan tīng yīnyuè, tèbié xǐhuan tīng gǔdiǎn yīnyuè.

기본 표현
익히기
02 어떤 ~이라도 다 ~하다 — 什么 ~都

什么 + 音乐 + 都 + 喜欢 어떤 음악이나 다 좋아한다
shénme yīnyuè dōu xǐhuan

- 运动 yùndòng 명동
  운동(하다)
- 病 bìng 명동 병(나다)
- 饮料 yǐnliào 명 음료

• 어떤 운동이나 다 좋아한다.   **什么运动都喜欢。**
  Shénme yùndòng dōu xǐhuan.

• 어떤 병도 없다.   **什么病都没有。**
  Shénme bìng dōu méiyǒu.

• 어떤 음료수나 다 있다.   **什么饮料都有。**
  Shénme yǐnliào dōu yǒu.

술술
읽어보기

王一飞喜欢运动。 健身、 跑步、 打排球、
Wáng Yīfēi xǐhuan yùndòng. Jiànshēn、 pǎobù、 dǎ páiqiú、

打篮球、 踢足球、 游泳，他都喜欢。
dǎ lánqiú、 tī zúqiú、 yóuyǒng, tā dōu xǐhuan.

他特别喜欢踢球。 他球踢得很棒。
Tā tèbié xǐhuan tī qiú. Tā qiú tī de hěn bàng.

玛丽喜欢听音乐。 古典音乐、 现代音乐，
Mǎlì xǐhuan tīng yīnyuè. Gǔdiǎn yīnyuè、 xiàndài yīnyuè,

什么音乐都喜欢。
shénme yīnyuè dōu xǐhuan.

她特别喜欢听现代音乐。
Tā tèbié xǐhuan tīng xiàndài yīnyuè.

不过她唱歌唱得不太好。
Bú guo tā chànggē chàng de bú tài hǎo.

해석

王一飞는 운동을 좋아합니다.
헬스, 조깅, 배구, 농구, 축구,
수영 모두 다 좋아합니다.
그는 특히 축구를 좋아하고,
축구를 아주 잘 합니다.
玛丽는 음악 듣는 것을 좋아
합니다. 클래식, 현대음악 어
떤 음악이든지 다 좋아합니
다.
그녀는 특히 현대음악을 좋아
합니다.
그러나 그녀는 노래는 잘 못
부릅니다.

단어

- 健身 jiànshēn 명 헬스
- 跑步 pǎobù 명 조깅, 달리기
- 排球 páiqiú 명 배구
- 篮球 lánqiú 명 농구
- 足球 zúqiú 명 축구
- 游泳 yóuyǒng 명동 수영(하다)

- 特别 tèbié 부 특히, 유달리
- 古典 gǔdiǎn 명 고전, 클레식
- 音乐 yīnyuè 명 음악
- 现代 xiàndài 명 현대
- 唱歌 chànggē 명 노래 부르다

39

나는 그녀보다 나이가 많다
我比她大。

위시앙러우쓰

鱼香肉丝 yúxiāng ròusī (위시앙러우쓰)
고기를 채썰기 하여 새콤달콤하게 볶은 요리입니다. 우리 입맛에 아주 잘 맞아요.

이것만은
꼭!!

■ '~보다 더~하다'라고 비교하고 싶을 땐 '比'

이번 과에서는 비교문에 관한 여러 가지 회화 문장 표현법들을 배워 보겠습니다.

• ~比 ~ +~

이 과의 주요 내용!

• '比'를 이용한 비교문
• 又~ 又~
• 越来越~

~이 ~보다 ~하다 — '比'를 이용한 비교문

我 + 比 + 她 + 高   나는 + 그녀에 비해 + 키가 크다
wǒ   bǐ   tā   gāo

'A가 B에 비해 ~하다'라고 할 때 전치사 '比'를 사용합니다. 어순은 'A + 比 + B + 술어'입니다.

알아두세요!

▶ 비교문 부정하기
'比'를 이용한 비교문을 부정하려면 '比不'의 형식을 쓰지 않고 '不比'로 한다는 데 주의하세요.
예 我不比她大。 나는 그녀보다 나이가 많지 않다

- 그녀는 나보다 예쁘다.   她比我漂亮。
  Tā bǐ wǒ piàoliang.

- 나는 그녀보다 나이가 많다.   我比她大。
  Wǒ bǐ tā dà.

~이 ~보다 훨씬~하다 — '比 + 更 + 술어'

我 + 比 + 她 + 更 + 高   나는 + 그녀에 비해 + 훨씬 + (키가) 크다
wǒ   bǐ   tā   gèng gāo

'比'를 사용한 비교문에는 뒤에 '很，太，非常'등의 정도부사는 사용할 수 없고, '更，还'는 사용할 수 있다는 데 주의하세요.

- 比 bǐ 전 ~에 비하여, ~보다

- 그녀는 나보다 훨씬 예쁘다.
  她比我更漂亮。
  Tā bǐ wǒ gèng piàoliang.

- 나는 그녀보다 훨씬 나이가 많다.
  我比她更大。
  Wǒ bǐ tā gèng dà.

~하기도 하고 ~하기도 하다— 又~ 又~

他 + 又 + 高 + 又 + 壮　그는 + 키도 크고 + 건장하다
tā　yòu　gāo　yòu　zhuàng

- 又~又~ yòu ~ yòu~
  ~하기도 하고, ~하기도 하다
- 壮 zhuàng 형 건장하다

- 물건이 싸고 좋다.
  东西又便宜又好。
  Dōngxi yòu piányi yòu hǎo.

- 그녀는 예쁘고 똑똑하다.
  她又漂亮又聪明。
  Tā yòu piàoliang yòu cōngming.

갈수록 ~하다 — 越来越~

越来越 + 漂亮　갈수록 예뻐진다
yuè lái yuè piàoliang

- 越来越~ 부 yuè lái yuè~
  점점, 더욱더

- 날씨가 갈수록 추워진다.
  天气越来越冷。
  Tiānqi yuè lái yuè lěng.

- 그는 중국어를 갈수록 잘한다.
  他的汉语越来越好。
  Tā de Hànyǔ yuè lái yuè hǎo.

- 영어가 갈수록 어려워진다.
  英语越来越难。
  Yīngyǔ yuè lái yuè nán.

술술
읽어보기

刘玉最近越来越漂亮，听说她有男朋友了。
Liú Yù zuìjìn yuè lái yuè piàoliang, tīngshuō tā yǒu nán péngyou le.

她的男朋友又高又壮，长得很帅，
Tā de nán péngyou yòu gāo yòu zhuàng, zhǎng de hěn shuài,

年龄比她大，性格开朗，很幽默。
niánlíng bǐ tā dà,　　xìnggé kāilǎng,　hěn yōumò.

刘玉长得挺可爱，很善良，也特别温柔。
Liú Yù zhǎng de tǐng kě'ài, hěn shànliáng,　yě tèbié wēnróu.

他们俩看起来很像，很相配。
Tāmen liǎ kàn qǐ lái hěn xiàng, hěn xiāngpèi.

해석

刘玉는 최근 점점 더 예뻐지
고 있습니다. 들리는 말로는 남
자 친구가 생겼다고 합니다. 그
녀의 남자친구는 키도 크고, 건
장하고, 잘 생겼습니다. 나이는
그녀보다 많습니다. 성격은 활
발하고, 유머러스 합니다.
刘玉는 귀엽게 생겼습니다. 착
하고, 아주 상냥합니다.
그들 둘은 닮았고, 잘 어울립니다.

단어

- **越来越~** 〔부〕 yuè lái yuè 점점, 더욱더
- **听说** tīngshuō 〔동〕 듣자하니
- **又~又~** yòu~ yòu~ ~하기도 하고, ~하기도 하다
- **壮** zhuàng 〔형〕 건강하다, 버젓하다
- **长** zhǎng 〔동〕 나다, 생기다
- **年龄** niánlíng 〔명〕 나이
- **比** bǐ 〔전〕 ~에 비하여, ~보다
- **性格** xìnggé 〔명〕 성격

- **开朗** kāilǎng 〔형〕 낙관적이다, 명랑하다
- **幽默** yōumò 〔형〕 익살맞다, 익살스럽다
- **善良** shànliáng 〔형〕 선량하다, 착하다, 어질다
- **温柔** wēnróu 〔형〕 따뜻하고 상냥하다
- **俩** liǎ 〔수량〕 두 개, 두 사람
- **像** xiàng 〔동〕 닮다, 비슷하다
- **相配** xiāngpèi 〔형〕 서로 어울리다

40

눈이 아주 큽니다
眼睛大大的。

天安门 Tiān'ānmén (티엔안먼)

베이징 시내 중심에 자리잡고 있는 천안문입니다.
천안문 광장은 100만 명을 수용할 수 있을 정도로
크다고 하네요.

천안문

이것만은
꼭!!

■ '~跟~一样~'이 있는 회화 문장 따라잡기

A나 B나 같음을 나타내는 표현법입니다. 이번 마지막 과에서는 '키가
너나 나나 똑같다', '너나 나나 나이가 똑같다'와 같은 회화 문장들을
익혀봅시다.

이 과의 주요 내용!

- 비교수량보어
- 跟 ~ 一样 을 이용한 비교문
- 형용사의 중첩

기본 표현 익히기

~이 ~보다 ~만큼 ~하다 — 비교수량보어

我 + 比 + 她 + 胖 + 一点儿　나는 그녀보다 약간 더 뚱뚱하다
wǒ　bǐ　tā　pàng　yì diǎnr

비교의 결과 발생하는 차액 분(수치)은 반드시 술어 뒤에 보충해야 합니다. '약간 더 ~하다'라고 하려면 '一点儿' 혹은 '一些'를 쓰고 구체적인 수치를 써 주어도 됩니다.

• 些 xiē 〔양〕 조금, 약간, 몇

• 나는 그녀보다 약간 더 나이가 많다.　**我比她大一点儿。**
　Wǒ bǐ tā dà yì diǎnr

• 나는 그녀보다 약간 더 나이가 많다.　**我比她大一些。**
　Wǒ bǐ tā dà yì xiē.

• 나는 그녀보다 세 살 더 많다.　**我比她大三岁。**
　Wǒ bǐ tā dà sān suì.

~은 ~와 마찬가지이다 — 跟~一样 을 이용한 비교문

我 + 跟 + 他 + 一样　나는 그와 똑같다
wǒ　gēn　tā　yíyàng

비교의 결과가 같음을 나타낼 때 쓰는 문형입니다. 부정형은 일반적으로 '~跟~不一样'으로 합니다.

• 一样 yíyàng 〔형〕 같다, 동일하다

• 이것은 저것과 같다.　**这个跟那个一样。**
　Zhè ge gēn nà ge yíyàng.

• 오늘은 어제와 다르다.　**今天跟昨天不一样。**
　Jīntiān gēn zuótiān bù yíyàng.

~은 ~와 마찬가지로 ~하다─ 跟~一样 + 술어

头发 + 跟 + 她的 + 一样 + 长   머리 길이가 그녀와 같습니다
tóufa   gēn   tā de   yíyàng cháng

'~跟~一样'이 술어를 수식해 주는 형태로 쓸 수도 있습니다. '길이'가 같을 경우엔 '一样'뒤에 '长'을, 높이나 키가 같을 경우엔 '高'를, 얼굴이 마찬가지로 예쁠 경우엔 '漂亮'등을 써 주면 됩니다.

- 나와 그는 나이가 같습니다.   **我跟他一样大。**
  Wǒ gēn tā yíyàng dà.

- 그와 나는 키가 같다.   **他跟我一样高。**
  Tā gēn wǒ yíyàng gāo.

기본 표현
익히기
04

형용사의 중첩 ─ AA / AABB

眼睛 + 大大的   눈이 + 굉장히 큽니다
yǎnjing   dà dà de

동사는 중첩하면 의미가 가벼워지는데 형용사는 중첩하면 의미가 확대되어 '非常(매우)'의 의미를 갖게 됩니다. 단음절 형용사는 AA 형태로, 이음절 형용사는 AABB 형태로 중첩하고 중첩한 형용사가 서술어로 쓰이면 대부분 뒤에 조사 的를 붙여줍니다.

- 短 duǎn 형 짧다

- 머리가 무척 짧습니다.   **头发短短的 。**
  Tóufa duǎn duǎn de.

- 옷이 아주 예쁩니다.   **衣服漂漂亮亮的。**
  Yīfu piàopiao liàngliàng de.

해석

나와 夏夏는 친한 친구입니다.
夏夏는 올해 8살이고, 키는 크
지 않은데, 눈이 아주 큽니다.
머리는 짧고, 또 약간 말랐으며,
무척 귀엽습니다.
저는 그 애 보다 키가 크고, 눈은
작습니다. 머리 길이는 그 애와
같고, 저는 그 아이 보다 조금 더
살이 쪘습니다.
여러분 찾아보세요, 저는 어디
에 있을까요?

84 CD

我和夏夏是好朋友。
Wǒ hé Xiàxià shì hǎo péngyou.

夏夏今年八岁，个子不高，眼睛大大的，
Xiàxià jīnnián bā suì,　gèzi　bù gāo,　yǎnjing dà dà de,

头发短短的，还有点儿瘦，特别可爱。
tóufa duǎnduǎn de,　hái yǒu diǎnr shòu,　tèbié　kě'ài.

我比她高，眼睛比她的小，
Wǒ bǐ tā gāo,　yǎnjing bǐ tā de xiǎo,

头发跟她的一样长，我比她胖一点儿。
tóufa gēn tā de yíyàng cháng,　wǒ bǐ tā pàng yì diǎnr.

你们找找，我在哪儿?
Nǐmen zhǎo zhao, wǒ zài nǎr.

85 CD

단어

- 短 duǎn　　형 짧다
- 还 hái　　부 게다가, 또
- 瘦 shòu　　형 마르다, 여위다
- 一样 yíyàng　　형 같다, 동일하다
- 找 zhǎo　　동 찾다
- 夏夏 Xiàxià　　고유 씨아씨아(인명)

01 唱歌唱 ⬚ 不太好。 노래를 잘 못 부릅니다.

02 马 ⬚ 虎 ⬚ 。 그저그래요.

03 二姐 ⬚ 做什么运动? 둘째 누나는 무슨 운동을 좋아하죠?

04 ⬚ 茶都有。 어떤 차든 다 있습니다.

05 我 ⬚ 喜欢打乒乓球。 나는 탁구 치는 것을 가장 좋아합니다.

06 姐姐 ⬚ 我漂亮。 언니가 나보다 예쁘다.

07 哥哥比弟弟 ⬚ 。 형이 동생 보다 키가 크다.

08 衣服 ⬚ 便宜 ⬚ 舒服。 옷이 싸고 편안하다.

09 老师 ⬚ 漂亮。 선생님은 갈수록 예뻐지신다.

10 她跟我 ⬚ 。 그녀는 나와 똑같다.

11 他和我是 ⬚ 朋友。 그와 나는 친한 친구사이입니다.

모든 것이 새롭다 독학
중국어
첫걸음
New New 뉴뉴

한 걸음 더 upgrade

왕초보를 위한
중국어 기본 문형 | 중국어 기본 어법
중국어 기본 표현 | 중국어 기본 단어
중국어 간체자 쓰기노트

왕초보를 위한
중국어 기본 문형

왕초보를 위한

중국어 기본 어법

왕초보를 위한
중국어 기본 표현

왕초보를 위한

중국어 기본 단어

왕초보를 위한
중국어 간체자쓰기

왕초보를 위한
중국어 기본 문형

01

1 忙 máng

忙 바쁘다
máng 망

很忙 (매우) 바쁘다
hěn máng 헌 망

我很忙。 나는 바쁘다
Wǒ hěn máng 워 헌 망

我很忙。你呢? 나는 바쁜데 너는?
Wǒ hěn máng. Nǐ ne? 워 헌 망 니 너

2 累 lèi

累 피곤하다
lèi 레이

很累 (매우) 피곤하다
hěn lèi 헌 레이

我也很累。 나도 피곤하다
Wǒ yě hěn lèi. 워 예 헌 레이

3 看 kàn

看 본다
kàn 칸

不看 보지 않는다
bú kàn 부칸

妹妹也不看 여동생도 보지 않는다
mèimei yě bú kàn 메이메이 예 부칸

你妹妹也不看吗? 네 여동생도 보지 않니?
Nǐ mèimei yě bú kàn ma? 니 메이메이 예 부칸 마

4 茶 chá

茶 차
chá 챠

什么茶 무슨 차
shénme chá 션머 챠

喝什么茶 무슨 차를 마시니
hē shénme chá 허 션머 챠

她喝什么茶? 그녀는 무슨 차를 마시니?
Tā hē shénme chá? 타 허 션머 챠

5 大夫 dàifu

大夫 의사
dàifu 따이푸

是大夫 의사이다
shì dàifu 스 따이푸

不是大夫 의사가 아니다
bu shì dàifu 부 스 따이푸

他是不是大夫? 그는 의사니?
Tā shì bu shì dàifu? 타 스 부 스 따이푸

6 老师 lǎoshī

老师 선생님
lǎoshī 라오스

是老师 선생님이다
shì lǎoshī 스 라오스

她也是老师 그녀도 선생님이다
Tā yě shì lǎoshī 타 예 스 라오스

她也是老师吗? 그녀도 선생님이니?
Tā yě shì lǎoshī ma? 타 예 스 라오스 마

7 英语 Yīngyǔ

英语 영어
Yīngyǔ 잉위

英语和韩语 영어와 한국어
Yīngyǔ hé Hányǔ 잉위 허 한위

学习英语和韩语
영어와 한국어를 배우다
xuéxí Yīngyǔ hé Hányǔ 쉐시 잉위 허 한위

他学习英语和韩语。
그는 영어와 한국어를 배운다.
Tā xuéxí Yīngyǔ hé Hányǔ. 타 쉐시 잉위 허 한위

8 努力 nǔlì

努力 노력
nǔlì 누르리

很努力 (매우) 노력한다
hěn nǔlì 헌 누르리

都很努力 모두 노력한다
dōu hěn nǔlì 떠우 헌 누르리

他们都很努力。 그들 모두 노력한다.
Tāmen dōu hěn nǔlì. 타먼 떠우 헌 누르리

9 教室 jiàoshì

教室 교실
jiàoshì 지아오스

我们的教室　우리 교실
Wǒmen de jiàoshì 워먼 더 지아오스

我们的教室不大
우리 교실은 크지 않다
Wǒmen de jiàoshì bú dà
워먼 더 지아오스 부따

我们的教室不大也不小。
우리 교실은 크지도 작지도 않다
Wǒmen de jiàoshì bú dà yě bù xiǎo.
워먼 더 지아오스 부따 예 뿌시아오

10 词典 cídiǎn

词典 사전
cídiǎn 츠디엔

同学的词典 급우의 사전
tóngxué de cídiǎn 통쉐 더 츠디엔

我同学的词典。
내 급우의 사전
wǒ tóngxué de cídiǎn 워 통쉐 더 츠디엔

那是我同学的词典。
그것은 내 급우의 사전이야.
Nà shì wǒ tóngxué de cídiǎn. 나스 워 통쉐 더 츠디엔

11 大 dà

大 크다
dà 따

比较大 비교적 크다
bǐjiào dà 비지아오 따

眼睛比较大。 눈이 비교적 크다
Yǎnjing bǐjiào dà. 옌징 비지아오 따

12 巧克力 qiǎokèlì

巧克力 초콜릿
qiǎokèlì 치아오커리

喜欢巧克力 초콜릿을 좋아한다
xǐhuan qiǎokèlì 시환 치아오커리

她喜欢巧克力。 그녀는 초콜릿을 좋아한다.
Tā xǐhuan qiǎokèlì. 타 시환 치아오커리

13 舒服 shūfu

舒服 편안하다
shūfu 슈푸

不太舒服 그다지 편안하지 않다
bú tài shūfu 부타이 슈푸

身体不太舒服 몸이 그다지 편안하지 않다
shēntǐ bú tài shūfu 션티 부타이 슈푸

我身体不太舒服 내 몸이 그다지 편안하지 않다
wǒ shēntǐ bú tài shūfu 워 션티 부타이 슈푸

今天我身体不太舒服。 오늘은 내 몸이 그다지 편안하지 않다.
Jīntiān wǒ shēntǐ bú tài shūfu. 진티엔 워 션티 부타이 슈푸

14 累 lèi

累 피곤하다
lèi 레이

太累了 너무 피곤하다
tài lèi le 타이 레이 러

你学习太累了
너 너무 피곤하게 공부했다
nǐ xuéxí tài lèi le 니 쉐시 타이 레이 러

最近你学习太累了。
요즘 너 너무 피곤하게 공부했다.
Zuìjìn nǐ xuéxí tài lèi le. 쭈이진 니 쉐시 타이 레이 러

15 不舒服 bù shūfu

不舒服 (몸이) 불편하다
bù shūfu 뿌 슈푸

有点儿不舒服 (몸이) 조금 불편하다
yǒu diǎnr bù shūfu 여우디얼 뿌 슈푸

他有点儿不舒服
그는 (몸이) 조금 불편하다
tā yǒu diǎnr bù shūfu 타 여우디얼 뿌 슈푸

今天他有点儿不舒服。
오늘 그는 (몸이) 조금 불편하다.
Jīntiān tā yǒu diǎnr bù shūfu. 진티엔 타 여우디얼 뿌 슈푸

16 下雨 xiàyǔ

下雨 비 오다
xiàyǔ 씨아위

会下雨 비가 올 것이다
huì xiàyǔ 후이 씨아위

看起来会下雨。 보아하니 비가 올 것 같다.
Kànqǐlai huì xiàyǔ. 칸치라이 후이 씨아위

17 休息 xiūxi

休息 휴식하다, 쉬다
xiūxi 씨우시

在家休息 집에서 쉬다
zài jiā xiūxi 짜이 지아 씨우시

不想在家休息
집에서 쉬고 싶지 않다
bù xiǎng zài jiā xiūxi 뿌시앙 짜이 지아 씨우시

我不想在家休息。
나는 집에서 쉬고 싶지 않다.
Wǒ bù xiǎng zài jiā xiūxi. 워 뿌시앙 짜이 지아 씨우시

18 出去 chūqu

出去 나가다
chūqu 츄취

不想出去 나가고 싶지 않다
bù xiǎng chūqu 뿌시앙 츄취

我不想出去
나는 나가고 싶지 않다
wǒ bù xiǎng chūqu 워 뿌시앙 츄취

下雪天我不想出去。
눈 오는 날 나는 나가고 싶지 않다.
Xiàxuětiān wǒ bù xiǎng chūqu. 씨아쉐티엔 워 뿌시앙 츄취

19 朋友 péngyou

朋友 친구
péngyou 펑여우

没有中国朋友 중국 친구가 없다
méiyǒu Zhōngguó péngyou
메이여우 쭝구어 펑여우

中国朋友 중국 친구
Zhōngguó péngyou 쭝구어 펑여우

有没有中国朋友? 중국 친구가 있니?
yǒuméiyǒu Zhōngguó péngyou?
여우메이여우 쭝구어 펑여우

你有没有中国朋友? 너는 중국 친구가 있니?
Nǐ yǒuméiyǒu Zhōngguó péngyou? 니 여우메이여우 쭝구어 펑여우

20 课 kè

课 수업
kè 커

你们有课
너희는 수업이 있다
nǐmen yǒu kè 니먼 여우 커

有课 수업이 있다
yǒu ke 여우 커

现在你们有课吗?
지금 너희는 수업이 있니?
Xiànzài nǐmen yǒu kè ma? 씨엔짜이 니먼 여우 커 마

21 宿舍 sùshè

宿舍 기숙사
sùshè 쑤셔

去朋友的宿舍
친구의 기숙사에 간다
qù péngyou de sùshè
취 펑여우 더 쑤셔

朋友的宿舍 친구의 기숙사
péngyou de sùshè 펑여우 더 쑤셔

有时候去朋友的宿舍。
어떤 때에는 친구의 기숙사에 간다.
Yǒu shíhou qù péngyou de sùshè.
여우스허우 취 펑여우 더 쑤셔

22 茶 chá

茶 차
chá 챠

在家喝茶 집에서 차를 마시다
zài jiā hē chá 짜이지아 허 챠

喝茶 차를 마시다
hē chá 허 챠

常常在家喝茶。 자주 집에서 차를 마신다.
Chángchang zài jiā hē chá. 창창 짜이지아 허 챠

12

23 日语课 Rìyǔkè

日语课 일본어 수업
Rìyǔkè 르위커

玛丽有日语课
마리는 일본어 수업이 있다
MǎLì yǒu Rìyǔkè 마리 여우 르위커

有日语课 일본어 수업이 있다
yǒu Rìyǔkè 여우 르위커

周末玛丽有日语课。
주말에 마리는 일본어 수업이 있다.
Zhōumò MǎLì yǒu Rìyǔkè. 쩌우모 마리 여우 르위커

24 宿舍 sùshè

宿舍 기숙사
sùshè 쑤셔

去朋友的宿舍
친구의 기숙사에 가다
qù péngyou de sùshè
취 펑여우 더 쑤셔

朋友的宿舍 친구의 기숙사
péngyou de sùshè 펑여우 더 쑤셔

玛丽常常去朋友的宿舍。
마리는 자주 친구의 기숙사에 간다.
Mǎlì chángchang qù péngyou de sùshè.
마리 창창 취 펑여우 더 쑤셔

25 教 jiāo

教 가르치다
jiāo 지아오

老师教你们
선생님은 너희를 가르친다
lǎoshī jiāo nǐmen 라오스 지아오 니먼

教你们 너희를 가르친다
jiāo nǐmen 지아오 니먼

几位老师教你们?
몇 분의 선생님이 너희를 가르치니?
Jǐ wèi lǎoshī jiāo nǐmen? 지 웨이 라오스 지아오 니먼

26 留学生 liúxuéshēng

留学生 유학생
liúxuéshēng 리우쉐성

有多少留学生
얼마나 많은 유학생이 있다
yǒu duōshǎo liúxuéshēng
여우 뚜어샤오 리우쉐성

多少留学生 얼마나 많은 유학생
duōshǎo liúxuéshēng 뚜어샤오 리우쉐성

你们班有多少留学生?
너희 반에는 얼마나 많은 유학생이 있니?
Nǐmen bān yǒu duōshao liúxuéshēng?
니먼빤 여우 뚜어샤오 리우쉐성

27 咖啡　kāfēi

咖啡 커피
kāfēi 카페이

喝咖啡 커피를 마시다
hē kāfēi 허 카페이

一起喝咖啡 같이 커피를 마시다
yìqǐ hē kāfēi 이치 허 카페이

跟他一起喝咖啡。그와 함께 커피를 마신다.
Gēn tā yìqǐ hē kāfēi. 껀타 이치 허 카페이

28 努力　nǔlì

努力 노력
nǔlì 누르리

非常努力 (매우) 노력한다
fēicháng nǔlì 페이챵 누르리

学习非常努力
매우 열심히 공부한다
xuéxí fēicháng nǔlì 쉐시 페이챵 누르리

他们学习非常努力。
그들은 매우 열심히 공부한다.
Tāmen xuéxí fēicháng nǔlì. 타먼 쉐시 페이챵 누르리

29 多少钱　duōshaoqián

多少钱 얼마예요
duōshaoqián 뚜어샤오치엔

牛奶，多少钱 우유 얼마예요
niúnǎi, duōshaoqián 니우나이 뚜어샤오치엔

一杯牛奶，多少钱?우유 한 잔에 얼마예요?
Yì bēi niúnǎi, duōshaoqián? 이뻬이 니우나이 뚜어샤오치엔

30 咖啡　kāfēi

咖啡 커피
kāfēi 카페이

咖啡和牛奶 커피와 우유
kāfēi hé niúnǎi 카페이 허 니우나이

咖啡和牛奶不贵
커피와 우유는 비싸지 않다
kāfēi hé niúnǎi bú guì
카페이 허 니우나이 부꾸이

咖啡和牛奶都不贵。
커피와 우유는 모두 비싸지 않다.
Kāfēi hé niúnǎi dōu bú guì.
카페이 허 니우나이 떠우 부꾸이

31 一斤 yì jīn

一斤 한근
yì jīn 이 진

四块钱一斤 한 근에 4원
sì kuài qián yì jīn 쓰 콰이 치엔 이 진

大的四块钱一斤。 큰 것은 한 근에 4원이다.
Dà de sì kuài qián yì jīn. 따더 쓰 콰이 치엔 이 진

32 五斤 wǔ jīn

五斤 다섯 근
wǔ jīn 우 진

八块钱五斤 다섯 근에 8원
bā kuài qián wǔ jīn 빠 콰이 치엔 우 진

小的八块钱五斤。 작은 것은 다섯 근에 8원이다.
Xiǎo de bā kuài qián wǔ jīn. 시아오더 빠 콰이 치엔 우 진

33 高兴 gāoxìng

高兴 기쁘다
gāoxìng 까오씽

很高兴 (매우) 기쁘다
hěn gāoxìng 헌 까오씽

认识您很高兴。 당신을 알게 되어 매우 기쁩니다.
Rènshi nín hěn gāoxìng. 런스 닌 헌 까오씽

34 名字 míngzi

名字 이름
míngzi 밍즈

什么名字 무슨 이름
shénme míngzi 션머 밍즈

叫什么名字 무슨 이름으로 불립니까
jiào shénme míngzi 지아오 션머 밍즈

您叫什么名字? 당신은 이름이 무엇입니까?
Nín jiào shénme míngzi? 닌 지아오 션머 밍즈

35 工作 gōngzuò

工作 일
gōngzuò 꽁쭈어

在哪儿工作 어디에서 일하다
zài nǎr gōngzuò 짜이 날 꽁쭈어

父亲在哪儿工作
아버지는 어디에서 일하다
fùqin zài nǎr gōngzuò 푸친 짜이 날 꽁쭈어

你父亲在哪儿工作?
당신 아버지는 어디에서 일 하십니까?
Nǐ fùqin zài nǎr gōngzuò? 니 푸친 짜이 날 꽁쭈어

36 三十岁 sānshí suì

三十岁 서른 살
sānshí suì 싼스 쑤이

今年三十岁 올해 서른 살
jīnnián sānshí suì 진니엔 싼스 쑤이

她今年三十岁
그녀는 올해 서른 살
tā jīnnián sānshí suì
타 진니엔 싼스 쑤이

听说她今年三十岁。
그녀는 올해 서른 살이라고 한다.
Tīngshuō tā jīnnián sānshí suì.
팅슈어 타 진니엔 싼스 쑤이

37 什么工作 shénme gōngzuò

什么工作 무슨 일
shénme gōngzuò 션머 꽁주어

做什么工作 무슨 일을 하다
zuò shénme gōngzuò 쭈어 션머 꽁주어

您是做什么工作的?당신은 무슨 일을 하는 사람입니까?
Nín shì zuò shénme gōngzuò de? 닌 스 쭈어 션머 꽁주어 더

38 男朋友 nán péngyou

男朋友 남자 친구
nán péngyou 난 펑여우

有男朋友 남자 친구가 있다
yǒu nán péngyou 여우 난 펑여우

没有男朋友 남자 친구가 없다
méiyǒu nán péngyou 메이여우 난 펑여우

你有没有男朋友? 너는 남자 친구가 있니?
Nǐ yǒu méiyǒu nán péngyou? 니 여우메이여우 난 펑여우

39 孩子 háizi

孩子 아이
háizi 하이즈

一个孩子 아이 한 명
yí ge háizi 이 거 하이즈

有一个孩子 아이가 한 명 있다
yǒu yí ge háizi 여우 이 거 하이즈

你有一个孩子 너는 아이가 한 명 있다
nǐ yǒu yí ge háizi 니 여우 이 거 하이즈

听说你有一个孩子。 당신에게는 아이가 한 명 있다면서요.
Tīngshuō nǐ yǒu yí ge háizi. 팅슈어 니 여우 이 거 하이즈

16

40 茶 chá

茶 차
chá 챠

喝茶 차를 마시다
hē chá 허 챠

在家喝茶 집에서 차를 마시다
zài jiā hē chá 짜이 지아 허 챠

常常在家喝茶 자주 집에서 차를 마신다
chángchang zài jiā hē chá 창창 짜이 지아 허 챠

他常常在家喝茶。 그는 자주 집에서 차를 마신다.
Tā chángchang zài jiā hē chá. 타 창창 짜이 지아 허 챠

41 安静 ānjìng

安静 조용하다
ānjìng 안징

安静还是热闹 조용한가 아니면 시끄러운가
ānjìng háishi rènao 안징 하이스 러나오

喜欢安静还是热闹?
xǐhuan ānjìng háishi rènao? 시환 안징 하이스 러나오
조용한 것을 좋아하니 아니면 시끄러운 것을 좋아하니?

你喜欢安静还是热闹?
Nǐ xǐhuan ānjìng háishi rènao? 니 시환 안징 하이스 러나오
너는 조용한 것을 좋아하니 아니면 시끄러운 것을 좋아하니?

42 中国菜 Zhōngguócài

中国菜 중국요리
Zhōngguócài 쭝구어 차이

吃中国菜 중국요리를 먹다
chī Zhōngguócài 츠 쭝구어 차이

爱吃中国菜
중국요리 먹는 것을 좋아한다
ài chī Zhōngguócài 아이 츠 쭝구어 차이

你爱吃中国菜吗?
너는 중국 요리 먹는 것을 좋아하니?
Nǐ ài chī Zhōngguócài ma? 니 아이 츠 쭝구어 차이 마

43 人 rén

人 사람
rén 런

几口人 몇 식구
jǐ kǒu rén 지 커우 런

有几口人 몇 식구가 있다
니?
yǒu jǐ kǒu rén 여우 지 커우 런

你家有几口人? 너희 집에는 몇 식구가 있
니?
Nǐ jiā yǒu jǐ kǒu rén? 니 지아 여우 지 커우 런

人 사람
rén 런

什么人 어떤 사람
shénme rén 션머런

有什么人 어떤 사람이 있니
yǒu shénme rén 여우 션머 런

你家有什么人? 너희 집에는 누구누구가 있니?
Nǐ jiā yǒu shénme rén? 니 지아 여우 션머 런

44 远 yuǎn

远 멀다
yuǎn 위엔

不太远 그다지 멀지 않다
bú tài yuǎn 부타이 위엔

离家不太远
집에서 멀지 않다
lí jiā bú tài yuǎn
리 지아 부타이 위엔

他的学校离家不太远。
그의 학교는 집에서 멀지 않다
Tā de xuéxiào lí jiā bú tài yuǎn.
타 더 쉐시아오 리 지아 부타이 위엔

45 她的工作 tā de gōngzuò

她的工作 그녀의 일
tā de gōngzuò 타더 꽁쭈어

喜欢她的工作 그녀의 일을 좋아한다
xǐhuan tā de gōngzuò 시환 타더 꽁쭈어

她喜欢她的工作。 그녀는 그녀의 일을 좋아한다.
Tā xǐhuan tā de gōngzuò. 타 시환 타더 꽁쭈어

46 早饭 zǎofàn

早饭 아침밥
zǎofàn 자오판

吃早饭 아침밥을 먹다
chī zǎofàn 츠 자오판

七点一刻吃早饭
7시 15분에 아침밥을 먹는다
qī diǎn yí kè chī zǎofàn 치디엔 이커 츠 자오판

我七点一刻吃早饭。
나는 7시 15분에 아침밥을 먹는다.
Wǒ qī diǎn yí kè chī zǎofàn. 워 치디엔 이커 츠 자오판

47 汉语课 Hànyǔ kè

汉语课 중국어 수업
Hànyǔ kè 한위커

什么时候上汉语课
언제 중국어 수업을 하니
shénme shíhou shàng Hànyǔ kè
션머스허우 상 한위커

上汉语课 중국어 수업을 한다
shàng Hànyǔ kè 상 한위커

你什么时候上汉语课?
너는 언제 중국어 수업을 하니?
Nǐ shénme shíhòu shàng Hànyǔ kè?
니 션머스허우 상 한위커

48 起床 qǐchuáng

起床 일어나다
qǐchuáng 치추앙

早上六点就起床
아침 여섯 시에 벌써 일어난다
zǎoshang liù diǎn jiù qǐchuáng
자오상 리우디엔 지우 치추앙

六点就起床 6시에 벌써 일어나다
liù diǎn jiù qǐchuáng 리우디엔 지우 치추앙

我每天早上六点就起床。
나는 매일 아침 6시에 벌써 일어난다.
Wǒ měitiān zǎoshang liù diǎn jiù qǐchuáng.
워 메이티엔 자오상 리우디엔 지우 치추앙

49 电视剧 diànshìjù

电视剧 텔레비전 드라마
diànshìjù 띠엔스쥐

九点看电视剧
9시에 텔레비전 드라마를 본다
jiǔ diǎn kàn diànshìjù
지우디엔 칸 띠엔스쥐

看电视剧 텔레비전 드라마를 본다
kàn diànshìjù 칸 띠엔스쥐

晚上九点看电视剧。
저녁 9시에 텔레비전 드라마를 본다.
Wǎnshang jiǔ diǎn kàn diànshìjù.
완상 지우디엔 칸 띠엔스쥐

50 故宫 gùgōng

故宫 고궁
gùgōng 꾸꿍

我们去故宫
우리는 고궁에 간다
wǒmen qù gùgōng 워먼 취 꾸꿍

去故宫 고궁에 간다
qù gùgōng 취 꾸꿍

我们去故宫, 怎么样?
우리 고궁에 가는 거 어때?
Wǒmen qù gùgōng, zěnmeyàng? 워먼 취 꾸꿍 전머양

51 等你 děng nǐ

等你
너를 기다린다
děng nǐ 덩 니

我在宿舍门口等你
나는 기숙사 문 앞에서 너를 기다린다.
wǒ zài sùshè ménkǒu děng nǐ
워 짜이 쑤셔 먼커우 덩 니

在宿舍门口等你
기숙사 문 앞에서 너를 기다린다
zài sùshè ménkǒu děng nǐ 짜이 쑤셔 먼커우 덩 니

八点我在宿舍门口等你。
8시에 나는 기숙사 문 앞에서 너를 기다릴게.
Bā diǎn wǒ zài sùshè ménkǒu děng nǐ.
빠디엔 워 짜이 쑤셔 먼커우 덩 니

52 出发 chūfā

出发 출발하다
chūfā 츄파

要三点出发 3시에 출발하려고 한다.
다.
yào sān diǎn chūfā 야오 싼디엔 츄파

三点出发 3시에 출발한다
sān diǎn chūfā 싼디엔 츄파

他要三点出发。 그는 3시에 출발하려고 한
Tā yào sān diǎn chūfā. 타 야오 싼디엔 츄파

53 帽子 màozi

帽子 모자
màozi 마오즈

一双鞋和一顶帽子
신발 한 켤레와 모자 하나
yì shuāng xié hé yì dǐng màozi
이슈앙 시에 허 이딩 마오즈

一顶帽子 모자 하나
yì dǐng màozi 이딩 마오즈

想买一双鞋和一顶帽子。
신발 한 켤레와 모자 하나를 사고 싶다.
Xiǎng mǎi yì shuāng xié hé yì dǐng màozi.
시앙 마이 이슈앙 시에 허 이딩 마오즈

54 旁边儿 pángbiānr

旁边儿 옆
pángbiānr 팡비얼

在马路旁边儿 길 옆에 있다
zài mǎlù pángbiānr 짜이 마루 팡비얼

马路旁边儿 길 옆
mǎlù pángbiānr 마루 팡비얼

书店在马路旁边儿。 서점은 길 옆에 있다.
Shūdiàn zài mǎlù pángbiānr. 슈디엔 짜이 마루 팡비얼

55 闹钟 nàozhōng

闹钟 자명종
nàozhōng 나오쫑

一个闹钟 하명종 하나
yí ge nàozhōng 이거 나오쫑

有一个闹钟 자명종이 하나 있다
yǒu yí ge nàozhōng 여우 이거 나오쫑

上边有一个闹钟 위에는 자명종이 하나 있다
shàngbian yǒu yí ge nàozhōng 상비엔 여우 이거 나오쫑

桌子上边有一个闹钟。 책상 위에는 자명종이 하나 있다
Zhuōzi shàngbian yǒu yí ge nàozhōng. 쮸어즈 상비엔 여우 이거 나오쫑

56 鞋店 xiédiàn

鞋店 신발 가게
xiédiàn 시에띠엔

一家鞋店 신발 가게 하나
yì jiā xiédiàn 이 지아 시에띠엔

有一家鞋店
신발 가게가 하나 있다
yǒu yì jiā xiédiàn
여우 이 지아 시에띠엔

旁边儿有一家鞋店
옆에는 신발 가게가 하나 있다.
pángbianr yǒu yì jiā xiédiàn
팡비얼 여우 이 지아 시에띠엔

眼镜店旁边儿有一家鞋店。
안경점 옆에는 신발 가게가 하나 있다.
Yǎnjìngdiàn pángbianr yǒu yì jiā xiédiàn.
옌징띠엔 팡비얼 여우 이 지아 시에띠엔

57 时间 shíjiān

时间 시간
shíjiān 스지엔

休息时间 휴식 시간
xiūxi shíjiān 씨우시 스지엔

是休息时间 휴식 시간이다
shì xiūxi shíjiān 스 씨우시 스지엔

现在是休息时间。 지금은 휴식 시간이다.
Xiànzài shì xiūxi shíjiān. 씨엔짜이 스 씨우시 스지엔

58 聊天儿 liáotiānr

聊天儿
이야기하다
liáotiānr
리아오티얼

跟朋友们一起聊天儿
친구와 함께 이야기 한다
gēn péngyoumen yìqǐ liáotiānr
껀 펑여우먼 이치 리아오티얼

在跟朋友们一起聊天儿
친구와 함께 이야기하고 있다
zài gēn péngyoumen yìqǐ liáotiānr.
짜이 껀 펑여우먼 이치 리아오티얼

有的在跟朋友们一起聊天儿。
어떤 사람은 친구와 함께 이야기하고 있다.
Yǒu de zài gēn péngyoumen yìqǐ liáotiānr.
여우 더 짜이 껀 펑여우먼 이치 리아오티얼

59 花瓶 huāpíng

花瓶 화병
huāpíng 화핑

摆着花瓶 화병이 놓여 있다
bǎi zhe huāpíng 바이져 화핑

窗台上摆着花瓶。 창가에 화병이 놓여 있다.
Chuāngtái shàng bǎi zhe huāpíng. 츄앙타이 샹 바이져 화핑

60 咖啡 kāfēi

咖啡 커피
kāfēi 카페이

喝咖啡 커피를 마시다
hē kāfēi 허 카페이

一边喝咖啡
한편으로는 커피를 마신다
yìbiān hē kāfēi
이비엔 허 카페이

一边喝咖啡，一边做作业。
한편으로는 커피를 마시고 한편으로는 숙제를 한다.
Yìbiān hē kāfēi, yìbiān zuò zuòyè.
이비엔 허 카페이 이비엔 쭈어 쭈어예

61 忙 máng

忙 바쁘다
máng 망

很忙 (매우) 바쁘다
hěn máng 헌 망

都很忙 모두 매우 바쁘다
dōu hěn máng 떠우 헌 망

他们都很忙 그들은 모두 바쁘다
tāmen dōu hěn máng 타먼 떠우 헌 망

看起来他们都很忙。 그들은 모두 바빠 보인다.
Kànqǐlái tāmen dōu hěn máng. 칸치라이 타먼 떠우 헌 망

62 衣服 yīfu

衣服 옷
yīfu 이푸

一件衣服 옷 한 벌
yí jiàn yīfu 이 지엔 이푸

洗了一件衣服 옷을 한 벌 세탁했다
xǐ le yí jiàn yīfu 실 러 이 지엔 이푸

他洗了一件衣服。 그는 옷을 한벌 세탁했다.
Tā xǐ le yí jiàn yīfu. 타 실 러 이 지엔 이푸

63 餐厅 cāntīng

餐厅 식당
cāntīng 찬팅

去中国餐厅
중국 식당에 가다
qù Zhōngguó cāntīng
취 쯍구어 찬팅

中国餐厅 중국 식당
Zhōngguó cāntīng 쯍구어 찬팅

跟女朋友去中国餐厅了。
여자 친구와 중국 식당에 갔다.
Gēn nǚ péngyou qù Zhōngguó cāntīng le.
껀 뉘펑여우 취 쯍구어 찬팅 러

64 高 gāo

高 크다
gāo 까오

个子很高 키가 크다
gèzi hěn gāo 꺼즈 헌 까오

很高 (매우) 크다
hěn gāo 헌 까오

他个子很高。 그는 키가 크다
Tā gèzi hěn gāo. 타 꺼즈 헌 까오

65 胖了 pàng le

胖了 살쪘다
pàng le 팡 러

最近有点儿胖了
최근에 조금 살쪘다
zuìjìn yǒu diǎnr pàng le 쭈이진 여우디얼 팡 러

有点儿胖了 조금 살쪘다
yǒu diǎnr pàng le 여우디얼 팡 러

她最近有点儿胖了。
그녀는 최근에 조금 살쪘다.
Tā zuìjìn yǒu diǎnr pàng le. 타 쭈이진 여우디얼 팡 러

66 可爱 kě'ài

可爱 귀엽다
kě'ài 커아이

更可爱了
더 귀여워졌다
gèng kě'ài le 껑 커아이 러

可爱了 귀여워졌다
kě'ài le 커아이 러

看起来更可爱了。
더 귀여워져 보인다.(보기에 더 귀여워졌다)
Kànqǐlái gèng kě'ài le. 칸치라이 껑 커아이 러

67 念 niàn

念 읽다
niàn 니엔

会念 읽을 줄 안다
huì niàn 후이 니엔

不会念 읽을 줄 모른다
bú huì niàn 부후이 니엔

都不会念 모두 읽을 줄 모른다
dōu bú huì niàn 떠우 부후이 니엔

你们都不会念吗? 너희 모두 읽을 줄 모르니?
Nǐmen dōu bú huì niàn ma? 니먼 떠우 부후이 니엔 마

68 浪漫 làngmàn

浪漫 낭만(적이다)
làngmàn 랑만

觉得浪漫 낭만적이라고 생각된다
juéde làngmàn 쥐에더 랑만

我觉得浪漫
나는 낭만적이라고 생각한다
wǒ juéde làngmàn 워 쥐에더 랑만

因为我觉得浪漫。
왜냐하면 낭만적이라고 생각하기 때문이죠.
Yīnwèi wǒ juéde làngmàn. 인웨이 워 쥐에더 랑만

69 学习 xuéxí

学习 공부하다
xuéxí 쉐시

在图书馆学习 도서관에서 공부한다
zài túshūguǎn xuéxí 짜이 투슈관 쉐시

打算在图书馆学习。 도서관에서 공부할 생각이다.
Dǎsuan zài túshūguǎn xuéxí. 다쑤안 짜이 투슈관 쉐시

70 有意思 yǒu yìsi

有意思 재미있다
yǒu yìsi 여우 이쓰

很有意思 (매우)재미있다
hěn yǒu yìsi 헌 여우 이쓰

汉语很有意思
중국어는 매우 재미있다
Hànyǔ hěn yǒu yìsi
한위 헌 여우 이쓰

他觉得汉语很有意思。
그는 중국어가 재미있다고 생각한다.
Tā juéde Hànyǔ hěn yǒu yìsi.
타 쥐에더 한위 헌 여우 이쓰

71 浪漫 làngmàn

浪漫 낭만(적이다)
làngmàn 랑만

很浪漫 (매우) 낭만적이다
hěn làngmàn 헌 랑만

旅行很浪漫 여행은 낭만적이다
lǚxíng hěn làngmàn 뤼싱 헌 랑만

坐火车旅行很浪漫 기차 여행은 낭만적이다
zuò huǒchē lǚxíng hěn làngmàn 쭈어 훠처 뤼싱 헌 랑만

我觉得坐火车旅行很浪漫
나는 기차 여행은 낭만적이라고 생각한다

因为我觉得坐火车旅行很浪漫。
(왜냐하면) 나는 기차 여행이 낭만적이라고 생각하기 때문이다.

wǒ juéde zuò huǒchē lǚxíng hěn làngmàn
워 쥐에더 쭈어 훠처 뤼싱 헌 랑만

Yīnwèi wǒ juéde zuò huǒchē lǚxíng hěn làngmàn.
인웨이 워 쥐에더 쭈어 훠처 뤼싱 헌 랑만

72 运动 yùndòng

运动 운동
yùndòng 윈똥

什么运动 무슨 운동
shénme yùndòng 선머 윈똥

喜欢什么运动 무슨 운동을 좋아하다
xǐhuan shénme yùndòng 시환 선머 윈똥

最喜欢什么运动 무슨 운동을 가장 좋아하니
zuì xǐhuan shénme yùndòng 쭈이 시환 선머 윈똥

你最喜欢什么运动? 너는 무슨 운동을 가장 좋아하니?
Nǐ zuì xǐhuan shénme yùndòng? 니 쭈이 시환 선머 윈똥

73 打 dǎ

打 치다
dǎ 다

一起打 함께 치다
yìqǐ dǎ 이치 다

跟爱人一起打
부인(남편)과 함께 치다
gēn àirén yìqǐ dǎ 껀 아이런 이치 다

经常跟爱人一起打。
자주 부인(남편)과 함께 친다
Jīngcháng gēn àirén yìqǐ dǎ. 징창 껀 아이런 이치 다

74 音乐 yīnyuè

音乐 음악
yīnyuè 인위에

古典音乐 클래식음악
gǔdiǎn yīnyuè 구디엔 인위에

听古典音乐
클래식음악을 듣다
tīng gǔdiǎn yīnyuè 팅 구디엔 인위에

喜欢听古典音乐
클래식음악 듣는 것을 좋아한다
xǐhuan tīng gǔdiǎn yīnyuè 시환 팅 구디엔 인위에

特别喜欢听古典音乐
특히 클래식음악 듣는 것을 좋아한다
tèbié xǐhuan tīng gǔdiǎn yīnyuè
터비에 시환 팅 구디엔 인위에

他特别喜欢听古典音乐。
그는 특히 클래식음악 듣는 것을 좋아한다.
Tā tèbié xǐhuan tīng gǔdiǎn yīnyuè.
타 터비에 시환 팅 구디엔 인위에

75 喜欢 xǐhuan

喜欢 좋아한다
xǐhuan 시환

都喜欢 모두 좋아한다
dōu xǐhuan 떠우 시환

运动都喜欢
운동은 모두 좋아한다
yùndòng dōu xǐhuan 윈뚱 떠우 시환

什么运动都喜欢。
어떤 운동이나 다 좋아한다.
Shénme yùndòng dōu xǐhuan. 션머 윈뚱 떠우 시환

76 不太好 bú tài hǎo

不太好 그다지 잘하지 않다(좋지 않다)
bú tài hǎo 부타이 하오

唱得不太好 그다지 잘 부르지 못한다
chàng de bú tài hǎo 창더 부타이 하오

唱歌唱得不太好
노래를 그다지 잘 부르지 못한다
chànggē chàng de bú tài hǎo
창꺼 창더 부타이 하오

她唱歌唱得不太好。
그녀는 노래를 그다지 잘 부르지 못한다.
Tā chànggē chàng de bú tài hǎo.
타 창꺼 창더 부타이 하오

77 漂亮 piàoliang

漂亮 예쁘다
piàoliang 피아오량

越来越漂亮 점점더 예뻐진다
yuè lái yuè piàoliang 위에 라이 위에 피아오량

最近越来越漂亮
최근에 점점더 예뻐진다
zuìjìn yuèláiyuè piàoliang
쭈이진 위에 라이 위에 피아오량

刘玉最近越来越漂亮。
리우리는 최근에 점점더 예뻐진다.
LiúYù zuìjìn yuèláiyuè piàoliang.
리우위 쭈이진 위에 라이 위에 피아오량

78 一点儿 yì diǎnr

一点儿 조금
yì diǎnr 이디얼

胖一点儿 조금 뚱뚱하다
pàng yì diǎnr 팡 이디얼

比她胖一点儿
그녀보다 조금 뚱뚱하다
bǐ tā pàng yì diǎnr 비 타 팡 이디얼

我比她胖一点儿。
나는 그녀보다 약간 더 뚱뚱하다.
Wǒ bǐ tā pàng yì diǎnr. 워 비 타 팡 이디얼

79 长 cháng

长 길다
cháng 창

一样长 똑같이 길다
yíyàng cháng 이양 창

跟她一样长 그녀와 똑같이 길다
gēn tā yíyàng cháng 껀 타 이양 창

头发跟她一样长。 머리 길이가 그녀와 같다.
Tóufa gēn tā yíyàng cháng. 터우파 껀 타 이양 창

80 朋友 péngyou

朋友 친구
péngyou 펑여우

好朋友 좋은 친구
hǎo péngyou 하오 펑여우

是好朋友
좋은 친구이다
shì hǎo péngyou
스 하오 펑여우

我和夏夏是好朋友。
나와 씨아시아는 좋은 친구이다.
Wǒ hé Xiàxia shì hǎo péngyou.
워 허 씨아시아 스 하오 펑여우

81 幸福 xìngfú

幸福 행복
xìngfú 씽푸

全家幸福 온 가족이 행복하다
quánjiā xìngfú 취엔지아 씽푸

你们全家幸福
너희 온 가족이 행복하다
nǐmen quánjiā xìngfú 니먼 취엔지아 씽푸

祝你们全家幸福。
너희 온 가족이 행복 하기를.
zhù nǐmen quánjiā xìngfú. 쮸 니먼 취엔지아 씽푸

82 好了 hǎo le

好了 좋아졌다
hǎo le 하오 러

快好了 곧 좋아질 것이다
kuài hǎo le 콰이 하오 러

病快好了 병은 곧 좋아질 것이다
bìng kuài hǎo le 삥 콰이 하오 러

他的病快好了。 그의 병은 곧 좋아질 것이다.
Tā de bìng kuài hǎo le. 타더 삥 콰이 하오 러

83 书 shū

书 책
shū 슈

一本书 책 한 권
yì běn shū 이 번 슈

送你一本书 책 한 권을 선물하다
sòng nǐ yì běn shū 쏭 니 이 번 슈

我送你一本书。 나는 너에게 책 한 권을 줄게(선물할게).
Wǒ sòng nǐ yì běn shū. 워 쏭 니 이 번 슈

84 快乐 kuàilè

快乐 즐겁다
kuàilè 콰이러

新年快乐 새해가 즐겁다
xīnnián kuàilè 씬니엔 콰이러

大家新年快乐 모두 새해가 즐겁다
dàjiā xīnnián kuàilè 따지아 씬니엔 콰이러

祝大家新年快乐！ 모두 즐거운 새해 되길!
Zhù dàjiā xīnnián kuàilè! 쮸 따지아 씬니엔 콰이러

85 健康 jiànkāng

健康 건강하다
jiànkāng 지엔캉

身体健康 몸이 건강하다
shēntǐ jiànkāng 션티 지엔캉

你身体健康 네 몸이 건강하다
nǐ shēntǐ jiànkāng 니 션티 지엔캉

祝你身体健康！ 네 몸이 건강하길!
Zhù nǐ shēntǐ jiànkāng! 쮸 니 션티 지엔캉

86 笔 bǐ

笔 펜
bǐ 비

你的笔 너의 펜
nǐ de bǐ 니 더 비

借一下你的笔
너의 펜을 좀 빌리다
jiè yí xià nǐ de bǐ 찌에 이시아 니 더 비

可以借一下你的笔吗
너의 펜을 좀 빌려도 될까
kěyǐ jiè yí xià nǐ de bǐ ma 커이 찌에 이시아 니 더 비 마

我可以借一下你的笔吗? 내가 너의 펜을 좀 빌려도 될까?
Wǒ kěyǐ jiè yí xià nǐ de bǐ ma? 워 커이 찌에 이시아 니 더 비 마

왕초보를 위한
중 국 어 기 본 어 법

02

1 중국어의 기본 어순

▶ **주어 + 술어**

가장 간단한 표현으로 한국어와 어순이 같습니다.

<small>주어 　 술어</small>
我　　去。
Wǒ　　qù.
나는　　간다.

▶ **주어 + 술어 + 목적어**

중국어가 한국어와 가장 다른 점은 술어가 목적어 앞에 쓰이는 것입니다.

<small>주어 　 술어 　 　 목적어</small>
我　　去　　　学校。
Wǒ　　qù　　　xuéxiào.
나는　　간다　　　학교에

▶ **주어 + 부사어 + 술어**

부사어는 한국어에서 처럼 술어 앞에 쓰입니다.

<small>주어 　 　 부사어 　 　 술어</small>
我　　快　　　去。
Wǒ　　kuài　　　qù.
나는　　빨리　　　간다.

▶ **주어 + 부사어 + 술어 + 목적어**

부사어는 술어 앞에 목적어는 술어 뒤어 놓입니다.

<small>주어 　 　 부사어 　 술어 　 목적어</small>
你　　快来　　吃　　饭。
Nǐ　　kuài lái　　chī　　fàn.
너　　빨리 와서　　먹어　　밥

▶ **주어 + 부사어 + 술어 + 보어 + 목적어**

술어를 보충설명해 주는 보어는 술어 뒤에 놓입니다.

<small>주어 　 　 부사어 　 　 술어 　 　 보어 　 　 　 목적어</small>
我　　昨天　　看　　　完　　　书　　了。
Wǒ　　zuótiān　　kàn　　wán　　shū　　le
나는　　어제　　보았다　　다　　책을

※ 了는 문미에 쓰여 완료를 나타냅니다.

30

2 대명사

인칭 대명사

▶ 단수

我 나 wǒ	你 너 nǐ	他 그 tā
她 그녀 tā	它 그것 tā	

▶ 복수

我们 우리들 wǒmen	你们 너희들, 당신들 nǐmen
他们 그들 tāmen	她们 그녀들 tāmen
它们 그것들 tāmen	咱们 우리들 zánmen

大家 모두
dàjiā

※们은 사람을 지칭하는 명사나 대명사 뒤에 쓰여 복수를 나타냅니다.

同学们 학우들   人们 사람들   老师们 선생님들
tóngxuémen   rénmen   lǎoshīmen

※我们과 咱们의 차이점
咱们은 말하는 사람이나 듣는 사람 모두 포함하지만 我们은 듣는 사람을 포함하지 않을 수도 있습니다.

지시 대명사

▶ 단수

这 이 zhè	那 그/저 nà

▶ 복수

这些 이것들 zhè xiē	那些 그것들/저것들 nà xiē

※ 些는 확정적이지 않은 적은 수량을 나타냅니다.

의문 대명사

▶ **사람/사물**

哪 어느	什么 무슨/무엇	谁 누구
nǎ	shénme	shéi / shuí

▶ **장소**

哪儿 / 哪里 어디
nǎr   nǎli

▶ **시간**

什么时候 언제
shénme shíhou

▶ **상태**

怎么 어떻다
zěnme

▶ **원인, 이유**

为什么 왜
wèishénme

---

3 중국어의 문형

평서문

긍정	我是学生。 저는 학생입니다. Wǒ shì xuésheng.	这是书。 이것은 책입니다. Zhè shì shū.
부정	我不是学生。 저는 학생이 아닙니다. Wǒ bú shì xuésheng.	这不是书。 이것은 책이 아닙니다. Zhè bú shì shū.

의문문

▶ **吗 의문문**

평서문에 의문조사 吗를 붙여주면 의문문이 됩니다.

- 你是老师吗? 당신은 선생님입니까?
  Nǐ shì lǎoshī ma?

- 你喝咖啡吗? 당신은 커피를 마십니까?
  Nǐ hē kāfēi ma?

- 这是书吗? 이것은 책입니까?
  Zhè shì shū ma?

▶ **정반의문문**

「동사 + 不 + 동사」의 형태로 만들며 문장 끝에 吗를 붙이지 않습니다.

- 你是不是老师?
  Nǐ shì bu shì lǎoshī?
  당신은 선생님입니까(아닙니까)?

- 你喝不喝咖啡?
  Nǐ hē bu hē kāfēi?
  당신은 커피를 마십니까(마시지 않습니까)?

- 他姐姐漂不漂亮?
  Tā jiějie piào bu piàoliang?
  그의 누나는 예쁩니까(예쁘지 않습니까)?

▶ **선택의문문**

还是를 사용하여 둘 중 하나를 고르는 선택의문문을 만들 수 있습니다.

- 你是老师还是学生?
  Nǐ shì lǎoshī háishi xuésheng?
  당신은 선생님입니까 아니면 학생입니까?

- 你喝咖啡还是喝茶?
  Nǐ hē kāfēi háishi hē chá?
  당신은 커피를 마십니까 아니면 차를 마십니까?

- 你喝咖啡还是喝茶?
  Nǐ hē kāfēi háishi hē chá?
  당신은 커피를 마십니까 아니면 차를 마십니까?

▶ **의문사를 이용한 의문**

다음의 의문사를 사용하여 의문문을 만들 수 있습니다.

谁 누구　　　　什么 무엇 / 무슨　　　哪儿 어디
shéi / shuí　　shénme　　　　　nǎr

怎么 어떻게　　为什么 왜　　　　什么时候 언제
zěnme　　　　wèishénme　　　shénme shíhou

※ 의문사가 있는 의문문에는 문장 끝에 吗를 붙이지 않습니다.

- 他是谁? 그는 누구입니까?
  Tā shì shuí?

- 你喝什么? 당신은 무엇을 마십니까?
  Nǐ hē shénme?

- 她去哪儿? 그녀는 어디로 갑니까?
  Tā qù nǎr?

- 这个怎么样? 이것은 어떻습니까?
  Zhè ge zěnme yàng?

- 你为什么不吃? 당신은 왜 먹지 않습니까?
  Nǐ wèishénme bù chī?

- 什么时候上课? 언제 수업합니까?
  Shénme shíhou shàngkè?

▶ **생략형 의문문 呢**

'~는 어떤데, ~는? (어때)'하고 물어볼 때 「대명사(명사) + 呢」의 형식으로 사용합니다.

- 我喝咖啡, 你呢?
  Wǒ hē kāfēi, nǐ ne?
  나는 커피 마실 건데 너는(뭐 마실래)?

- 我很忙, 你呢?
  Wǒ hěn máng, nǐ ne?
  나는 아주 바쁜데 너는(어떠니)?

- 我不累。你呢?
  Wǒ bú lèi nǐ ne?
  나는 피고하지 않은데 너는(어떠니)?

앞에 어떤 설명이 없이 「명사 + 呢?」의 형태로만 쓰인 문장은 '~은 어디 있니?'라는 뜻입니다.

- 你的钱包呢? 네 지갑은? (네 지갑은 어디 있니?)
  Nǐ de qiánbāo ne?

- 他呢? 그는? (그는 어디에 있니?)
  Tā ne?

▶ 多를 이용한 의문문

「多 + 형용사」의 형태로 쓰면 '얼마나 ~합니까?'라는 뜻의 의문문이 됩니다.

- 多高? 얼마나 커요?
  Duō gāo?

- 多大? 얼마나 많아요?
  Duō dà?

- 多长? 얼마나 길어요?
  Duō cháng

- 多重? 얼마나 무거워요?
  Duō zhòng?

- 多远? 얼마나 멀어요?
  Duō yuǎn

- 多久? 얼마나 오래요?
  Duō jiǔ?

- 多少钱? 얼마예요?
  Duōshao qián?

명령문

▶ 吧

'~하자, ~해라'라는 권유, 명령의 뜻으로 문장 끝에 사용됩니다.

- 吃饭吧。 밥 먹자.
  Chī fàn ba.

- 进来吧。 들어와.
  Jìn lái ba.

- 上车吧。 차 타라.
  Shàngchē ba.

▶ 请

'~하세요, ~해 주세요'라는 뜻으로 문두에 사용됩니다.

- 请喝茶。 차 드세요.
  Qǐng hē chá.

- 请坐。 앉으세요.
  Qǐng zuò.

- 请吃。 드세요.
  Qǐng chī.

▶ (你) + 동사 + (목적어) 형태의 문형

- 吃饭! 밥 먹어!
  Chī fàn!

- 你说! 너 말해!
  Nǐ shuō!

- 给我! 나 줘!
  Gěi wǒ!

- 出去! 나 가!
  Chū qù!

▶ 不要 = 别 ～하지 마(세요)

'～하지 마(세요)' 라는 뜻으로 동사 앞에 쓰입니다.

- 你不要喝酒! = 你别喝酒! 술 마시지 마!
  Nǐ bú yào hē jiǔ! = Nǐ bié hē jiǔ!

- 不要乱说! = 别乱说! 함부로 말하지 마!
  Bú yào luànshuō! = Bié luànshuō!

- 不要吃宵夜! = 别吃宵夜! 야식 먹지 마!
  Bú yào chī xiāoyè! = Bié chī xiāoyè!

4 的의 쓰임

▶ 소유, 소속 (～의)

명사나 대명사가 的를 동반하여 다른 명사를 꾸며주는 경우 보통 '～의 ～'라고 해석하며, 소유나 소속을 나타냅니다.

- 这是你的书吗?
  Zhè shì nǐ de shū ma?
  이것은 너의 책이니?

- 我的手表。
  Wǒ de shǒubiǎo.
  나의 시계.

- 我家的狗
  Wǒ jiā de gǒu
  우리 집의 개.

인칭대명사가 친족 명칭이나 친구, 소속 집단이나 단체를 수식할 경우에는 '的'를 쓰지 않습니다.

- 我妈妈 우리 엄마
  wǒ māma

- 我朋友 내 친구
  wǒ péngyou

- 我们学校 우리 학교
  wǒmen xuéxiào

- 我们公司 우리 회사
  wǒmen gōngsī

▶ ~의 것

「명사 + 的」형태로 쓰일 때, 的 뒤에 명사가 생략된 경우 '~의 것'이라고 해석합니다.

- **这是谁的?** 이것은 누구의 것입니까?
  Zhè shì shuí de?

- **这是我朋友的。** 이것은 내 친구의 것입니다.
  Zhè shì wǒ péngyou de.

▶ ~한 것

「동사/형용사 + 的」형태로 쓰일 경우 '~한 것'으로 해석합니다.

- **大的** 큰 것
  dà de

- **好的** 좋은 것
  hǎo de

- **昨天买的** 어제 산 것
  zuótiān mǎi de

- **前天来的** 그제 온 것
  qiántiān lái de

▶ ~한 ~

동사나 형용사가 명사를 꾸며줄 때 的를 사용하며, '~한 명사'로 해석합니다.

형식 : 동사(형용사) + 的 + 명사

- **新买的衣服。** 새로 산 옷.
  Xīn mǎi de yīfu.

- **我喝的酒。** 내가 마신 술.
  Wǒ hē de jiǔ.

5 조동사

조동사는 동사의 뜻을 보충설명해 주는 성분이며 동사 앞에 놓입니다.

▶ 要

'~하려고 하다'는 뜻이며, 부정은 不想을 사용합니다.

- **你要喝咖啡吗?** 너 커피 마실래?
  Nǐ yào hē kāfēi ma?

- **我不想喝。** 나 마시고 싶지 않아.
  Wǒ bù xiǎng hē.

※不要는 금지를 나타내거나 말릴 때 사용합니다.

- **不要浪费时间。** 시간 낭비하지 마.
  Bú yào làngfèi shíjiān.

▶ 想

동사 앞에 쓰이며 '~하고 싶다'는 뜻입니다. 부정은 不想을 사용합니다.

- **我想去中国。**
  Wǒ xiǎng qù Zhōngguó.
  나는 중국에 가고 싶다.

- **我不想吃冰淇淋。**
  Wǒ bù xiǎng chī bīngqílín.
  나는 아이스크림 먹고 싶지 않다.

- **我想在家休息。** 집에서 쉬고 싶다.
  Wǒ xiǎng zài jiā xiūxi.

▶ 会

동사 앞에 쓰이며 '~할 수 있다'는 뜻입니다. 부정은 不会를 사용합니다

- 我会说汉语。 나는 중국어를 할 수 있다.
  Wǒ huì shuō Hànyǔ.

- 我不会喝酒。 술을 못 마십니다.
  Wǒ bú huì hē jiǔ.

- 我不会开车。 나는 운전할 줄 모른다.
  Wǒ bú huì kāichē.

▶ 能

능력, 조건이 되어 '할 수 있다'는 뜻이며, 부정은 不能을 사용합니다.

- 她能喝两瓶啤酒。
  Tā néng hē liǎng píng píjiǔ.
  그녀는 맥주 두 병을 마실 수 있다.

- 他能看中文报。
  Tā néng kàn Zhōngwén bào.
  그는 중국어 신문을 볼 수 있다.

▶ 可以

'~할 수 있다'의 뜻일 때, 부정은 不能을 사용하고, '~해도 된다'의 뜻일 때, 부정은 不可以 혹은 不行을 사용합니다.

- 你明天可以来吗? 너 내일 올 수 있니?
  Nǐ míngtiān kěyǐ lái ma?

- 这儿可以抽烟吗?
  Zhèr kěyǐ chōuyān ma?
  여기에서 담배 피워도 될까요?

- 我明天不能来。 나 내일 올 수 없어.
  Wǒ míngtiān bù néng lái.

- 不行!
  Bù xíng!
  안 됩니다.

6 양사

물건의 단위, 동작의 횟수를 세는 말을 양사라 하며, 크게 명량사와 동량사로 구분됩니다.

명량사

명사를 셀 때 '한 개, 두 장, 세 마리, 몇 권' 등 단위를 나타내는 말입니다.

> 형식 : 수사 + 명량사 + 명사

기본적인 명량사

- 一个人 한 사람
  yí ge rén

- 两本书 책 두 권
  liǎng běn shū

- 两位先生 두 분
  liǎng wèi xiānsheng

- 一只猫 고양이 한 마리
  yì zhī māo

- 一瓶**啤酒** 맥주 한 병
  yì píng píjiǔ

- 一杯**可乐** 콜라 한 잔
  yì bēi kělè

- 一支**笔** 연필 한 자루
  yì zhī bǐ

- 一张**纸** 종이 한 장
  yì zhāng zhǐ

- 一双**鞋** 신발 한 켤레
  yì shuāng xié

- 一对**夫妻** 부부 한 쌍
  yí duì fūqī

동량사

'~ 번/ ~ 차례' 등의 동작의 횟수를 나타냅니다.

형식 : 동사 + 수사 + 동량사

▶ 次

가장 많이 쓰이는 동량사입니다. 목적어가 인칭대명사인 경우 목적어 뒤에「수사 + 次」형태로 위치합니다.

- 我看了三次。
  Wǒ kàn le sān cì.
  나는 세 번 보았다.

- 我吃过两次烤鸭。
  Wǒ chī guo liǎng cì kǎoyā .
  나는 오리구이를 두 번 먹어본 적이 있다.

▶ 遍

보통 처음부터 끝까지 동작이 한 번 행해지는 경우 사용하는 동량사이며 책, 영화, 음악 등에 사용합니다.

- 这本小说我看了一遍。
  Zhè běn xiǎoshuō wǒ kàn le yí biàn.
  이 소설은 내가 한 번 보았다.

- 这部电影我看了两遍。
  Zhè bù diànyǐng wǒ kàn le liǎng biàn.
  이 영화는 내가 두 번 보았다.

7 시제

了 완료

문장 끝이나 동사 뒤에 쓰여 어떤 동작을 이미 완료했음을 나타냅니다.

형식 : 일반동사 + 了
부정 : 没(有) + 동사

※ 부정할 때에는 뒤에 了를 쓰지 않습니다.

- 我吃了。 나는 먹었다.
  Wǒ chī le.

- 我没有吃。 나는 먹지 않았다.
  Wǒ méiyǒu chī.

- 他来了。 그는 왔다.
  Tā lái le.

- 他没有来。 그는 오지 않았다.
  Tā méiyǒu lái.

- 我打了个电话。 나는 전화를 했다.
  Wǒ dǎ le ge diànhuà.

- 我没有打个电话。 나는 전화를 하지 않았다.
  Wǒ méiyǒu dǎ ge diànhuà.

过 경험

동사 뒤에서 '~을 한 적이 있음'을 나타냅니다.

형식 : 동사 + 过 + 목적어
부정 : 没 + 동사 + 过 + 목적어

※ 부정형은 不가 아닌 没를 씁니다.

- 我吃过北京烤鸭。
  Wǒ chī guo Běijīng kǎoyā.
  나는 북경오리구이를 먹은 적이 있다.

- 他没吃过北京烤鸭。
  Tā méi chī guo Běijīng kǎoyā.
  그는 북경오리구이를 먹은 적이 없다.

着 지속

동사, 형용사 뒤에 쓰여 어떤 움직임, 상태가 지속되고 있음을 나타냅니다.

- 窗户开着。 창문이 열려 있다.
  Chuānghu kāi zhe.

- 雨下着。 비가 내리고 있다.
  Yǔ xià zhe.

- 她穿着红色的裙子。 그녀는 빨간 치마를 입고 있다.
  Tā chuān zhe hóngsè de qúnzi.

진행 (正)在~(呢)

현재 '~을 하고 있는 중'이라는 진행을 나타냅니다.

그는 수업 중이다.

- 他正上课(呢)。
  Tā zhèng shàngkè (ne).

= 他在上课(呢)。
  Tā zài shàngkè (ne).

= 他正在上课(呢)。
  Tā zhèngzài shàngkè (ne).

= 他上课呢。
  Tā shàngkè ne.

8 了의 쓰임

완료

동사 뒤 혹은 문장 끝에 놓여 완료를 나타내며 '~했다'로 해석되는 경우가 많습니다. 보통은 문장 끝에 놓이지만 수량사를 지닌 목적어가 오는 경우는 동사 바로 뒤에 놓입니다.

- 我看报纸了。
  Wǒ kàn bàozhǐ le.
  는 신문을 보았다.

- 我在书店买了一本书。
  Wǒ zài shūdiàn mǎi le yì běn shū.
  나는 서점에서 책을 한 권 샀다.

- 我在书店买一本书了。（×）
  Wǒ zài shūdiàn mǎi yì běn shū le.

부정하려면 동사 앞에 没有를 쓰고 了는 쓰지 않습니다.

- 我没有看报纸。 나는 신문을 보지 않았다.
  Wǒ méiyou kàn bàozhǐ.

변화

「형용사 + 了」의 형태로 쓰여 형용사의 상태가 변화되었음을 나타내기도 하고, 「동사 + 了」의 형태로 쓰여 상황의 변화를 나타내기도 합니다. 또, 「快 + 了」의 형태로 쓰여 상황의 변화를 예고할 때 쓰이기도 합니다.

▶ **형용사 + 了 : 형용사의 상태변화**

- 你胖了。 너 살쪘다.
  Nǐ pàng le.

- 天气好了。 날씨가 좋아졌다.
  Tiānqì hǎo le.

▶ **동사 + 了 : 상황의 변화**

- 我会喝酒了。
  Wǒ huì hē jiǔ le.
  나는 술을 마실 수 있게 되었다.

- 他是我朋友了。
  Tā shì wǒ péngyou le.
  그는 내 친구가 되었다.

▶ **상황의 변화 예고**

- 快下雨了。 곧 비가 오겠다.
  Kuài xià yǔ le.

- 雨快停了。 비가 곧 그치겠다.
  Yǔ kuài tíng le.

지속 了~了

전부터 지금까지 ~을 계속하고 있음을 나타낸다.

- 他在东京住了一年了。
  Tā zài Dōngjīng zhù le yì nián le.
  그는 동경에서 1년째 살고 있다.

- 我学汉语学了一年了。
  Wǒ xué Hànyǔ xué le yì nián le.
  나는 중국어를 1년째 배우고 있다.

9 동사 형용사의 중첩

동사의 중첩

동작이 일어나는 시간이 짧거나, 가볍게 한번 시도해 보는 것을 나타냅니다.

▶ **1음절 동사의 중첩**

형식1 : 동사 + 동사
형식2 : 동사 + 一 +동사

- **听听** 좀 들어보다
  tīngting

- **说说** 좀 말해보다
  shuōshuo

- **听一听** 좀 들어보다
  tīng yi tīng

- **说一说** 좀 말해보다
  shuō yi shuō

▶ **2음절 동사의 중첩**

ABAB형태로 중첩합니다.

- **休息休息** 좀 쉬다
  xiūxi xiūxi

- **学习学习** 좀 공부하다
  xuéxi xuéxi

형용사의 중첩

정도가 심화되고 의미가 강조됩니다.

▶ **1음절 형용사의 중첩**

- **慢慢(儿)** 천천히
  mànmānr

- **好好(儿)** 열심히, 잘
  hǎohāor

▶ **2음절 형용사의 중첩**

AABB형태로 중첩합니다.

- **干干净净** 매우 깨끗하다
  gāngan jìngjìng

- **漂漂亮亮** 매우 예쁘다
  piàopiao liàngliàng

10 비교문

▶ **比**

> 형식 : 「A + 比 + B ~」 – 'A는 B보다 ~하다'
> 부정 : 「A + 不比 + B ~」 – 'A는 B보다 ~하지 않다'

- **他比我高。** 그는 나보다 크다.
  Tā bǐ wǒ gāo.

부정 **他不比我高。** 그는 나보다 크지 않다.
Tā bù bǐ wǒ gāo.

▶ **没有**

> 형식 : 「A + 没有 + B ~」 – 'A는 B만큼 ~하지 않다'

- **他没有我高。** 그는 나만큼 크지 않다.
  Tā méiyǒu wǒ gāo.

- **他没有我聪明。** 그는 나만큼 똑똑하지 않다.
  Tā méiyǒu wǒ cōngmíng.

▶ 和／跟 ~ 一样

형식 : 「A ＋ 和／跟 ＋ B ＋ 一样 ～」 -'A는 B와 똑같이 ～하다'
부정 : 「A ＋ 和／跟 ＋ B ＋ 不一样 ～」 -'A는 B와 똑같이 ～하지 않다'

● 他跟我一样高。
Tā gēn wǒ yíyàng gāo.
그는 나와 키가 같다.

부정 他跟我不一样高。
Tā gēn wǒ bù yíyàng gāo.
그는 나와 키가 같지 않다.

▶ 不如

형식 : 「A ＋ 不如 ＋ B ～」 -'A는 B만큼 ～하지 않다'

● 她的汉语不如我好。
Tā de Hànyǔ bù rú wǒ hǎo.
그녀의 중국어는 나만 못하다.

● 他不如我快。
Tā bù rú wǒ kuài.
그는 나만큼 빠르지 않다.

11 이중 목적어를 취하는 동사

'~에게 무엇을 하다'라는 표현은 '给我打电话'처럼 '~에게'라는 전치사를 써서 표현하는데 다음과 같은 일부 이중목적어를 취하는 동사인 경우에는 동사 뒤에 간접목적어(사람)와 직접목적어(사물)가 함께 놓입니다.

형식 : 「주어 ＋ 술어 ＋ 간접목적어(사람) ＋ 직접목적어(사물)」

● 给 gěi 주다

※ 동사로는 '주다', 전치사로는 '~에게'라는 뜻입니다.

● 送 sòng 선물하다, 주다

● 教 jiāo 가르치다

● 问 wèn 묻다

● 借 jiè 빌려주다(빌리다)

● 告诉 gàosu 알려주다

● 他送我礼物了。
Tā sòng wǒ lǐwù le.
그는 나에게 선물을 주었다.

● 他借了我一本书。
Tā jiè le wǒ yì běn shū.
그는 나에게 책 한 권을 빌렸다.

● 李老师教我汉语。
Lǐ lǎoshī jiāo wǒ Hànyǔ.
이 선생님이 나에게 중국어를 가르치신다.

● 我告诉你一个消息。
Wǒ gàosu nǐ yí ge xiāoxi.
내가 너에게 소식 하나 알려줄게.

12 보어

보어는 동사나 형용사 뒤에 쓰이는 또 다른 동사나 형용사를 말하며 동작, 상태를 보충설명해 줍니다.

정도보어

어떤 동작이 도달한 정도나 상태를 설명해 주는 보어입니다.

> 형식 : 「동사술어 + 구조조사 得 + 정도보어(형용사)」
> 형식 : 「동사술어 + 구조조사 得 + 不 정도보어(형용사)

- 他说得很快。
  Tā shuō de hěn kuài.
  그는 빨리 말한다.(말하는 정도가 빠릅니다)

- 他说得不快。
  Tā shuō de bú kuài.
  그는 빨리 말하지 않는다.(말하는 정도가 느립니다)

가능보어

동작이 어떠한 결과나 상황에 도달할 수 있는지 없는지 보충 설명해 주는 보어입니다.

> 형식 : 「술어(동사/형용사) + 得 + 결과보어」
> 부정 : 「술어(동사/형용사) + 不 + 결과보어」

- 老师说的我都听得懂。
  Lǎoshī shuō de wǒ dōu tīng de dǒng.
  선생님이 말하는 것을 나는 모두 알아들을 수 있어.

- 老师说的我都听不懂。
  Lǎoshī shuō de wǒ dōu tīng bu dǒng.
  선생님이 말하는 것을 나는 하나도 못 알아듣겠어.

결과보어

동작의 결과를 보충 설명해 주는 보어입니다.

> 형식 : 동사 + 결과보어 + 목적어
> 부정 : 没(有) + 동사 + 결과보어 + 목적어

- 听懂　　듣다 + 이해하다 → 들은 결과 이해하다

- 看见　　보다 + 보이다 → 본 결과 보이다

- 写好　　쓰다 + 완성하다 → 쓴 결과 다 쓰다

- 我看完了书。
  Wǒ kàn wán le shū.
  나는 책을 다 보았다.

- 我没看完书。
  Wǒ méi kàn wán shū.
  나는 숙제를 다 못했다.

방향보어

방향보어는 동사 뒤에 쓰여 동작의 방향을 나타냅니다.

> 동사 + 来／去(A)

※ 来는 동작의 방향이 화자 쪽으로 향함을 나타내고, 去는 동작의 방향이 화자 쪽에서 멀어짐을 나타냅니다. 이때 来나 去는 경성으로 읽습니다.

- 走来。 걸어오다.
  Zǒu lai.

- 走去。 걸어가다.
  Zǒu qu.

> 동사 + 上／下／进／出／回／过／起／开(B)

- 走下。 걸어 내려오다(가다).
  Zǒu xia.

- 走上。 걸어 올라가다(오다).
  Zǒu shang.

- 爬下。 (기어서)내려오다(가다).
  pá xia.

- 爬上。 (기어서)올라가다(오다).
  pá shang.

> 동사 + (A + B의 형태)

- 跑进来。 뛰어 들어오다.
  Pǎo jìn lai.

- 跑出去。 뛰어 나가다.
  Pǎo chū qu.

- 走进来。 (걸어)들어오다.
  Zǒu jìn lai.

- 走出去。 (걸어)들어가다.
  Zǒu chū qu.

13 把용법

把는 목적어를 술어 앞으로 도치시키는 역할을 합니다.

> 형식 : 주어 + 把 + 목적어 + 술어 + 기타성분
> 부정 : 不 / 没(有) + 把 + 목적어 + 술어 + 기타성분

|주의|

① 把 뒤에 올 수 있는 목적어는 말하는 사람이나 듣는 사람이 알고 있는 사물이나 대상이어야 하고 일반적인 사물/대상은 올 수 없습니다.

② 동사 술어 뒤에는 반드시 기타성분이 와야 합니다.

③ 불특정사물을 나타내는 명사에는 把를 쓸 수 없습니다.

- 把钱还给我吧。 돈 돌려주세요.
  Bǎ qián huán gěi wǒ ba.

- 把门关上吧。 문 닫으세요.
  Bǎ mén guān shang ba.

- 把窗户打开把。 문 좀 여세요.
  Bǎ chuānghu dǎkāi ba.

14 피동문

'~에게 ~을 당하다, ~에 의해 ~되다'라는 의미를 나타내는 문형입니다.

> 형식 : 수동자 + 被 + 주동자 + 동사
> 부정 : 수동자 + 没(有) + 被 + 주동자 + 동사

- 他打我。
  Tā dǎ wǒ.
  그가 나를 때린다.

- 我被他打了。
  Wǒ bèi tā dǎ le.
  나는 그에게 맞았다. (때림을 당했다) 피동문

- 我没被他打。
  Wǒ méi(yǒu) bèi tā dǎ.
  나는 그에게 맞지 않았다.(피동문 부정형)

- 我的钱包被扒手偷了。
  Wǒ de qiánbāo bèi páshǒu tōu le.
  나의 지갑을 소매치기에게 도둑맞았다.

※ 被 대신에 叫 jiào / 让 ràng / 给 gěi를 사용하기도 한다.

15 在 용법

전치사

'~에, ~에서'라는 뜻이며, 주로 '在 + 장소 + 동사' 형태로 쓰입니다.

- 我在中国学过汉语。
  Wǒ zài Zhōngguó xué guo Hànyǔ.
  나는 중국에서 중국어를 공부한 적이 있다.

- 你在哪儿吃饭?
  Nǐ zài nǎr chīfàn?
  너는 어디에서 밥을 먹니?

동사

동사는 '~에 있다'라는 뜻이며 '在 + 장소' 형태로 쓰입니다.

- 张老师在哪儿?
  Zhāng lǎoshī zài nǎr?
  장 선생님 어디 계시니?

- 明浩在教室里。
  Mínghào zài jiàoshì li.
  명호는 교실에 있어.

16 又~ 又~

'~하기도 하고, ~하기도 하다'라는 뜻으로 앞 뒤 구분 없이 몇 가지 동작이나 상황이 동시에 발생함을 나타냅니다.

- 工作又累又忙。
  Gōngzuò yòu lèi yòu máng.
  일이 피곤하기도 하고 바쁘기도 하다.

- 又聪明，又漂亮。
  Yòu cōngming, yòu piàoliang.
  똑똑하기도 하고, 예쁘기도 하다.

45

17 최상급

최상급

'가장, 제일'이라는 뜻으로 형용사/동사 앞에 쓰입니다.

- 最好
zuì hǎo
제일 좋다

- 最好喝
zuì hǎo hē
제일 맛있다(음료)

- 最好看
zuì hǎo kàn
제일 예쁘다

부정할 때에는 형용사/동사 앞에 부정부사 '不'를 씁니다.

- 最不好
zuì bù hǎo
제일 나쁘다

- 最不好喝
zuì bù hǎo hē
제일 맛없다(음료)

- 最不好看
zuì bù hǎo kàn
제일 안 예쁘다

18 好像

'(마치/아마) ~같다'라는 뜻으로 그다지 확정적이지 않은 추측이나 느낌을 나타냅니다. 주어 앞이나 뒤에 모두 놓일 수 있으며 '似的'와 호응하여 쓰이기도 합니다.

- 他好像不舒服(似的)。
Tā hǎoxiàng bù shūfu (shì de).
그는 아마도 (몸이) 불편한 것 같다.

- 她好像胖了。
Tā hǎoxiàng pàng le.
그녀는 살이 찐 것 같다.

19 방위사

방위를 나타내는 명사를 방위사라고 합니다. 다음은 가장 대표적인 방위사입니다.

- 东 동
dōng

西 서
xī

南 남
nán

北 북
běi

- 上 상
shàng

下 하
xià

左 좌
zuǒ

右 우
yòu

- 前 전
qián

后 후
hòu

里 안
lǐ

外 밖
wài

20 一下

동사 뒤에서 '한 번, 좀 ~해 보다'라는 뜻으로 쓰이며, 명령조의 어감을 부드럽게 해 주는 역할을 합니다.

- 看一下。 좀 봐봐.
Kàn yí xià.

- 写一下。 한 번(좀) 써봐.
Xiě yí xià.

46

21 几

'몇'이라는 뜻으로 주로 10이하의 숫자를 물을 때 사용하며, 10이상이 되면 '多少'를 씁니다.

- 这儿有几个苹果?
  Zhèr yǒu jǐ ge píngguǒ?
  여기에는 몇 개의 사과가 있습니까?

- 你们教室里有多少人?
  Nǐmen jiàoshì lǐ yǒu duōshao rén?
  교실에는 몇 사람이 있습니까?

22 太～了

'太 + 형용사 + 了'의 형태로 쓰이며 '너무/대단히 ～하다'라는 뜻입니다.

- 太大了。 너무 크다.
  Tài dà le.

- 太累了。 너무 피곤하다.
  Tài lèi le.

- 太好了。 너무/대단히 좋다.
  Tài hǎo le.

23 该～了

'～ 해야 한다 /～해야 할 시간이다'라는 뜻이며, 하기 싫어도 꼭 해야 하는 의미가 담겨있습니다.

- 爸爸该上班了。
  Bàba gāi shàngbān le.
  아빠는 출근해야 한다 / 아빠는 출근해야 할 시간이다.

- 你该起床了。
  Nǐ gāi qǐchuáng le.
  너 일어나야 해 / 너 일어나야 할 시간이야.

24 快～了

보통 형용사 '빠르다'라는 뜻으로 많이 쓰이지만 부사로 쓰여 시간적으로 가까워졌음을 나타내기도 합니다. 즉 머지않아 어떤 상황이 일어날 것임을 예고한다.

- 快春天了。
  Kuài chūntiān le.
  곧 봄이다.

- 他的病快好了。
  Tā de bìng kuài hǎo le.
  그의 병은 곧 좋아질 것이다.

25 是～的

이 구문은 일종의 판단문으로 '是'와 '的'의 사이에 쓰인 말이 강조됩니다. 특히, 사람 혹은 사물의 특성을 강조할 때 쓰입니 다.

- 天是蓝的。
  Tiān shì lán de.
  하늘은 파랗다.

- 他是学汉语的。
  Tā shì xué Hànyǔ de.
  그는 중국어를 배운다.

- 他是当老师的。
  Tā shì dāng lǎoshī de.
  그는 선생님이다.

- 这本书是新的。
  Zhè běn shū shì xīn de.
  이 책은 새 것이다.

26 到～来(去)

관용적으로 쓰는 표현입니다. '到这里来'는 '来这里'와 같고 '到那里去'는 '去那里'와 같은 표현이며, 연동문 형식에 많이 쓰입니다.

- 小王到教室来上课。
  Xiǎo Wáng dào jiàoshì lái shàngkè.
  샤오 왕은 수업 받으러 교실에 왔다.

- 明浩到公司去上班。
  Mínghào dào gōngsī qù shàngbān.
  명호는 회사로 출근했다.

- 小李和小兰到电影院去看电影。
  Xiǎo Lǐ hé xiǎo Lán dào diànyǐngyuàn qù kàn diànyǐng.
  샤오 리와 샤오 란은 영화 보러 극장에 갔다.

27 刚才와 刚의 비교

'刚才'(명사)와 '刚'(부사)은 '방금'이라는 뜻으로 뜻은 같으나 품사가 달라 쓰임과 용법이 다릅니다.

'刚才'와'刚'의 용법상의 차이점

1. '刚'을 사용한 문장은 동사 뒤에 시간을 나타내는 단어를 쓸 수 있고 '就'와 호응할 수 있으나 '刚才'는 안 됩니다.

- 我刚(×刚才)来一会儿。
  Wǒ gāng lái yíhuìr.
  나 방금 왔어.

- 你刚(×刚才)回去，他就来了。
  Nǐ gāng huíqu, tā jiù lái le.
  네가 돌아가자마자 그가 왔어.

2. '刚才' 뒤에는 부정사를 쓸 수 있으나, '刚'은 쓸 수 없습니다.

- 你为什么刚才(×刚)不说，现在说?
  Nǐ wèishénme gāngcái bùshuō, xiànzài shuō?
  너 왜 방금 전에 얘기하지 않고 지금 말하니?

- 刚才(×刚)广播没说火车几点到。
  Gāngcái guǎngbō méi shuō huǒchē jǐ diǎn dào.
  방금 전에 방송에서 기차가 몇 시에 도착하는지 얘기하지 않았어.

28 동사 着

동사 뒤에 쓰여 가능이나 필요의 뜻을 나타냅니다.
'동사 + 得 + 着'의 형태로 사용되며, 부정형은 '동사 + 不 + 着'의 형태로 불가능과 불필요를 나타냅니다.

- **用得着** 필요하다
  yòng de zháo

- **用不着** 필요없다
  yòng bù zháo

- **睡得着** 잠들 수 있다
  shuì de zháo

- **睡不着** 잠들 수 없다
  shuì bù zháo

29 전치사 除了~ (以外)

'~는 제외하고' 혹은 '~을 제외하면'이라는 뜻입니다. 흔히 '以外'와 함께 쓰이는데 '以外'는 생략이 가능합니다.

- **除了大民(以外), 我最喜欢你。**
  Chúle Dàmín (yǐwài), wǒ zuì xǐhuan nǐ.
  대민이를 제외하면, 나는 너를 제일 좋아해.

- **除了去过北京(以外), 我还去过上海。**
  Chúle qù guo Běijīng (yǐwài), wǒ hái qù guo Shànghǎi.
  베이징에 가 본 것 이외에, 나는 상하이도 가 봤다.

30 给

전치사와 동사로 쓰이는데 전치사 '给'는 '~에게, ~에 대하여'라는 뜻이고, 동사 '给'는 '~에게 ~을 주다'라는 의미입니다.

- **给我钱。**
  Gěi wǒ qián.
  저에게 돈을 주세요.(동사)

- **给他打个电话吧。**
  Gěi tā dǎ ge diànhuà ba.
  그에게 전화 한 통 해 보세요.(전치사)

31 连~也

'~조차도', '~까지도'의 뜻으로 강조 용법으로 사용됩니다.

- **连他的名字也不知道。**
  Lián tā de míngzi yě bù zhīdao.
  그의 이름조차도 모릅니다.

- **连听也没听说过。**
  Lián tīng yě méi tīngshuō guo.
  들어보지도 못했습니다.

- **连一句也没说就走了。**
  Lián yí jù yě méi shuō jiù zǒu le.
  한 마디 말도 없이 떠났습니다.

32 吧 의 용법

문장 끝에 쓰여 제안, 권유, 명령, 독촉의 의미를 나타냅니다.

- **快走吧。**
  Kuài zǒu ba.
  빨리 갑시다.

- **咱们明天去吧。**
  Zánmen míngtiān qù ba.
  우리 내일 가자.

49

문장 끝에 쓰여 추측을 나타내기도 합니다.

- **你是韩国人吧?** 한국인이시죠?
  Nǐ shì Hánguórén ba?

33 동사 有

부정형은 '没 / 没有'이고, 의문형은 '有吗 / 有没有'이며, 소유·존재 두 가지 용법이 있습니다.

소유의 용법

'가지다, 있다'라는 의미로 일반적으로 주어가 있습니다.

- **我有一个哥哥。**
  Wǒ yǒu yí ge gēge.
  나는 형/오빠가 한 명 있다.

- **他有一瓶茅台酒。**
  Tā yǒu yì píng Máotáijiǔ.
  그는 마오타이주 한 병을 가지고 있다.

존재의 용법

'존재하고 있음'을 나타내며 존재의 주체는 대부분 '有' 뒤에 옵니다.

- **那儿有两只麻雀。**
  Nàr yǒu liǎng zhī máquè.
  거기에는 참새 두 마리가 있다.

- **这儿有两个杯子。**
  Zhèr yǒu liǎng ge bēizi.
  여기에는 컵이 두 개 있다.

34 구조조사 '的, 地, 得' 비교

셋 다 발음은 de로 같은데 '的'는 명사 앞에서 명사를 수식하는 관형어를 구성하고, '地'는 동사 앞에서 동사를 수식하는 부사어를 구성하며, '得'는 동사 뒤에서 동사를 보충 설명하는 보어를 구성합니다.

- **好吃的中国菜。**
  Hǎo chī de Zhōngguó cài.
  맛있는 중국 음식.

- **不停地说话。**
  Bù tíng de shuōhuà.
  멈추지 않고 말한다.

- **漂亮得很。**
  Piàoliang de hěn.
  아주 예쁘다.

35 再 / 又 다시 / 또

같은 동작이나 상황이 반복될 때 부사 再와 又를 동사 앞에 붙여 표현합니다. 둘다 같은 일이 반복되었을 때 사용하지만 그 쓰임에는 차이가 있습니다. 再는 미래에 반복될 동작에 사용하고 又는 이미 반복된 동작에 사용합니다.

- **明天再看一遍。**
  Míngtiān zài kàn yí biàn.
  내일 다시 한번 봅시다.

- **他今天又来了。**
  Tā jīntiān yòu lái le.
  그는 오늘 또 왔다.

1 형용사 술어문(긍정)

- 나는 배가 고픕니다.
  我很饿。
  Wǒ hěn è. 워 헌 어

- 나는 기쁩니다.
  我很高兴。
  Wǒ hěn gāoxìng. 워 헌 까오씽

- 나는 피곤합니다.
  我很累。
  Wǒ hěn lèi. 워 헌 레이

- 이 단어는 어렵습니다.
  这个词很难。
  Zhè ge cí hěn nán. 쩌거 츠 헌 난

2 동사 술어문(긍정)

- 나는 학교에 갑니다.
  我去学校。
  Wǒ qù xuéxiào. 워 취 쉐시아오

- 나는 전화를 겁니다.
  我打电话。
  Wǒ dǎ diànhuà. 워 다 띠엔화

- 나는 과일을 먹습니다.
  我吃水果。
  Wǒ chī shuǐguǒ. 워 츠 쉐이구어

- 나는 음악을 듣습니다.
  我听音乐。
  Wǒ tīng yīnyuè. 워 팅 인위에

3 是 ~이다

- 이것은 책이다.
  这是书。
  Zhè shì shū. 쩌 스 슈

- 저것은 내 안경이다.
  那是我的眼镜。
  Nà shì wǒ de yǎnjìng. 나 스 워 더 옌징

- 나는 한국인이다.
  我是韩国人。
  Wǒ shì Hánguórén. 워 스 한구어런

- 그녀는 나의 여자 친구이다.
  她是我的女朋友。
  Tā shì wǒ de nǚpéngyou. 타 스 워 더 뉘펑여우

- 이쪽은 우리 아버지이다.
  这是我爸爸。
  Zhè shì wǒ bàba. 쩌 스 워 빠바

- 이것은 중국어 책이다.
  这是汉语书。
  Zhè shì Hànyǔshū. 쩌 스 한위슈

- 그녀는 우리 누나이다.
  她是我姐姐。
  Tā shì wǒ jiějie. 타 스 워 제제

- 우리는 모두 학생이다.
  我们都是学生。
  Wǒmen dōu shì xuésheng. 워먼 떠우스 쉐성

4 有 ~이 있다

- 나는 중국인 친구가 있다.
  我有中国朋友。
  Wǒ yǒu Zhōngguó péngyou. 워 여우 쭝구어 펑여우

- 나는 여자 친구가 있다.
  我有女朋友。
  Wǒ yǒu nǚpéngyou. 워 여우 뉘펑여우

- 나는 남동생이 한 명 있다.
  我有一个弟弟。
  Wǒ yǒu yí ge dìdi. 워 여우 이거 띠디

- 나는 시간이 있다.
  我有时间。
  Wǒ yǒu shíjiān. 워 여우 스지엔

- 여기에 중국어 책이 있다.
  这儿有汉语书。
  Zhèr yǒu Hànyǔshū. 쩔 여우 한위슈

- 저기에 서점이 있다.
  那儿有书店。
  Nàr yǒu shūdiàn. 날 여우 슈디엔

- 여기에 백화점이 있다.
  这儿有百货大楼。
  Zhèr yǒu bǎihuòdàlóu. 쩔 여우 바이후어따러우

- 저기에 화장실이 있다.
  那儿有洗手间。
  Nàr yǒu xǐshǒujiān. 날 여우 시셔우지엔

5 형용사 술어문(부정)

- 나는 배가 고프지 않습니다.
  我不饿。
  Wǒ bú è. 워 부 어

- 나는 피곤하지 않습니다.
  我不累。
  Wǒ bú lèi. 워 부 레이

- 나는 기쁘지 않습니다.
  我不高兴。
  Wǒ bù gāoxìng. 워 뿌 까오씽

- 이 단어는 어렵지 않습니다.
  这个词不难。
  Zhè ge cí bù nán. 쩌거 츠 뿌 난

6 동사 술어문(부정)

- 나는 학교에 가지 않습니다.
  我不去学校。
  Wǒ bú qù xuéxiào. 워 부 취 쉐시아오

- 나는 과일을 먹지 않습니다.
  我不吃水果。
  Wǒ bù chī shuǐguǒ. 워 뿌 츠 쉐이구어

- 나는 전화를 걸지 않습니다.
  我不打电话。
  Wǒ bù dǎ diànhuà. 워 뿌 다 띠엔화

- 나는 음악을 듣지 않습니다.
  我不听音乐。
  Wǒ bù tīng yīnyuè. 워 뿌 팅 인위에

7 不是 ~이 아니다

- 이것은 책이 아니다.
  这不是书。
  Zhè bú shì shū. 쩌 부스 슈

- 저것은 내 안경이 아니다.
  那不是我的眼镜。
  Nà bú shì wǒ de yǎnjìng. 나 부스 워더 옌징

- 나는 한국인이 아니다.
  我不是韩国人。
  Wǒ bú shì Hánguórén. 워 부스 한구어런

- 그녀는 나의 여자 친구가 아니다.
  她不是我的女朋友。
  Tā bú shì wǒ de nǚpéngyou. 타 부스 워더 뉘펑여우

- 이 분은 우리 아버지가 아니다.
  这不是我爸爸。
  Zhè bú shì wǒ bàba. 쩌 부스 워 빠바

- 이것은 중국어 책이 아니다.
  这不是汉语书。
  Zhè bú shì Hànyǔshū. 쩌 부스 한위슈

- 그녀는 우리 누나가 아니다.
  她不是我姐姐。
  Tā bú shì wǒ jiějie. 타 부스 워 제제

- 우리는 모두 학생이 아니다.
  我们都不是学生。
  Wǒmen dōu bú shì xuésheng. 워먼 떠우 부스 쉐셩

8 没有 ~이 없다

- 나는 중국인 친구가 없다.
  我没有中国朋友。
  Wǒ méiyǒu Zhōngguó péngyou. 워 메이여우 쭝구어펑여우

- 나는 남동생이 없다.
  我没有弟弟。
  Wǒ méiyǒu dìdi. 워 메이여우 띠디

- 여기에 중국어 책이 없다.
  这儿没有汉语书。
  Zhè méiyǒu Hànyǔshū. 쩔 메이여우 한위슈

- 저기에 백화점이 없다.
  这儿没有百货大楼。
  Zhèr méiyǒu bǎihuòdàlóu. 쩔 메이여우 바이후어따러우

- 나는 여자 친구가 없다.
  我没有女朋友。
  Wǒ méiyǒu nǚpéngyou. 워 메이여우 뉘펑여우

- 나는 시간이 없다.
  我没有时间。
  Wǒ méiyǒu shíjiān. 워 메이여우 스지엔

- 저기에 서점이 없다.
  那儿没有书店。
  Nàr méiyǒu shūdiàn. 날 메이여우 슈디엔

- 저기에 화장실이 없다.
  那儿没有洗手间。
  Nàr méiyǒu xǐshǒujiān. 날 메이여우 시셔우지엔

9 ～是 ～吗? ～입니까?

- 이것은 당신의 책입니까?
  这是你的书吗?
  Zhè shì nǐ de shū ma? 쩌 스 니더 슈 마

- 당신은 이 회사 직원입니까?
  您是这公司的职员吗?
  Nín shì zhè gōngsī de zhíyuán ma?
  닌 스 쩌 꽁스더 즈위엔 마

- 이 사전은 당신의 것입니까?
  这本词典是你的吗?
  Zhè běn cídiǎn shì nǐ de ma? 쩌 번 츠디엔 스 니더 마

- 그녀는 당신의 누나(언니)입니까?
  她是你姐姐吗?
  Tā shì nǐ jiějie ma? 타 스 니 제제 마

- 저기가 도서관입니까?
  那儿是图书馆吗?
  Nàr shì túshūguǎn ma?
  날 스 투슈관 마

10 ～吗? ～합니까?

- 집에 갑니까?
  你回家吗?
  Nǐ huí jiā ma? 니 훼이지아 마

- 담배 피웁니까?
  你抽烟吗?
  Nǐ chōu yān ma? 니 쳐우옌 마

- 일이 바쁜가요?
  你工作忙吗?
  Nǐ gōngzuò máng ma? 니 꽁주어 망 마

- 피곤하십니까?
  你累吗?
  Nǐ lèi ma? 니 레이 마

11 ～有 ～吗? ～가 있습니까?

- 언니가 있습니까?
  你有姐姐吗?
  Nǐ yǒu jiějie ma? 니 여우 제제 마

- 시간 있습니까?
  你有时间吗?
  Nǐ yǒu shíjiān ma? 니 여우 스지엔 마

- MP3가 있습니까?
  你有MP3吗?
  Nǐ yǒu MP sān ma? 니 여우 엠피싼 마

- 이 근처에 지하철역이 있습니까?
  这附近有地铁站吗?
  Zhè fùjìn yǒu dìtiězhàn ma? 쩌 푸진 여우 띠티에짠 마

55

12 ~不~ ~입니까, 아닙니까?

- 그는 당신의 남동생입니까?
  他是不是你弟弟?
  Tā shì bu shì nǐ dìdi? 타 스부스 니 띠디

- 경극을 봅니까?
  你看不看京剧?
  Nǐ kàn bu kàn jīngjù?
  니 칸부칸 찡쥐

- 그의 누나는 예쁘니?
  他姐姐漂不漂亮?
  Tā jiějie piào bù piàoliang? 타 제제 피아오 부 피아오량

- 백화점에 갑니까?
  你去不去百货商店?
  Nǐ qù bu qù bǎihuò shāngdiàn?
  니 취부취 바이후어 상띠엔

13 의문사 什么 무엇 / 무슨?

- 이것은 무엇입니까?
  这是什么?
  Zhè shì shénme? 저 스 션머

- 띠가 무엇입니까?
  你属什么?
  Nǐ shǔ shénme? 니 슈 션머

- 이름이 무엇입니까?
  你叫什么名字?
  Nǐ jiào shénme míngzi? 니 지아오 션머 밍즈

- 무엇을 사십니까?
  你买什么?
  Nǐ mǎi shénme? 니 마이 션머

14 의문사 哪儿 어디

- 어디에서 일하세요?
  你在哪儿工作?
  Nǐ zài nǎr gōngzuò? 니 짜이 날 꽁쭈어

- 어디서 차를 타죠?
  在哪儿上车?
  Zài nǎr shàng chē?
  짜이 날 상 처

- 집이 어디예요?
  你家在哪儿?
  Nǐ jiā zài nǎr? 니 지아 짜이 날

- 백화점에 가려면 어디서 갈아타죠?
  去百货大楼在哪儿换车?
  Qù bǎihuò dàlóu zài nǎr huàn chē?
  취 바이후어 따러우 짜이 날 환 처

15 의문사 几 몇

- 몇 살이니?
  你几岁?
  Nǐ jǐ suì? 니 지 쑤이

- 여동생이 몇 명이에요?
  你有几个妹妹?
  Nǐ yǒu jǐ ge mèimei? 니 여우 지거 메이메이

- 몇 분이세요?
  你们几位?
  Nǐmen jǐ wèi? 니먼 지 웨이

- 가족이 몇 명이에요?
  你家有几口人?
  Nǐ jiā yǒu jǐ kǒu rén? 니 지아 여우 지커우런

16 多를 이용한 이문문

- 올해(나이가) 몇이십니까?

  你今年多大?

  Nǐ jīnnián duō dà? 니 진니엔 뚜어따

- 당신 집은 여기서 얼마나 멉니까?

  你家离这儿多远?

  Nǐ jiā lí zhèr duō yuǎn?

  니 지아 리 쩔 뚜어위엔

- 키가 몇입니까?

  他有多高?

  Tā yǒu duō gāo? 타 여우 뚜어까오

- 여기서 일한 지 얼마나 되셨습니까?

  你在这儿工作多久了?

  Nǐ zài zhèr gōngzuò duō jiǔ le?

  니 짜이 쩔 꽁쭈어 뚜어지우 러

17 多少 얼마 / 몇

- 전화번호가 몇 번입니까?

  你的电话号码是多少?

  Nǐ de diànhuà hàomǎ shì duōshao?

  니 더 띠엔화 하오마 스 뚜어샤오

- 얼마나 필요하십니까?

  你要多少?

  Nǐ yào duōshao? 니 야오 뚜어샤오

- 책이 몇 권 있으십니까?

  你有多少本书?

  Nǐ yǒu duōshao běn shū?

  니 여우 뚜어샤오 번 슈

- 얼마예요?

  多少钱?

  Duōshao qián? 뚜어샤오치엔

18 为什么 왜? / 어째서?

- 그는 왜 안 옵니까?

  他为什么不来?

  Tā wèishénme bù lái?

  타 웨이션머 뿌 라이

- 왜 자전거를 타고 갑니까?

  为什么骑车去?

  Wèishénme qí chē qù?

  웨이션머 치 쳐 취

- 당신은 왜 이렇게 말합니까?

  你为什么这样说?

  Nǐ wèishénme zhèyàng shuō?

  니 웨이션머 쩌양 슈어

- 왜 늦었습니까?

  你为什么来晚了?

  Nǐ wèishénme lái wǎn le?

  니 웨이션머 라이 완 러

19 ~还是~ ~아니면 ~

- 내일 갑니까 아니면 모레 갑니까?
  你明天去还是后天去?
  Nǐ míngtiān qù háishi hòutiān qù?
  니 밍티엔 취 하이스 허우티엔 취

- 커트하실 겁니까, 파마하실 겁니까?
  你剪发还是烫发?
  Nǐ jiǎn fà háishi tàng fà?
  니 지엔파 하이스 탕파

- 이것을 드릴까요, 저것을 드릴까요?
  你要这个还是那个?
  Nǐ yào zhè ge háishi nà ge? 니 야오 쩌거 하이스 나거

- 이것은 당신 것입니까, 그의 것입니까?
  这是你的还是他的?
  Zhè shì nǐ de háishi tā de? 쩌스 니더 하이스 타더

20 명령 표현 ~해라

- 밥 먹어!
  吃饭!
  Chī fàn! 츠판

- 나 줘!
  给我!
  Gěi wǒ! 게이 워

- 너 말해!
  你说!
  Nǐ shuō! 니 슈어

- 나가!
  出去!
  Chū qù! 추취

21 금지 표현 ~하지 마라

- 큰소리로 말하지 마십시오.
  不要大声说话。
  Bú yào dàshēng shuōhuà. 부야오 따성 슈어화

- 잊지 마십시오.
  不要忘记。
  Bú yào wàngjì. 부야오 왕지

- 텔레비전 보지 마십시오.
  不要看电视。
  Bú yào kàn diànshì. 부야오 칸 띠엔

- 늦지 마십시오.
  不要迟到。
  Bú yào chídào. 부야오 츠따오

22 인사

- 안녕!
  你好!
  Nǐ hǎo! 니 하오

- 안녕하세요!
  你们好!
  Nǐmen hǎo! 니먼 하오

- 여러분 안녕하세요!
  大家好!
  Dàjiā hǎo! 따지아 하오

- 잘 지내니?
  你好吗?
  Nǐ hǎo ma? 니 하오 마

- 부모님은 안녕하시니?
  你父母亲好吗?
  Nǐ fùmǔqīn hǎo ma? 니 푸무친 하오마

- 좋은 아침!
  你早!
  Nǐ zǎo! 니 자오

- 좋은 아침입니다!
  早上好!
  Zǎoshang hǎo! 자오상 하오

- 좋은 저녁 되세요!
  晚上好!
  Wǎnshang hǎo! 완상 하오

23 처음 만났을 때

- 처음 뵙겠습니다.
  初次见面。
  Chūcì jiànmiàn. 추츠 지엔미엔

- 만나게 돼서 기뻐요.
  见到你, 很高兴。
  Jiàndào nǐ, hěn gāoxìng. 지엔따오 니 헌 까오씽

- 알게 돼서 기뻐요.
  认识你, 很高兴。
  Rènshi nǐ, hěn gāoxìng. 런스 니 헌 까오씽

- 잘 부탁드립니다.
  请多多关照。
  Qǐng duōduō guānzhào. 칭 뚜어뚜어 꽌짜오

24 헤어질 때

- 잘 가.
  再见。
  Zàijiàn. 짜이지엔

- 내일 봐.
  明天见。
  Míngtiān jiàn. 밍티엔 지엔

- 이따 봐.
  一会儿见。
  Yíhuìr jiàn. 이훨 지엔

- 다음주에 봐!
  下星期见!
  Xià xīngqī jiàn! 씨아 씽치 지엔

- 다음에 만나요.
  下次见。
  Xià cì jiàn. 씨아츠 지엔

- 몸 조심 하세요.
  请多多保重。
  Qǐng duōduō bǎozhòng. 칭 뚜어뚜어 바오쫑

- 이만 가볼게요.
  我该走了。
  Wǒ gāi zǒu le. 워 까이 저우 러

- 살펴가세요.
  慢走。
  Màn zǒu. 만 저우

- 잘 가세요.
  走好。
  Zǒu hǎo. 저우 하오

- 나오지 마세요.
  别送。
  Bié sòng. 비에 쏭

- 나오지 마세요.
  请留步。
  Qǐng liúbù. 칭 리우뿌

25 사과 표현

- 미안해요.
  对不起。
  Duìbuqǐ. 뚜이부치

- 괜찮아요.
  没关系。
  Méi guānxi. 메이꾸안시

- 죄송합니다.
  抱歉。
  Bàoqiàn. 빠오치엔

- 정말 미안해요.
  真不好意思。
  Zhēn bùhǎoyìsi. 쩐 뿌하오 이쓰

- 용서해 주세요.
  请原谅。
  Qǐng yuánliàng. 칭 위엔량

- 괜찮아요.
  没事儿。
  Méi shìr. 메이셜

- 미안해요, 제가 고의로 그랬던 것은 아닙니다.
  对不起，我不是故意的。
  Duìbuqǐ,　　wǒ bú shì gùyì de. 뚜이부치 워 부스 꾸이 더

26 감사 표현

- 감사합니다.
  谢谢。
  Xièxie. 씨에시에

- 천만에요.
  不谢。
  Bú xiè. 부씨에

- 대단히 감사합니다.
  非常感谢。
  Fēicháng gǎnxiè. 페이창 간씨에

- 별거 아니에요.
  没什么。
  Méi shénme. 메이션머

- 폐를 끼쳤습니다.
  给您添麻烦了。
  Gěi nín tiān máfan le. 게이 닌 티엔 마판 러

- 천만에요.
  不客气。
  Bú kèqi. 부커치

- 고마워할 필요 없어요.
  不用谢。
  Búyòng xiè. 부용 씨에

27 물어보기

- 좀 여쭤 보겠습니다.
  请问一下。
  Qǐngwèn yíxià. 칭원 이시아

- 실례지만, 지금 몇 시나 됐나요?
  请问，现在几点了?
  Qǐngwèn, xiànzài jǐ diǎn le? 칭원 씨엔짜이 지 디엔 러

- 화장실은 어디입니까?
  请问，洗手间在哪儿?
  Qǐngwèn, xǐshǒujiān zài nǎr?
  칭원 시셔우지엔 짜이 날

- 말씀 좀 물을게요, 기차역은 어떻게 가나요?
  请问，火车站怎么走?
  Qǐngwèn, huǒchēzhàn zěnme zǒu?
  칭원 훠쳐짠 전머 저우

28 칭찬하기

- 정말 굉장하다.
  真了不起。
  Zhēn liǎobuqǐ. 쩐 리아오부치

- 과찬이십니다.
  过奖，过奖。
  Guòjiǎng, guòjiǎng. 꾸어지앙 꾸어지앙

- 과찬이십니다.
  您过奖了。
  Nín guòjiǎng le. 닌 꾸어지앙 러

- 너무 과찬을 하시네요.
  您太夸奖了。
  Nín tài kuājiǎng le. 닌 타이 콰지앙 러

- 아직 멀었어요.
  还差得远呢。
  Hái chà de yuǎn ne. 하이 챠 더 위엔 너

- 별말씀을요.
  哪儿啊。
  Nǎr a. 날 아

- 천만에요.
  哪儿的话。
  Nǎr de huà. 날더 화

- 천만에요.
  哪里，哪里。
  Nǎli, nǎli. 나리 나리

29 새해 인사

- 새해 복 많이 받으세요!
  新年好!
  Xīnnián hǎo! 씬니엔 하오

- 새해 복 많이 받으세요!
  新年快乐!
  Xīnnián kuàilè! 씬니엔 콰이러

- 새해 복 많이 받으세요!
  过年好!
  Guònián hǎo! 꾸어니엔 하오

- 모든 일이 뜻대로 이루어지길 빌어요!
  万事如意!
  Wàn shì rú yì! 완 스 루 이

- 소원 성취하세요!
  美梦成真!
  Měi mèng chéng zhēn! 메이멍 청쩐

- 부자 되세요!
  恭喜发财!
  Gōngxǐ fā cái! 꽁시 파차이

- 바라는 일이 모두 이루어지길 빌어요!
  心想事成!
  Xīn xiǎng shì chéng! 씬시앙 스청

- 사업이 성공하시길 빌어요!
  事业成功!
  Shìyè chénggōng! 스예 청꽁

30 축하 및 축원

- 행운을 빈다.
  祝你好运。
  Zhù nǐ hǎo yùn. 주 니 하오 윈

- 몸 건강하고 하는 일 모두 잘 되길 빈다!
  祝你身体健康，万事如意!
  Zhù nǐ shēntǐ jiànkāng, wàn shì rú yì!
  주 니 션티 지엔캉 완스루이

- 생일 축하해!
  祝你生日快乐!
  Zhù nǐ shēngrì kuàilè! 주 니 성르 콰일러

- 여행 중 평안하시길 빌어요!
  祝你一路平安!
  Zhù nǐ yí lù píng'ān! 주 니 이루 핑안

- 축하드립니다!
  恭喜，恭喜!
  Gōngxǐ, gōngxǐ! 꽁시 꽁시

- 오늘 하루 즐겁게 보내!
  祝你今天过得愉快!
  Zhù nǐ jīntiān guò de yúkuài!
  주 니 진티엔 꾸어 더 위콰이

- 성공하길 빌어!
  祝你成功!
  Zhù nǐ chénggōng! 주 니 청꽁

31 가족 말하기

- 식구가 몇이세요?
  你家有几口人?
  Nǐ jiā yǒu jǐ kǒu rén? 니 지아 여우 지 커우 런

- 할아버지,할머니,아빠,엄마 그리고 나.
  爷爷、奶奶、爸爸、妈妈和我。
  Yéye, nǎinai, bàba, māma hé wǒ.
  예예 나이나이 빠바 마마 허 워

- 저는 누나 한 명, 남동생 둘이 있어요.
  我有一个姐姐，两个弟弟。
  Wǒ yǒu yí ge jiějie, liǎng ge dìdi.
  워 여우 이 거 제제 량 거 띠디

- 우리 식구는 다섯 명이에요.
  我家有五口人。
  Wǒ jiā yǒu wǔ kǒu rén. 워 지아 여우 우 커우 런

- 형제자매가 몇이세요?
  你有几个兄弟姐妹?
  Nǐ yǒu jǐ ge xiōngdì jiěmèi?
  니 여우 지 거 시옹띠 지에메이

- 자녀가 있습니까?
  你有孩子吗?
  Nǐ yǒu háizǐ ma?
  니 여우 하이즈 마

- 자녀가 없습니다.

  没有孩子。

  Méi yǒu háizǐ. 메이여우 하이즈

32 이름 말하기

- 당신 이름은 무엇입니까?

  你叫什么名字?

  Nǐ jiào shénme míngzi? 니 찌아오 션머 밍즈

- 실례합니다. 성함이 어떻게 되세요?

  请问, 您贵姓?

  Qǐngwèn, nín guì xìng?

  칭원 닌 꾸이 씽

- 제 이름은 김 민호입니다.

  我叫金民浩。

  Wǒ jiào Jīn Mínhào. 워 찌아오 진 민하오

- 성은 장이고, 장환희라고 합니다.

  我姓张, 叫张欢喜。

  Wǒ xìng Zhāng, jiào Zhāng huānxǐ.

  워 씽 짱 찌아오 짱 환시

33 나이 말하기

- 아들은 올해 몇 살이니?

  你儿子今年几岁?

  Nǐ érzi jīnnián jǐ suì? 니 얼즈 진니엔 지 쑤이

- 너의 언니는 올해 나이가 어떻게 되니?

  你姐姐今年多大?

  Nǐ jiějie jīnnián duōdà?

  니 제제 진니엔 뚜어따

- 너의 할아버지는 올해 연세가 어떻게 되시니?

  你爷爷今年多大年纪?

  Nǐ yéye jīnnián duōdà niánjì?

  니 예예 진지엔 뚜어따 니엔지

- 우리 아들은 올해 7살이야.

  我儿子今年七岁。

  Wǒ érzi jīnnián qī suì. 워 얼즈 진니엔 치 쑤이

- 우리 언니는 올해 35세야.

  我姐姐今年三十五岁。

  Wǒ jiějie jīnnián sānshíwǔ suì.

  워 제제 진니엔 싼스우 쑤이

- 그는 올해 68세야.

  他今年六十八岁。

  Tā jīnnián liùshíbā suì.

  타 진니엔 리우스빠 쑤이

34 날짜 요일 말하기

- 오늘은 몇 월 며칠입니까?

  今天几月几号?

  Jīntiān jǐ yuè jǐ hào? 진티엔 지위에 지하오

- 오늘은 무슨 요일입니까?

  今天星期几?

  Jīntiān xīngqījǐ? 진티엔 씽치지

- 오늘은 5월 6일입니다.

  今天五月六号。

  Jīntiān wǔ yuè liù hào. 진티엔 우위에 리우하오

- 오늘은 수요일입니다.

  今天星期三。

  Jīntiān xīngqīsān. 진티엔 씽치싼

월요일	화요일	수요일	목요일
星期一	星期二	星期三	星期四
xīngqīyī	xīngqī'èr	xīngqīsān	xīngqīsì
씽치이	씽치얼	씽치싼	씽치 쓰

금요일	토요일	일요일
星期五	星期六	星期天(日)
xīngqīwǔ	xīngqīliù	xīngqītiān(rì)
씽치우	씽치리우	씽치티엔(르)

35 날씨 말하기

- 오늘 날씨 어떻습니까?
  今天天气怎么样?
  Jīntiān tiānqì zěnmeyàng? 진티엔 티엔치 전머양

- 오늘은 매우 따뜻해요.
  今天很暖和。
  Jīntiān hěn nuǎnhuo. 진티엔 헌 누안후어

- 비가 내려요.
  下雨了。
  Xiàyǔ le. 씨아위 러

- 밖에 눈이 많이 내리고 있어요.
  外面下着大雪。
  Wàimiàn xià zhe dàxuě. 와이미엔 씨아저 따쉐

- 오늘은 날씨가 정말 좋군요.
  今天的天气真好。
  Jīntiān de tiānqì zhēn hǎo. 진치엔 더 티엔치 쩐 하오

- 오늘은 정말 춥다.
  今天真冷。
  Jīntiān zhēn lěng. 진티엔 쩐 렁

- 오늘은 바람이 정말 많이 불어요.
  今天风真大。
  Jīntiān fēng zhēn dà. 진티엔 펑 쩐 따

36 생일 말하기

- 생일이 언제입니까?
  你的生日是几月几号?
  Nǐ de shēngrì shì jǐ yuè jǐ hào?
  니더 성르 스 지 위에 지 하오

- 몇 년생이세요?
  你是哪一年出生的?
  Nǐ shì nǎ yī nián chūshēng de?
  니 스 나이니엔 추성 더

- 제 생일은 5월 25일입니다.
  我的生日是5月25号。
  Wǒ de shēngrì shì wǔ yuè èrshíwǔ hào.
  워더 성르 스 우 위에 얼스우 하오

- 1976년에 태어났습니다.
  我是1976年出生的.
  Wǒ shì yī jiǔ qī liù nián chūshēng de.
  워 스 이 지우 치 리우 니엔 츄성 더

37 소개하기

- 이쪽은 우리 아버지이다.
  这是我爸爸。
  Zhè shì wǒ bàba. 쩌 스 워 빠바

- 저분은 우리 선생님이다.
  那位是我的老师。
  Nà wèi shì wǒ de lǎoshī. 나 웨이 스 워 더 라오스

- 이쪽은 내 친구이다.
  这是我朋友。
  Zhè shì wǒ péngyou. 쩌 스 워 펑여우

- 이 분은 왕 씨(미스터 왕)이다.
  这位是王先生。
  Zhè wèi shì Wáng xiānsheng. 쩌 웨이 스 왕 씨엔성

38 외모 표현

- 그녀는 어떻게 생겼니?
  她长得怎么样?
  Tā zhǎng de zěnmeyàng? 타 장더 전머양

- 너 몸무게가 어떻게 돼?
  你的体重是多少?
  Nǐ de tǐzhòng shì duōshao? 니 더 티쫑 스 뚜어사오

- 너 키가 어떻게 돼?
  你的个子多高?
  Nǐ de gèzi duōgāo? 니 더 꺼즈 뚜어까오

- 난 갈수록 살이 쪄서 다이어트를 해야겠어.
  我越来越胖了，要减肥。
  Wǒ yuè lái yuè pàng le, yào jiǎnféi. 워 위에 라이 위에 팡러 야오 지엔페이

- 그녀는 정말 예쁘게 생겼어.
  她长得真漂亮。
  Tā zhǎng de zhēn piàoliang. 타 장더 쩐 피아오량

- 60kg이야.
  六十公斤。
  Liùshí gōngjīn. 리우스 꽁진

- 1미터 68이야.
  一米六八。
  Yì mǐ liù bā. 이 미 리우 빠

39 전화 표현

- 여보세요, 안녕하세요, 혹시 ○○ 있어요?
  喂，你好，请问○○在吗?
  Wéi, nǐ hǎo, qǐng wèn ○ ○ zài ma?
  웨이 니 하오 칭원 ○○ 짜이 마

- 저한테 전화해 달라고 해 주세요.
  请让他给我回个电话吧。
  Qǐng ràng tā gěi wǒ huí ge diànhuà ba.
  칭 랑 타 게이 워 후이거 띠엔화

- 지금 안 계세요, 메모 남기실래요?
  他不在, 请留言。
  Tā bú zài, qǐng liúyán.
  타 부짜이 칭 리우옌

- 잘못 거셨어요.
  你打错了。
  Nǐ dǎ cuò le.
  니 다 추어 러

- 전화번호가 몇 번이니?

  你的电话号码是多少?

  Nǐ de diànhuà hàomǎ shì duōshao?

  니 더 띠 옌화 하오마 스 뚜어샤오

- 내가 너의 핸드폰을 좀 써도 될까?

  我可以用用你的手机吗?

  Wǒ kěyǐ yòngyong nǐ de shǒujī ma?

  워 커이 용용 니더 셔우지 마

- 746-51300이야.

  七四六 - 五一三零。

  Qī sì liù - wu yāo sān líng

  치 쓰 리우   우 야오 싼 링

- 당연하지.

  当然。

  Dāngrán.

  땅란

40 쇼핑 표현

- 뭘 찾으세요?

  您要什么?

  Nín yào shénme?

  닌 야오 선머

- 이 바나나 어떻게 팔아요?

  这香蕉怎么卖?

  Zhè xiāngjiāo zěnme mài?

  쩌 시앙지아오 전머 마이

- 이것으로 됐습니다.

  谢谢，不需要了。

  Xiè xie, bù xūyào le.   씨에시에 뿌쉬야오 러

- 좀 싸게 해 주실 수 없나요?

  你能不能便宜点儿?

  Nǐ néng bu néng piányi diǎnr?   니 넝뿌넝 피엔이 디얼

- 다른 색은 없습니까?

  有没有别的颜色?

  Yǒu méi yǒu bié de yánsè?

  여우메이여우 비에 더 옌써

- 나는 이 디자인이 마음에 들지 않아요.

  我不喜欢这种款式。

  Wǒ bù xǐhuan zhè zhǒng kuǎnshì.

  워 뿌 시환 쩌종 콴스

- 그냥 구경하는 거예요.

  我只想随便看看。

  Wǒ zhǐ xiǎng suíbiàn kànkan.

  워 즈 시앙 쑤이비엔 칸칸

- 다른 것은 필요치 않으세요?

  您需不需要别的东西了?

  Nín xū bu xūyào bié de dōngxi le?

  닌 쉬부쉬야오 비에 더 똥시 러

- 너무 비싼데요!

  太贵了!

  Tài guì le!   타이 꾸이 러

- 전혀 안 비싸요.

  一点儿也不贵。

  Yìdiǎnr yě bú guì.   이 디얼 예 부 꾸이

- 더 큰 것은 없나요?

  有大一点儿的吗?

  Yǒu dà yìdiǎnr de ma?

  여우 따 이디얼 더 마

- 이걸로 주세요.

  请给我这一件。

  Qǐng gěi wǒ zhè yí jiàn.

  칭 게이 워 쩌이지엔

41 허가 표현 可以~吗?

- 담배를 피워도 됩니까?
  我可以抽烟吗?
  Wǒ kěyǐ chōuyān ma? 워 커이 쳐우옌 마

- 창문을 열어도 됩니까?
  可以打开窗户吗?
  Kěyǐ dǎkāi chuānghu ma? 커이 다카이 추앙후 마

- 먹어도 됩니까?
  我可以吃吗?
  Wǒ kěyǐ chī ma? 워 커이 츠 마

- 여기 앉아도 됩니까?
  可以在这儿坐吗?
  Kěyǐ zài zhèr zuò ma? 커이 짜이 쩔 쭈어 마

- 들어가도 될까요?
  我可以进去吗?
  Wǒ kěyǐ jìnqù ma?
  워 커이 진취 마

- 이 책을 봐도 될까요?
  我可以看这本词典吗?
  Wǒ kěyǐ kàn zhè běn cídiǎn ma?
  워 커이 칸 저번 츠디엔 마

- 가도 될까요?
  我可以走吗?
  Wǒ kěyǐ zǒu ma? 워 커이 저우 마

42 희망 표현 想

- 영화 보고 싶습니다.
  我想看电影。
  Wǒ xiǎng kàn diànyǐng. 워 시앙 칸 띠엔잉

- 집에서 쉬고 싶습니다.
  我想在家休息。
  Wǒ xiǎng zài jiā xiūxi. 워 시앙 짜이 지아 씨우시

- 중국 음식이 먹고 싶습니다.
  我想吃中国菜。
  Wǒ xiǎng chī Zhōngguócài. 워 시앙 츠 쭝구어차이

- 당신을 만나고 싶습니다.
  我想见你。
  Wǒ xiǎng jiàn nǐ. 워 시앙 지엔 니

- 중국에 가고 싶다.
  我想去中国。
  Wǒ xiǎng qù Zhōngguó. 워 시앙 취 쭝구어

- 여행 가고 싶다.
  我想去旅行。
  Wǒ xiǎng qù lǚ xíng. 워 시앙 취 뤼싱

- 운전 배우고 싶다.
  我想学开车。
  Wǒ xiǎng xué kāichē. 워 시앙 쉐 카이쳐

43 의지 표현 要

- 환전하려고 합니다.
  我要换钱。
  Wǒ yào huàn qián. 워 야오 환치엔

- 예매하려고 합니다.
  我要订票。
  Wǒ yào dìng piào.
  워 야오 띵 피아오

- 나는 중국에 유학 갈 거야.
  我要去中国留学。
  Wǒ yào qù Zhōngguó liúxué. 워 야오 취 쭝구어 리우쉐

- 커피를 마시려고 합니다.
  我要喝咖啡。
  Wǒ yào hē kāfēi. 워 야오 허 카페이

- 그에게 전화를 하려고 합니다.
  我要给他打电话。
  Wǒ yào gěi tā dǎ diànhuà.
  워 야오 게이 타 다 띠엔화

- 취소할 거야.
  我要取消。
  Wǒ yào qǔxiāo. 워 야오 취시아오

44 능력 표현 会

- 중국어를 말할 줄 압니다.
  我会说汉语。
  Wǒ huì shuō Hànyǔ. 워 후이 슈어 한위

- 술을 못 마십니다.
  我不会喝酒。
  Wǒ bú huì hē jiǔ. 워 부후이 허 지우

- 나는 워드 칠줄안다.
  我会打字。
  Wǒ huì dǎzì. 워 후이 다 쯔

- 나는 자전거 탈줄 모른다.
  我不会骑自行车。
  Wǒ bú huì qí zìxíngchē. 워 부후이 치 쯔싱쳐

- 운전할 줄 압니다.
  你会开车吗?
  Nǐ huì kāichē ma? 니 후이 카이쳐 마

- 테니스 칠 줄 모릅니다.
  我不会打网球。
  Wǒ bú huì dǎ wǎngqiú. 워 부후이 다 왕치우

- 나는 피아노 칠줄안다.
  我会弹钢琴。
  Wǒ huì tán gāng qín. 워 후이 탄 깡친

45 추측 표현 会

- 잊지 않을 겁니다.
  我不会忘记。
  Wǒ bú huì wàngjì. 워 부후이 왕지

- 그는 올 겁니다.
  他会来。
  Tā huì lái. 타 후이 라이

- 오늘은 비가 오지 않을 겁니다.
  今天不会下雨。
  Jīntiān bú huì xià yǔ. 진티엔 부후이 씨아위

- 제가 틀릴 리가 없습니다.
  我不会错的。
  Wǒ bú huì cuò de. 워 부후이 추어더

- 늦지 않을 거야.
  我不会迟到。
  Wǒ bú huì chídào. 워 부후이 츠따오

- 나는 실패하지 않을 것이다.
  我不会失败。
  Wǒ bú huì shībài. 워 부후이 스빠이

- 그는 오지 않을 것이다.
  他不会来。
  Tā bú huì lái. 타 부후이 라이

- 내일은 눈이 올 것이다.
  明天会下雪。
  Míngtiān huì xiàxuě. 밍티엔 후이 씨아쉐

46 부탁 표현 请

- 앉으세요.
  请坐。
  Qǐng zuò. 칭 쭈어

- 잠시만 기다려 주세요.
  请稍等。
  Qǐng shāo děng. 칭 사오 덩

- 드세요.
  请用。
  Qǐng yòng. 칭 용

- 저를 따라 오세요.
  请跟我来。
  Qǐng gēn wǒ lái. 칭 껀 워 라이

- 나 좀 도와주세요.
  请你帮助我。
  Qǐng nǐ bāngzhù wǒ. 칭 니 빵쥬 워

- 저를 좀 믿어주세요.
  请你相信我。
  Qǐng nǐ xiāngxìn wǒ. 칭 니 시앙씬 워

- 술 마시지 마세요.
  请你不要喝酒。
  Qǐng nǐ bú yào hē jiǔ. 칭 니 부야오 허지우

47 ~라고 생각합니다 我觉得

- 그다지 어렵지 않다고 생각합니다.
  我觉得不太难。
  Wǒ juéde bú tài nán. 워 쥐에더 부타이 난

- 운이 아주 좋다고 생각합니다.
  我觉得非常幸运。
  Wǒ juéde fēicháng xìngyùn. 워 쥐에더 페이창 씽윈

- 당신이 날 도울 수 있다고 생각합니다.
  我觉得你能帮助我。
  Wǒ juéde nǐ néng bāngzhù wǒ. 워 쥐에더 니 넝 빵주 워

- 이건 문제가 아니라고 생각합니다.
  我觉得这不是问题。
  Wǒ juéde zhè bú shì wèntí. 워 쥐에더 쩌 부스 원티

- 스트레스가 많다고 생각합니다.
  我觉得压力很大。
  Wǒ juéde yālì hěn dà. 워 쥐에더 야리 헌 따

- 그런대로 괜찮다고 생각합니다.
  我觉得还可以。
  Wǒ juéde hái kěyǐ. 워 쥐에더 하이 커이

- 우리는 할수 있다고 생각합니다.
  我觉得我们做得到。
  Wǒ juéde wǒmen zuò de dào. 워 쥐에더 워먼 쭈어더 따오

48 완료 표현 了

- 전화를 했습니다.
  我打了个电话。
  Wǒ dǎle ge diànhuà. 워 다러 거 띠엔화

- 텔레비전을 한 대 샀습니다.
  我买了一台电视。
  Wǒ mǎile yì tái diànshì. 워 마이러 이 타이 띠엔스

- 국수 한 그릇을 먹었습니다.
  我吃了一碗面条。
  Wǒ chīle yì wǎn miàntiáo.
  워 츠러 이 완 미엔티아오

- 내 친구가 한국에 왔습니다.
  我朋友来韩国了。
  Wǒ péngyou lái Hánguó le.
  워 펑여우 라이 한구어 러

- 나는 졸업했다.
  我毕业了。
  Wǒ bìyè le. 워 삐예 러

- 나는 결혼했다.
  我结婚了。
  Wǒ jiéhūn le. 워 지에훈 러

- 나는 늦었다.
  我迟到了。
  Wǒ chídào le. 워 츠따오 러

- 그와 나는 헤어졌다.
  我跟他分手了。
  Wǒ gēn tā fēnshǒu le. 워 껀 타 펀셔우 러

49 경험 표현 过

- 태극권을 배운 적이 있다.
  我学过太极拳。
  Wǒ xué guo tàijíquán. 워 쉐구어 타이지취엔

- 홍콩에 가 봤다.
  我去过香港。
  Wǒ qù guo Xiānggǎng. 워 취구어 시앙강

- 거짓말을 한 적이 있다.
  我说过假话。
  Wǒ shuō guo jiǎhuà. 워 슈어구어 지아화

- 북경 오리구이를 먹어 본 적 있다.
  我吃过北京烤鸭。
  Wǒ chī guo Běijīng kǎoyā. 워 츠구어 베이징카오야

- 나는 너를 속인 적이 있다.
  我骗过你。
  Wǒ piànguo nǐ. 워 피엔구어 니

- 나는 그를 본 적이 있다.
  我见过他。
  Wǒ jiànguo tā. 워 지엔구어 타

- 나는 뚱뚱했던 적이 있다.
  我胖过。
  Wǒ pàngguo. 워 팡구어

50 점층 표현 越来越~

- 점점 좋아진다.
  越来越好。
  Yuè lái yuè hǎo. 위에 라이 위에 하오

- 점점 추워진다.
  越来越冷。
  Yuè lái yuè lěng. 위에 라이 위에 렁

- 점점 가까워진다.
  越来越近。
  Yuè lái yuè jìn. 위에 라이 위에 진

- 점점 힘들어진다.
  越来越困难。
  Yuè lái yuè kùnnan. 위에 라이 위에 쿤난

- 점점 떠들썩 해지다.
  越来越热闹。
  Yuè lái yuè rènào.
  위에 라이 위에 러나오

- 점점 인기있다.
  越来越受欢迎。
  Yuè lái yuè shòu huānyíng.
  위에 라이 위에 셔우 환잉

- 갈수록 복잡하다.
  越来越复杂。
  Yuè lái yuè fùzá. 위에 라이 위에 푸자

51 하마터면 ~할 뻔하다 差点儿~

- 하마터면 잊을 뻔했다.
  差点儿忘了。
  Chàdiǎnr wàng le. 차디얼 왕 러

- 하마터면 지각할 뻔했다.
  差点儿迟到了。
  Chàdiǎnr chídào le. 차디얼 츠따오 러

- 하마터면 너를 못 알아볼 뻔했다.
  差点儿认不出你了。
  Chàdiǎnr rèn bu chū nǐ le. 차디얼 런 부 추 니 러

- 하마터면 넘어질 뻔했다.
  差点儿摔倒。
  Chàdiǎnr shuāidǎo. 차디얼 슈아이다오

- 하마터면 넘어질 뻔 했다.
  差点儿跌倒了。
  Chà diǎnr diēdǎo le. 차디얼 디에다오 러

- 하마터면 역을 지나칠 뻔 했다.
  差点儿坐过站了。
  Chà diǎnr zuò guò zhàn le. 차디얼 쭈어구어 짠 러

52 장소 표현 在 ~에서

- 집에서 텔레비전을 봅니다.
  我在家看电视。
  Wǒ zài jiā kàn diànshì.
  워 짜이 지아 칸 띠엔스

- 그들은 운동장에서 축구를 합니다.
  他们在操场踢足球。
  Tāmen zài cāochǎng tī zúqiú.
  타먼 짜이 차오창 티 주치우

- 나는 도서관에서 공부한다.
  我在图书馆学习。
  Wǒ zài túshūguǎn xuéxí. 워 짜이 투슈관 쉐시

- 나는 병원에서 일한다.
  我在医院工作。
  Wǒ zài yīyuàn gōngzuò. 워 짜이 이위엔 꽁쭈어

- 헬스장에서 운동합니다.
  我在健身房运动。
  Wǒ zài jiànshēnfáng yùndòng.
  워 짜이 지엔션팡 윈똥

- 그는 집에서 숙제를 합니다.
  他在家做作业。
  Tā zài jiā zuò zuòyè.
  타 짜이 지아 쭈어 쭈어예

- 나는 집에서 잠 잔다.
  我在家睡觉。
  Wǒ zài jiā shuìjiào. 워 짜이 지아 쉐이지아오

53 동의를 구하는 표현 ~好吗? ~어때요

- 차를 타고 가는 게 어떻습니까?
  我们坐车去, 好吗?
  Wǒmen zuò chē qù, hǎo ma? 워먼 쭈어 쳐 취 하오마

- 좀 싸게 해주시면 어떻겠습니까?
  便宜点儿, 好吗?
  Piányi diǎnr, hǎo ma? 피엔이 디얼 하오마

- 우리 같이 산보하자 어때?
  我们去散步，好吗?
  Wǒmen qù sànbù，hǎo ma?
  워먼 취 싼뿌, 하오마

- 비행기 타고 가자 어때?
  坐飞机去，好吗?
  Zuò fēijī qù，hǎo ma? 쭈어 페이지 취 하오마

- 저녁에 약속이 있는데 내일 저녁은 어떻습니까?
  明天去, 好吗?
  Míngtiān qù, hǎo ma? 밍티엔 취 하오마

- 우리 오늘 가는 게 어떻습니까?
  我们今天去, 好吗?
  Wǒmen jīntiān qù, hǎo ma? 워먼 진티엔 취 하오마

- 우리 같이 저녁 먹자. 어때?
  我们一起吃晚饭，好吗?
  Wǒmen yìqǐ chī wǎnfàn．hǎo ma?
  워먼 이치 츠 완판 하오마

54 너무 ~ 합니다 太~了

- 너무 싸다.
  太便宜了。
  Tài piányi le. 타이 피엔이 러

- 너무 잘됐다.
  太好了。
  Tài hǎo le. 타이 하오 러

- 너무 예쁘다
  太美了。
  Tài měi le. 타이 메이 러

- 너무 시끄럽다
  太吵了。
  Tài chǎo le. 타이 차오 러

- 너무 기쁘다.
  太高兴了。
  Tài gāoxìng le. 타이 까오씽 러

- 너무 친절하다
  太亲切了。
  Tài qīnqiè le. 타이 친치에 러

- 너 담이 너무 크다
  你胆子太大了。
  Nǐ dǎnzi tài dà le. 니 단즈 타이 따 러

- 너무 한다
  太过分了。
  Tài guòfèn le. 타이 꾸어펀 러

55 그다지 ~하지 않습니다 ~不太~

- 저는 그다지 피곤하지 않다.
  我不太累。
  Wǒ bú tài lèi. 워 부타이 레이

- 이곳은 그다지 깨끗하지 않다.
  这儿不太干净。
  Zhèr bú tài gānjìng. 쩔 부타이 깐징

- 안색이 그다지 좋지 않다.
  你脸色不太好看。
  Nǐ liǎnsè bú tài hǎokàn. 니 리엔써 부타이 하오칸

- 이 귤은 그다지 신선하지 않다.
  这个橘子不太新鲜。
  Zhè ge júzi bú tài xīnxiān. 쩌거 쥐즈 부타이 씬시엔

중국어 기본 단어

04

수

0	零 líng	링
1	一 yī	이
2	二 èr	얼
3	三 sān	싼
4	四 sì	쓰
5	五 wǔ	우
6	六 liù	리우
7	七 qī	치
8	八 bā	빠
9	九 jiǔ	지우
10	十 shí	스
20	二十 èrshí	얼스
30	三十 sānshí	싼스
40	四十 sìshí	쓰스
50	五十 wǔshí	우스
60	六十 liùshí	리우스
70	七十 qīshí	치스
80	八十 bāshí	빠스
90	九十 jiǔshí	지우스
백	一百 yìbǎi	이바이
천	一千 yìqiān	이치엔
만	一万 yíwàn	이완
억	一亿 yíyì	이이
0.5	零点五 líng diǎn wǔ	링디엔우
1/2	二分之一 èr fēnzhī yī	얼펀즈이
50%	百分之五十 bǎi fēnzhī wǔshí	바이펀즈우스

년

년, 해	年 nián	니엔
재작년	前年 qiánnián	치엔니엔
작년	去年 qùnián	취니엔
올해	今年 jīnnián	진니엔
내년	明年 míngnián	밍니엔
내후년	后年 hòunián	허우니엔
일년	一年 yìnián	이니엔
매년	每年 měinián	메이니엔
평년	平年 píngnián	핑니엔
신년	新年 xīnnián	씬니엔
연초	年初 niánchū	니엔추
연말	年底 niándǐ	니엔디

월

월, 달	月 yuè	위에
지난 달	上个月 shàng ge yuè	상거위에
이번 달	这个月 zhè ge yuè	쩌거위에
다음 달	下个月 xià ge yuè	씨아거위에
한 달	一个月 yí ge yuè	이거위에
매달	每月 měiyuè	메이위에
월초	月初 yuèchū	위에추
월말	月底 yuèdǐ	위에디

일

일	号(日) hào(rì)	하오(르)
날, 날짜	日子 rìzi	르즈

그그제	大前天 dàqiántiān	따치엔티엔
그제	前天 qiántiān	치엔티엔
어제	昨天 zuótiān	주어티엔
오늘	今天 jīntiān	진티엔
내일	明天 míngtiān	밍티엔
모레	后天 hòutiān	허우티엔
글피	大后天 dàhòutiān	따허우티엔
하루	一天 yìtiān	이티엔
이틀	两天 liǎng tiān	량티엔
매일	每天 měitiān	메이티엔

주

주, 요일	星期 xīngqī	씽치
지난 주	上个星期 shàng ge xīngqī	상거씽치
이번 주	这个星期 zhè ge xīngqī	쩌거씽치
다음 주	下个星期 xià ge xīngqī	씨아씽치
한 주	一个星期 yí ge xīngqī	이거씽치
매주	每个星期 měi ge xīngqī	메이거씽치
주초	周初 zhōuchū	쩌우추
주말	周末 zhōumò	쩌우모

요일 · 계절

월요일	星期一 xīngqīyī	씽치이
화요일	星期二 xīngqī'èr	씽치얼
수요일	星期三 xīngqīsān	씽치싼
목요일	星期四 xīngqīsì	씽치쓰
금요일	星期五 xīngqīwǔ	씽치우
토요일	星期六 xīngqīliù	씽치리우

일요일	星期天 xīngqītiān	씽치티엔
계절	季节 jìjié	찌지에
봄	春天 chūntiān	춘티엔
여름	夏天 xiàtiān	씨아티엔
가을	秋天 qiūtiān	치우티엔
겨울	冬天 dōngtiān	똥티엔

때

아침	早上 zǎoshang	자오상
오전	上午 shàngwǔ	상우
정오	中午 zhōngwǔ	쭝우
오후	下午 xiàwǔ	씨아우
저녁	晚上 wǎnshang	완상
낮	白天 báitiān	바이티엔
초저녁	傍晚 bàngwǎn	빵완
밤	夜晚 yèwǎn	예완
한밤중	半夜 bànyè	빤예

시간

시간	时间 shíjiān	스지엔
~시	~点 ~ diǎn	디엔
~분	~分 ~ fēn	펀
~초	~秒 ~ miǎo	미아오
과거	过去 guòqù	꾸어취
현재	现在 xiànzài	씨엔짜이
미래	未来 wèilái	웨이라이
이전	以前 yǐqián	이치엔

이후	以后 yǐhòu	이허우
요즘, 최근	最近 zuìjìn	쭈이진
처음, 최초	最初 zuìchū	쭈이추
마지막, 최후	最后 zuìhòu	쭈이허우

띠

쥐	鼠 shǔ	슈
소	牛 niú	니우
호랑이	虎 hǔ	후
토끼	兔 tù	투
용	龙 lóng	롱
뱀	蛇 shé	셔
말	马 mǎ	마
양	羊 yáng	양
원숭이	猴 hóu	허우
닭	鸡 jī	지
개	狗 gǒu	거우
돼지	猪 zhū	쥬

단위

길이	长度 chángdù	챵뚜
높이	高度 gāodù	까오뚜
크기	大小 dàxiǎo	따시아오
무게	重量 zhòngliàng	쭝량
깊이	深度 shēndù	션뚜
킬로미터	公里 gōnglǐ	꽁리
미터	米 mǐ	미
센티미터	厘米 límǐ	리미

	公分 gōngfēn	꽁펀
밀리미터	毫米 háomǐ	하오미
톤	吨 dūn	뚠
킬로그램	公斤 gōngjīn	꽁진
그램	克 kè	커
밀리그램	毫克 háokè	하오커

방향

동쪽	东边 dōngbian	똥비엔
서쪽	西边 xībian	씨비엔
남쪽	南边 nánbian	난비엔
북쪽	北边 běibian	베이비엔
안쪽	里边 lǐbian	리비엔
바깥쪽	外边 wàibian	와이비엔
위쪽	上边 shàngbian	샹비엔
아래쪽	下边 xiàbian	씨아비엔
앞쪽	前边 qiánbian	치엔비엔
뒤쪽	后边 hòubian	허우비엔
오른쪽	右边 yòubian	여우비엔
왼쪽	左边 zuǒbian	주어비엔
옆	旁边 pángbiān	팡비엔
맞은편	对面 duìmiàn	뚜이미엔

대명사

인칭대명사

나(우리)	我(们) wǒ(men)	워(먼)
너(너희들)	你(们) nǐ(men)	니(먼)

당신	您 nín	닌
그(그들)	他(们) tā(men)	타(먼)
그녀(그녀들)	她(们) tā(men)	타(먼)
그것(그것들)	它(们) tā(men)	타(먼)

지시대명사

이/이것	这/这个 zhè/zhè ge	쩌/쩌거
이것들	这些 zhè xiē	쩌씨에
여기	这儿 zhèr	쩔
이렇게	这么 zhème	쩌머
그(것)/저(것)	那/那个 nà/nà ge	나/나거
그것들, 저것들	那些 nà xiē	나씨에
저기, 거기	那儿 nàr	날

의문대명사

무엇	什么 shénme	션머
누구	谁 shéi	셰이
어느	哪 nǎ	나
어느 것	哪个 nǎ ge	나거
어느 것들	哪些 nǎ xiē	나씨에
어디	哪儿/哪里 nǎr/nǎli	날/나리
어느 곳	什么地方 shénme dìfang	션머 띠팡
왜	为什么 wèishénme	웨이션머
언제	什么时候 shénme shíhou	션머스허우
어떻게	怎么 zěnme	전머

기본 동사

| 가다 | 去 qù | 취 |
| 오다 | 来 lái | 라이 |

보다	看 kàn	칸
말하다	说 shuō	슈어
듣다	听 tīng	팅
읽다	读 dú	두
쓰다	写 xiě	시에
묻다	问 wèn	원
먹다	吃 chī	츠
마시다	喝 hē	허
울다	哭 kū	쿠
웃다	笑 xiào	씨아오
입다	穿 chuān	츄안
벗다	脱 tuō	투어
서다	站 zhàn	짠
앉다, 타다	坐 zuò	쭈어
사다	买 mǎi	마이
팔다	卖 mài	마이
주다	给 gěi	게이
받다	收 shōu	셔우
달리다	跑 pǎo	파오
걷다, 가다	走 zǒu	저우
가르치다	教 jiāo	지아오
배우다	学 xué	쉐
빌리다	借 jiè	찌에
돌려주다	还 huán	환
나가다, 나오다	出 chū	츄
도착하다	到 dào	따오

기본 형용사

높다	高 gāo	까오
낮다	低 dī	띠
길다	长 cháng	챵
짧다	短 duǎn	두안
크다	大 dà	따
작다	小 xiǎo	시아오
많다	多 duō	뚜어
적다	少 shǎo	샤오
멀다	远 yuǎn	위엔
가깝다	近 jìn	진
무겁다	重 zhòng	쭝
가볍다	轻 qīng	칭
빠르다	快 kuài	콰이
느리다	慢 màn	만
이르다	早 zǎo	자오
늦다	晚 wǎn	완
얇다	薄 báo	바오
두껍다	厚 hòu	허우
밝다	亮 liàng	량
어둡다	暗 àn	안
넓다	宽 kuān	쿠안
좁다	窄 zhǎi	쟈이
굵다	粗 cū	추
가늘다	细 xì	씨
좋다	好 hǎo	하오
나쁘다	坏 huài	화이
새롭다	新 xīn	씬
오래되다	旧 jiù	찌우

가족 · 친척

친척	亲戚 qīnqi	친치
할아버지	爷爷 yéye	예예
할머니	奶奶 nǎinai	나이나이
아버지	爸爸 bàba	빠바
어머니	妈妈 māma	마마
형/오빠	哥哥 gēge	꺼거
언니/누나	姐姐 jiějie	제제
남동생	弟弟 dìdi	띠디
여동생	妹妹 mèimei	메이메이
남편, 부인	爱人 àiren	아이런
남편	丈夫 zhàngfu	쨩푸
부인	妻子 qīzi	치즈
아들	儿子 érzi	얼즈
딸	女儿 nǚ'ér	뉘얼

호칭 · 관계

친구	朋友 péngyou	펑여우
남자 친구	男朋友 nánpéngyou	난펑여우
여자 친구	女朋友 nǚpéngyou	뉘펑여우
선생	先生 xiānsheng	시엔성
여사	女士 nǚshì	뉘스
아저씨	叔叔 shūshu	슈슈
아주머니	阿姨 āyí	아이
노인	老(年)人 lǎo(nián)rén	라오(니엔)런
젊은이	年轻人 niánqīngrén	니엔칭런
아가씨	小姐 xiǎojiě	시아오제
아이	小孩子 xiǎoháizi	시아오하이즈

선생님	老师 lǎoshī	라오스		심장	心脏 xīnzàng	씬짱
동료	同事 tóngshì	통스		방광	膀胱 pángguāng	팡꽝
급우	同学 tóngxué	통쉐		척추	脊椎 jǐzhuī	지쮀이
				뼈	骨头 gǔtou	구터우
				근육	肌肉 jīròu	지러우

신체 · 신체내부

신체, 몸	身体 shēntǐ	션티
머리	头 tóu	터우
머리카락	头发 tóufa	터우파
얼굴	脸 liǎn	리엔
눈	眼睛 yǎnjing	옌징
눈썹	眉毛 méimáo	메이마오
코	鼻子 bízi	비즈
귀	耳朵 ěrduo	얼뚜어
입	嘴 zuǐ	주이
입술	嘴唇 zuǐchún	주이츈
치아	牙齿 yáchǐ	야츠
어깨	肩 jiān	지엔
가슴	胸 xiōng	시옹
배	肚子 dùzi	뚜즈
팔	手臂 shǒubì	셔우삐
손	手 shǒu	셔우
손톱	手指甲 shǒuzhǐjia	셔우즈지아
다리	腿 tuǐ	투이
발	脚 jiǎo	지아오

신체 동작

서다	站 zhàn	짠
앉다	坐 zuò	쭈어
눕다	躺 tǎng	탕
냄새를 맡다	闻 wén	원
먹다	吃 chī	츠
마시다	喝 hē	허
뱉다	吐 tù	투
핥다	舔 tiǎn	티엔
침을 흘리다	流口水 liú kǒushuǐ	리우커우쉐이
기침하다	咳嗽 késou	커서우
재채기하다	打喷嚏 dǎ pēntì	다펀티
하품하다	打哈欠 dǎ hāqian	다하치엔
딸꾹질하다	打嗝儿 dǎgér	다걸
트림하다	打饱嗝 dǎ bǎogé	다바오거

신체 내부

뇌	脑(袋) nǎo(dai)	나오(따이)
위	胃 wèi	웨이
폐	肺 fèi	페이

외모 · 체격

늙다	老 lǎo	라오
젊다	年轻 niánqīng	니엔칭
귀엽다	可爱 kě'ài	커아이
예쁘다	漂亮 piàoliang	피아오량
아름답다	美(丽) měi(lì)	메이(리)

섹시하다	性感 xìnggǎn	씽간
멋지다	酷 kù	쿠
보기 흉하다	难看 nánkàn	난칸
키가 크다	高 gāo	까오
키가 작다	矮 ǎi	아이
뚱뚱하다	胖 pàng	팡
마르다, 여위다	瘦 shòu	셔우
날씬하다	苗条 miáotiao	미아오티아오
튼튼하다	结实 jiēshi	지에스

성격 · 태도

활발하다	活泼 huópo	후어포
명랑하다	开朗 kāilǎng	카이랑
대범하다	大方 dàfang	따팡
자상하다	体贴 tǐtiē	티티에
상냥하다	温柔 wēnróu	원러우
솔직하다	坦白 tǎnbái	탄바이
성격이 급하다	性急 xìngjí	씽지
내성적이다	内向 nèixiàng	네이씨앙
소심하다	小气 xiǎoqì	시아오치
냉정하다	冷淡 lěngdàn	렁딴
친절하다	亲切 qīnqiè	친치에
성실하다	诚实 chéngshí	청스
용감하다	勇敢 yǒnggǎn	용간
똑똑하다	聪明 cōngming	총밍

감정

| 사랑하다 | 爱 ài | 아이 |

좋아하다	喜欢 xǐhuan	시환
즐겁다, 유쾌하다	愉快 yúkuài	위콰이
기쁘다	高兴 gāoxìng	까오씽
행복하다	幸福 xìngfú	씽푸
감사하다	感谢 gǎnxiè	간씨에
감동하다	感动 gǎndòng	간똥
축하하다	祝贺 zhùhè	쮸허
홀가분하다	轻松 qīngsōng	칭쏭
편안하다	舒服 shūfu	슈푸
슬프다	伤心 shāngxīn	샹씬
괴롭다	难过 nánguò	난꾸어
외롭다	寂寞 jìmò	지모
우울하다	忧郁 yōuyù	여우위

과일

과일	水果 shuǐguǒ	쉐이구어
사과	苹果 píngguǒ	핑구어
배	梨子 lízi	리즈
바나나	香蕉 xiāngjiāo	시앙지아오
딸기	草莓 cǎoméi	차오메이
수박	西瓜 xīguā	씨과
복숭아	桃子 táozi	타오즈
포도	葡萄 pútáo	푸타오
참외	香瓜 xiāngguā	씨앙과
파인애플	凤梨/菠萝 fènglí/bōluó	펑리/뽀루어
귤	橘子 júzi	쥐즈
레몬	柠檬 níngméng	닝멍
감	柿子 shìzi	스즈

파	葱 cōng	총
양파	洋葱 yángcōng	양총

육류 · 어패류

돼지고기	猪肉 zhūròu	쥬러우
삼겹살	五花肉 wǔhuāròu	우화러우
쇠고기	牛肉 niúròu	니우러우
닭고기	鸡肉 jīròu	찌러우
오리고기	鸭肉 yāròu	야러우
양고기	羊肉 yángròu	양러우
해산물	海鲜 hǎixiān	하이씨엔
오징어	鱿鱼 yóuyú	여우위
고등어	青花鱼 qīnghuāyú	칭화위
게	螃蟹 pángxiè	팡씨에
새우	虾 xiā	씨아
굴	牡蛎 mǔlì	무리
조개	贝 bèi	뻬이

한국음식

비빔밥	拌饭 bànfàn	빤판
김밥	紫菜包饭 zǐcài bāofàn	즈차이 빠오판
김치	泡菜 pàocài	파오차이
불고기	烤肉 kǎoròu	카오러우
된장찌개	大酱汤 dàjiàngtāng	따지앙탕
삼계탕	参鸡汤 shēnjītāng	션지탕
라면	方便面 fāngbiànmiàn	팡비엔미엔
떡볶이	炒年糕 chǎoniángāo	챠오니엔까오

곡류 · 채소류

쌀	大米 dàmǐ	따미
콩	豆子 dòuzi	떠우즈
팥	红豆 hóngdòu	홍떠우
채소, 야채	蔬菜 shūcài	슈차이
옥수수	玉米 yùmǐ	위미
토마토	番茄 fānqié	판치에
고구마	红薯 hóngshǔ	홍슈
감자	土豆 tǔdòu	투떠우
배추	白菜 báicài	바이차이
당근	胡萝卜 húluóbo	후루어뽀
오이	黄瓜 huángguā	황꽈
고추	辣椒 làjiāo	라지아오

패스트푸드와 간식

패스트푸드	快餐 kuàicān	콰이찬
간식	点心 diǎnxīn	디엔씬
햄버거	汉堡(包) hànbǎo(bāo)	한바오(빠오)
핫도그	热狗 règǒu	러거우
프렌치프라이	薯条 shǔtiáo	슈티아오
피자	比萨饼 bǐsàbǐng	비사빙
스파게티	意大利面 yìdàlìmiàn	이따리미엔
샐러드	沙拉 shālā	샤라
빵	面包 miànbāo	미엔빠오
초콜릿	巧克力 qiǎokèlì	치아오커리
샌드위치	三明治 sānmíngzhì	싼밍즈
토스트	土司 tǔsī	투쓰
케이크	蛋糕 dàngāo	딴까오
비스킷	饼干 bǐnggān	빙깐

패스트푸드점

맥도널드	麦当劳 Màidāngláo	마이땅라오
버거킹	汉堡包王 Hànbǎobāowáng	한바오빠오왕
피자헛	必胜客 Bìshèngkè	삐성커
도미노피자	达美乐 Dáměilè	다메이러
KFC	肯德基 Kěndéjī	컨더지
롯데리아	乐天利 Lètiānlì	러티엔리
던킨도너츠	当肯 Dāngkěn	땅컨
스타벅스	星巴克 Xīngbākè	씽빠커

커피 · 차

커피	咖啡 kāfēi	카페이
녹차	绿茶 lùchá	뤼차
홍차	红茶 hóngchá	홍차
우롱차	乌龙茶 wūlóngchá	우롱차
자스민차	茉莉花茶 mòlìhuāchá	모리화챠
보이차	普洱茶 pǔ'ěrchá	푸얼차

음료

음료	饮料 yǐnliào	인리아오
생수	矿泉水 kuàngquánshuǐ	쾅취엔쉐이
우유	牛奶 niúnǎi	니우나이
과일주스	果汁 guǒzhī	구어즈
코카콜라	可口可乐 kěkǒu kělè	커커우컬러
사이다	汽水 qìshuǐ	치쉐이
환타	芬达 fēndá	펀다

주류

술과 음료	酒水 jiǔshuǐ	지우쉐이
맥주	啤酒 píjiǔ	피지우
양주	洋酒 yángjiǔ	양지우
칵테일	鸡尾酒 jīwěijiǔ	지웨이지우
샴페인	香槟酒 xiāngbīnjiǔ	시앙삔지우
위스키	威士忌 wēishìjì	웨이스지
브랜디	白兰地 báilándì	바이란띠
꼬냑	科涅克 kēnièkè	커니에커
보드카	伏特加 fútèjiā	푸터지아
적포도주	红酒 hóngjiǔ	홍지우
백포도주	白葡萄酒 bái pútáojiǔ	바이푸타오지우

맛

맛보다	尝 cháng	챵
맛있다	好吃 hǎochī	하오츠
맛	味道 wèidao	웨이다오
맵다	辣 là	라
달다	甜 tián	티엔
짜다	咸 xián	시엔
쓰다	苦 kǔ	쿠
시다	酸 suān	쑤안
떫다	涩 sè	써
싱겁다	淡 dàn	딴
고소하다	香 xiāng	씨앙
신선하다	新鲜 xīnxiān	씬시엔
담백하다	清淡 qīngdàn	칭딴
느끼하다	油腻 yóunì	여우니

조리하기

삶다, 끓이다	煮 zhǔ	쥬
찌다	蒸 zhēng	쩡
고다, 조리다	熬 áo	아오
볶다	炒 chǎo	챠오
튀기다	炸 zhá	쟈
직접 불에 굽다	烤 kǎo	카오
부치다, 지지다	煎 jiān	지엔
무치다, 섞다	(搅)拌 (jiǎo)bàn	(지아오)빤
껍질을 벗기다	削皮 xiāopí	씨아오피
재료를 썰다	切菜 qiēcài	치에차이
재료를 넣다	放 fàng	팡
조미료를 넣다	加 jiā	지아
야채를 다듬다	摘菜 zhāicài	짜이차이
야채를 씻다	洗菜 xǐcài	시차이

조미료

조미료	调料 tiáoliào	티아오리아오
설탕	糖 táng	탕
소금	盐 yán	옌
식초	醋 cù	추
간장	酱油 jiàngyóu	찌앙여우
된장	大酱 dàjiàng	따지앙
고추장	辣椒酱 làjiāojiàng	라지아오찌앙
깨	芝麻 zhīma	즈마
고춧가루	辣椒粉 làjiāofěn	라지아오펀
후춧가루	胡椒粉 hújiāofěn	후지아오펀
참기름	香油 xiāngyóu	씨앙여우

버터	黄油 huángyóu	황여우
마요네즈	蛋黄酱 dànhuángjiàng	딴황지앙
케챱	番茄酱 fānqiéjiàng	판치에지앙

식기

숟가락	匙子 chízi	츠즈
젓가락	筷子 kuàizi	콰이즈
포크	叉子 chāzi	챠즈
나이프	餐刀 cāndāo	찬따오
그릇	碗 wǎn	완
접시	碟子 diézi	디에즈
컵	杯子 bēizi	뻬이즈
찻잔	茶杯 chábēi	챠뻬이
쟁반	托盘 tuōpán	투어판
차주전자	茶壶 cháhú	챠후
물주전자	水壶 shuǐhú	쉐이후
냅킨	餐巾纸 cānjīnzhǐ	찬진즈
이쑤시게	牙签 yáqiān	야치엔

쇼핑하기

팔다	卖 mài	마이
사다	买 mǎi	마이
비싸다	贵 guì	꾸이
싸다	便宜 piányi	피엔이
할인하다	打折(扣) dǎzhé(kòu)	다져(커우)
계산하다	结帐 jiézhàng	지에짱
지불하다	付钱 fùqián	푸치엔
거슬러주다	找钱 zhǎoqián	쟈오치엔

고르다	挑选 tiāoxuǎn	티아오슈엔
상점, 가게	商店 shāngdiàn	상띠엔
인기상품	抢手货 qiǎngshǒuhuò	치앙셔우후어
중고품	二手货 èrshǒuhuò	얼셔우후어
정가	定价 dìngjià	띵지아
바겐세일	大减价 dàjiǎnjià	따지엔지아

의복

옷을 입다	穿衣 chuānyī	츄안이
옷을 벗다	脱衣 tuōyī	투어이
옷을 갈아입다	换衣 huànyī	환이
옷, 의복	衣服 yīfu	이푸
수영복	游泳衣 yóuyǒngyī	여우용이
잠옷	睡衣 shuìyī	쉐이이
비옷	雨衣 yǔyī	위이
정장	西服 xīfú	씨푸
스웨터	毛衣 máoyī	마오이
외투	外套 wàitào	와이타오
티셔츠	T恤衫 Txùshān	티쉬샨
와이셔츠	衬衫 chènshān	천샨
바지	裤子 kùzi	쿠즈
청바지	牛仔裤 niúzǎikù	니우자이쿠

사이즈 · 색상

잘 맞다	合适 héshì	허스
크다	大 dà	따
작다	小 xiǎo	시아오
헐렁하다	松 sōng	쑹

타이트하다	紧 jǐn	진
색	颜色 yánsè	옌써
흰색	白色 báisè	바이써
검정색	黑色 hēisè	헤이써
빨간색	红色 hóngsè	홍써
분홍색	粉红色 fěnhóngsè	펀홍써
노란색	黄色 huángsè	황써
파란색	蓝色 lánsè	란써
녹색	绿色 lǜsè	뤼써
회색	灰色 huīsè	후이써

속옷 · 양말

속옷	内衣 nèiyī	네이이
런닝셔츠	汗背心 hànbèixīn	한뻬이씬
브래지어	胸罩 xiōngzhào	시옹쨔오
팬티	内裤 nèikù	네이쿠
삼각팬티	三角裤 sānjiǎokù	싼지아오쿠
사각팬티	四角裤 sìjiǎokù	쓰지아오쿠
속치마	衬裙 chènqún	천췬
슬립	长内衣 chángnèiyī	창네이이
거들	紧身褡 jǐnshēndā	진션따
스타킹	丝袜 sīwà	쓰와
팬티스타킹	裤袜 kùwà	쿠와
양말	袜子 wàzi	와즈

신발 · 잡화

| 신발 | 鞋 xié | 시에 |
| 가죽구두 | 皮鞋 píxié | 피시에 |

운동화	运动鞋 yùndòngxié	윈똥시에
샌들	凉鞋 liángxié	량시에
슬리퍼	拖鞋 tuōxié	투어시에

가죽가방	皮包 píbāo	피빠오
책가방	书包 shūbāo	슈빠오
핸드백	手提包 shǒutíbāo	셔우티빠오
지갑	钱包 qiánbāo	치엔빠오
모자	帽子 màozi	마오즈
장갑	手套 shǒutào	셔우타오
손수건	手绢 shǒujuàn	셔우쥐엔

주거생활

집, 가옥	房子 fángzi	팡즈
아파트	公寓 gōngyù	꽁위
방	房间 fángjiān	팡지엔
침실	卧室 wòshì	워스
거실, 응접실	客厅 kètīng	커팅
주방	厨房 chúfáng	츄팡
욕실	浴室 yùshì	위스
화장실	卫生间 wèishēngjiān	웨이성지엔
베란다	阳台 yángtái	양타이
창문	窗户 chuānghu	츄앙후
벽	墙 qiáng	치앙
문	门 mén	먼
현관	门口 ménkǒu	먼커우
뜰	院子 yuànzi	위엔즈

가전제품

텔레비전	电视机 diànshìjī	띠엔스지
냉장고	冰箱 bīngxiāng	삥시앙
세탁기	洗衣机 xǐyījī	시이지
청소기	吸尘器 xīchénqì	씨쳔치
전화기	电话机 diànhuàjī	띠엔화지
에어컨	空调 kōngtiáo	콩티아오
선풍기	电风扇 diànfēngshàn	띠엔펑샨
비디오	录像机 lùxiàngjī	루시앙지
컴퓨터	电脑 diànnǎo	띠엔나오
가스레인지	燃气灶 ránqìzào	란치짜오
전자레인지	微波炉 wēibōlú	웨이뽀루
전기밥솥	电饭锅 diànfànguō	띠엔판꾸어
카메라	照相机 zhàoxiàngjī	짜오시앙지
라디오	收音机 shōuyīnjī	셔우인지

가구류 · 침구류

가구	家具 jiājù	지아쥐
소파	沙发 shāfā	샤파
옷장	衣柜 yīguì	이꾸이
옷걸이	衣架 yījià	이지아
침대	床 chuáng	츄앙
책상	桌子 zhuōzi	쮸어즈
책꽂이	书架 shūjià	슈지아
의자	椅子 yǐzi	이즈
식탁	饭桌 fànzhuō	판쮸어
화장대	梳妆台 shūzhuāngtái	슈쮸앙타이
찬장	碗柜 wǎnguì	완꾸이

이불	被子 bèizi	뻬이즈
담요	毛毯 máotǎn	마오탄
베개	枕头 zhěntou	젼터우

청소 · 세탁

청소하다	打扫 dǎsǎo	다싸오
정리하다	整理 zhěnglǐ	정리
쓸다	扫 sǎo	싸오
닦다	擦 cā	차
세탁하다	洗衣服 xǐyīfu	씨이푸
빨래를 널다	晾衣服 liàngyīfu	량이푸
빨래를 걷다	收衣服 shōuyīfu	셔우이푸
개다	叠 dié	디에
다림질하다	熨 yùn	윈
진공청소기	吸尘器 xīchénqì	씨쳔치
빗자루	笤帚 tiáozhou	티아오져우
마당비	扫帚 sàozhou	싸오져우
걸레, 행주	抹布 mābù	마뿌
먼지떨이	鸡毛掸子 jīmáo dǎnzi	지마오단즈
세수하다	洗脸 xǐliǎn	시란
손 씻다	洗手 xǐshǒu	시셔우
이를 닦다	刷牙 shuāyá	슈아야
샤워하다	洗淋浴 xǐlínyù	시린위
목욕하다	洗澡 xǐzǎo	시자오
머리감다	洗头发 xǐtóufa	시터우파

왕초보를 위한

중국어 간체자 쓰기노트

05

중국어는 한자를 사용하는데 한자 표기에는 번체자와 간체자가 있다.

간체자는 필획이 복잡한 번체자를 간략화한 것으로 현재 중국에서는 1956년 시행된 '한자 간화 방안'에 의해 간체자를 사용하고, 한국과 대만은 번체자를 사용하고 있다.

간체자 획순

1. 왼쪽에서 오른쪽으로 쓴다.
2. 위에서 아래로 쓴다.
3. 삐침을 먼저 쓰고 파임을 쓴다.
4. 가로획과 세로획이 교차되는 경우 가로획을 먼저 긋는다.
5. 좌우로 대칭되는 글자는 가운데 획을 먼저 긋고 왼쪽, 오른쪽 순으로 쓴다.
6. 큰 입구 안에 다른 글자기 있는 경우 바깥쪽 → 왼쪽, 위, 아래쪽을 먼저 쓰고 안쪽 글자를 쓴 후 아래 입구를 막는다.
7. 오른 쪽 위의 점은 맨 나중에 찍는다.
8. 받침 부수는 나중에 쓴다.

부수가 바뀐 간체자 및 주요 간체자

言 →
訂 → 订 dìng
話 → 话 huà
認 → 认 rèn
記 → 记 jì

門 → 门
們 → 们 men
問 → 问 wèn

貝 → 贝
貴 → 贵 guì
貨 → 货 huò
員 → 员 yuán

見 → 见
現 → 现 xiàn
規 → 规 guī

車 → 车
軍 → 军 jūn
厙 → 厍 kù
連 → 连 lián

馬 → 马
嗎 → 吗 ma
罵 → 骂 mà

系 → 系
絲 → 丝 sī
紅 → 红 hóng

專 → 专 zhuān
傳 → 传 chuán

韋 → 韦 wéi
違 → 违 wéi
圍 → 围 wéi
偉 → 伟 wěi

金 → 钅
針 → 针 zhēn
釘 → 钉 dīng, dìng

食 → 饣
飯 → 饭 fàn
飲 → 饮 yǐn, yìn
餃 → 饺 jiǎo

昜 → 汤
湯 → 汤 tāng
腸 → 肠 cháng
楊 → 杨 yáng

堇 → 又
漢 → 汉 hàn
嘆 → 叹 tàn
攤 → 摊 tān

鳥 → 鸟
鷄 → 鸡 jī
鳴 → 鸣 míng

長 → 长
張 → 张 zhāng
場 → 场 chǎng

青 → 青
淸 → 清 qīng
請 → 请 qǐng

爲 → 为
僞 → 伪 wěi

魚 → 鱼 yú
離 → 离 lí
會 → 会 huì, kuài
區 → 区 qū
風 → 风 fēng

烏 → 乌 wū
書 → 书 shū
龍 → 龙 lóng
東 → 东 dōng
號 → 号 hào

電 → 电 diàn
點 → 点 diǎn
變 → 变 biàn

你 nǐ (대) 너, 당신 ●你 너 니	你 你 你 你 你 你 你					

忙 máng (형) 바쁘다 ●忙 바쁠 망	忙 忙 忙 忙 忙 忙					

吗 ma (조)의문을 나타내는 조사 ●吗 의문조사 마	吗 吗 吗 吗 吗 吗					

我 wǒ (대) 나 ●我 나 아	我 我 我 我 我 我 我					

很 hěn (부) 매우, 아주 ●很 패려궂을 흔	很 很 很 很 很 很 很 很 很					

大家

dàjiā

(대) 모두
● 大 큰 대 ● 家 집 가

大 大 大
家 家 家 家 家 宇 家 家 家 家

明天

míngtiān

(명) 내일
● 明 밝을 명 ● 天 하늘 천

明 明 明 明 明 明 明 明
天 天 天 天

后天

hòutiān

(명) 모레
● 後 뒤 후 ● 天 하늘 천

后 后 后 后 后 后
天 天 天 天

再

zài

(부) 재차, 다시
● 再 다시 재

再 再 再 再 再 再

见

jiàn

(동) 보다
● 見 볼 견

见 见 见 见

看	看 看 看 看 看 看 看 看 看				
kàn					
(동) 보다					
•看 볼 간					

她	她 她 她 她 她 她				
tā					
(대) 그녀					
•她 그녀 타					

妹妹	妹 妹 妹 妹 妹 妹 妹 妹				
mèimei					
(명) 여동생					
•妹 누이동생 매					

累	累 累 累 累 累 累 累 累 累 累 累				
lèi					
(형) 피곤하다					
•累 끼칠 루					

什么	什 什 什 什				
	么 么 么				
shénme					
(대) 모두					
•什 열사람 십 •麽 그런가 마					

报 báo	报 报 报 报 报 报 报			
(명) 신문 ●報 알릴 보				

面包 miànbāo	面 面 面 面 面 面 面 面 面 包 包 包 包 包			
(명) 빵 ●麵 밀가루 면 ●包 쌀 포				

进 jìn	进 进 进 进 进 进 进			
(동) 들어가다(오다) ●進 나아갈 진				

听 tīng	听 听 听 听 听 听 听			
(동) 듣다 ●聽 들을 청				

写 xiě	写 写 写 写 写			
(동) 쓰다 ●寫 베낄 사				

请

qǐng

(동) ~해 주세요
●请 청할 청

请 请 请 请 请 请 请 请 请

坐

zuò

(동) 앉다
●坐 앉을 좌

坐 坐 坐 坐 坐 坐 坐

喝

hē

(동) 마시다
●喝 꾸짖을 갈

喝 喝 喝 喝 喝 喝 喝 喝 喝 喝 喝 喝

红

hóng

붉은 색
●紅 붉을 홍

红 红 红 红 红 红

绿

lǜ

녹색
●綠 초록빛 록

绿 绿 绿 绿 绿 绿 绿 绿 绿 绿

学生 xuésheng (명) 학생 ●學 배울 학 ●生 날 생	学 学 学 学 学 学 学 学		
	生 生 生 生 生		

老师 lǎoshī (명) 선생님 ●老 늙을 로 ●師 스승 사	老 老 老 老 老 老		
	师 师 师 师 师 师		

问 wèn (동) 묻다 ●問 물을 문	问 问 问 问 问 问			

汉语 Hànyǔ (명) 중국어 ●漢 한수 한 ●語 말씀 어	汉 汉 汉 汉 汉		
	语 语 语 语 语 语 语 语 语		

韩国 Hánguó 한국 ●韓 나라이름 한 ●國 나라 국	韩 韩 韩 韩 韩 韩 韩 韩 韩 韩 韩		
	国 国 国 国 国 国 国 国		

爸爸 bà ba (명) 아버지 ●爸 아비 파	爸 爸 爸 爸 爸 爸 爸 爸			

坏 huài (형) 나쁘다 ●壞 무너질 괴	坏 坏 坏 坏 坏 坏 坏			

长 cháng (형) 길다 ●長 길 장	长 长 长 长			

短 duǎn (형) 짧다 ●短 짧을 단	短 短 短 短 短 短 短 短 短 短 短 短			

词典 cí diǎn (명) 사전 ●词 말 사, 典법 전	词 词 词 词 词 词 词 典 典 典 典 典 典 典 典			

这 zhè (대) 이, 이것 ·這 이 저	这 这 这 这 这 这 这			

医 yī (명) 의사 ·醫 의원 의	医 医 医 医 医 医 医			

爱 ài (동) 사랑(하다) ·愛 사랑 애	爱 爱 爱 爱 爱 爱 爱 爱 爱 爱			

聪 cōng (형) 총명하다 ·聰 밝을 총	聪 聪 聪 聪 聪 聪 聪 聪 聪 聪 聪 聪 聪 聪 聪			

儿 ér (명) 아이, 어린이 ·兒 아이 아	儿 儿			

体 tǐ (명) 신체, 몸 • 體 몸 체	体 体 体 体 体 体 体			

错 cuò (형) 틀리다, 들쑥날쑥하다 • 错 섞일 착	错 错 错 错 错 错 错 错 错 错 错 错 错			

应 yīng (동) 대답하다, 응답하다 • 應 응할 응	应 应 应 应 应 应 应			

该 gāi (동) ~해야 한다 • 該 갖출 해	该 该 该 该 该 该 该 该			

休息 xiū xi (명,동) 휴식(하다) • 休 쉴휴 • 息 숨쉴 식	休 休 什 什 休 休 息 息 息 息 息 息 息 息 息		

健 jiàn	健 健 健 健 健 健 健 健 健 健				
(형) 건강하다 ●健 굳셀 건					

康 kāng	康 康 康 康 康 康 康 康 康 康				
(형) 건강하다, 편안하다 ●康 편안할 강					

头 tóu	头 头 头 头 头				
(명) 머리 ●頭 머리 두					

疼 téng	疼 疼 疼 疼 疼 疼 疼 疼 疼 疼				
(동) 아프다 ●疼 아플 동					

点 diǎn	点 点 点 点 点 点 点				
(부) 조금 ●點 점 점					

闷 mēn (형) 답답하다 ● 悶 번민할 민	闷 闷 闷 闷 闷 闷 闷				

热 rè (형) 덥다, 뜨겁다 ● 熱 열 열	热 热 热 热 热 热 热 热 热 热				

刮 guā (동) 바람이 불다 ● 刮 깎을 괄	刮 刮 刮 刮 刮 刮 刮 刮				

风 fēng (명) 바람 풍 ● 風 바람 풍	风 风 风 风				

会 huì (조동) ~할 수 있다 ● 會 모일 회	会 会 会 会 会 会				

结
jié

(동) 매다, 묶다, 엮다
● 結 맺을 결

结 结 结 结 结 结 结 结 结

婚
hūn

(동) 결혼하다
● 婚 혼인할 혼

婚 婚 婚 婚 婚 婚 婚 婚 婚 婚 婚

课
kè

(명) 수업, 강의
● 課 시험할 과

课 课 课 课 课 课 课 课 课 课

冷
lěng

(형)춥다
● 冷 찰 랭

冷 冷 冷 冷 冷 冷 冷

阴
yīn

(형) 흐리다
● 陰 응달 음

阴 阴 阴 阴 阴 阴

电	电 电 电 电 电					
diàn (명) 전기 •電 번개 전						

视	视 视 视 视 视 视 视 视					
shì (동) 보다 •視 볼 시						

影	影 影 影 影 影 影 影 影					
yǐng (명) 그림자 •影 그림자 영						

谁	谁 谁 谁 谁 谁 谁 谁 谁 谁 谁					
shéi (대) 누구 •誰 누구 수						

读	读 读 读 读 读 读 读 读 读					
dú (동) 읽다 •讀 읽을 독						

凉 liáng (형) 서늘하다 凉 서늘할 량	凉凉凉凉凉凉凉凉				

现在 Xiàn zài (명) 현재, 지금 現 지금 현 在 있을 재	现现现现现现现现				
在在在在在在					

复 fù 중복하다, 거듭하다 復 다시 부	复复复复复复复复复				

习 xí (동)연습하다, 배우다 習 배울 습	习习习				

录 lù (동) 기록하다, 기재하다 錄 적을 록	录录录录录录录录				

时

shí

(명) 때, 시대, 시기
- 時 때 시

时 时 时 时 时 时 时

贵

guì

(형) 비싸다
- 貴 귀할 귀

贵 贵 贵 贵 贵 贵 贵 贵 贵

过

guò

초과하다, 지나치다
- 過 지나칠 과

过 过 过 过 过 过

题

tí

(명) 제, 제목
- 題 표제 제

题 题 题 题 题 题 题 题 题 题 题 题 题 题 题

干净

gān jìng

(형) 깨끗하다
- 乾 방패 간 • 淨 깨끗할 정

干 干 干
净 净 净 净 净 净 净 净

作业	作 作 作 作 作 作 作		
zuò yè	业 业 业 业 业		
(명) 숙제			
•作 지을 작 •業 업 업			

凉	凉 凉 凉 凉 凉 凉 凉 凉		
liáng			
(형)서늘하다			
•凉 서늘할 량			

预	预 预 预 预 预 预 预 预 预 预		
yù			
(부사) 미리, 사전에			
•预 미리 예			

周末	周 周 周 周 周 周 周 周		
zhōu mò	末 末 末 末 末		
(명) 주말			
•周末 두루주 •末 끝말			

瓶	瓶 瓶 瓶 瓶 瓶 瓶 瓶 瓶 瓶 瓶		
píng			
(명) 병			
•瓶 병병			

两 liǎng (수) 2, 둘 ·兩 두 량	两 两 两 两 两 两 两			

啤酒 píjiǔ (명) 맥주 ·啤 맥주 비 ·酒 술 주	啤 啤 啤 啤 啤 啤 啤 啤 啤 啤 酒 酒 酒 酒 酒 酒 酒 酒 酒			

书 shū (명) 책 ·書 책 서	书 书 书 书			

号 hào (명) 제, 제목 ·號 부르짖을 호	号 号 号 号 号			

码 mǎ (명) 번호 ·碼 마노 마	码 码 码 码 码 码 码 码			

房 fáng (명) 집, 주택 • 房 방 방	房 房 房 房 房 房 房 房				

间 jiān (명) 사이, 중간 • 間 사이 간	间 间 间 间 间 间 间				

朋友 péngyou (명) 친구 • 朋 벗 붕 • 友 벗 우	朋 朋 朋 朋 朋 朋 朋 朋 友 友 友 友			

挺 tǐng (부) 아주, 매우 • 挺 곧을 정	挺 挺 挺 挺 挺 挺 挺 挺 挺				

绩 jì (동) (실을) 잣다, (실을) 뽑다, • 績 자을 적	绩 绩 绩 绩 绩 绩 绩 绩 绩 绩 绩				

给 gěi (동) 주다 •給 줄 급	给 给 给 给 给 给 给 给 给					

便宜 pián yi (형) 싸다 •便 편할 편 •宜 옳을 의	便 便 便 便 便 便 便 便 便 宜 宜 宜 宜 宜 宜 宜 宜					

钱 qián (명) 돈 •錢 돈 전	钱 钱 钱 钱 钱 钱 钱 钱 钱					

找 zhǎo (동) 거슬러 주다 •找 부족함을 채울 조	找 找 找 找 找 找 找					

块 kuài (양) 원 (중국의 화폐단위) •塊 흙덩이 괴	块 块 块 块 块 块 块					

卖 mài (동) 팔다 ● 賣 팔 매	卖 卖 卖 卖 卖 卖 卖 卖					

新鲜 xīnxiān (형) 신선하다 ● 新 새로울 신 ● 鲜 고울 선	新 新 新 新 新 新 新 新 新 新 新 新 鲜 鲜 鲜 鲜 鲜 鲜 鲜 鲜 鲜 鲜 鲜 鲜 鲜					

尝 cháng (동) 맛보다 ● 嘗 맛볼 상	尝 尝 尝 尝 尝 尝 尝 尝 尝					

怎么 zěn me (대) 어떻게, 어째서, 왜 ● 怎 어찌 즘 ● 麼 그런가 마	怎 怎 怎 怎 怎 怎 怎 怎 怎 么 么 么					

杯 bēi (양) 잔 ● 杯 잔 배	杯 杯 杯 杯 杯 杯 杯 杯					

记	记 记 记 记 记				
jì					
(동) 기억하다, 기록하다					
• 記 기억할 기					

姓	姓 姓 姓 姓 姓 姓 姓 姓				
xìng					
(명) 성					
• 姓 성씨 성					

厨	厨 厨 厨 厨 厨 厨 厨 厨 厨 厨 厨 厨				
chú					
(명) 주방, 부엌					
• 廚 부엌 주					

认	认 认 认 认				
rèn					
분간하다, 식별[분별]하다					
• 認 알 인					

识	识 识 识 识 识 识 识				
shí					
알다, 식별하다, 인식하다					
• 識 알 식					

亲 qīn 부모, 어버이 ●親 친할 친	亲 亲 亲 亲 亲 亲 亲 亲 亲			

家庭 jiā tíng (명) 가정 ●家 집 가 ●庭 뜰 정	家 家 家 家 家 宓 家 家 家 家 庭 庭 庭 庭 庭 庭 庭 庭 庭 庭		

主妇 zhǔ fù (명) 주부 ●主 주인 주 ●婦 지어미 부	主 主 主 主 主 妇 妇 妇 妇 妇 妇		

公司 gōngsī (명) 회사 ●公 공변될 공 ●司 맡을 사	公 公 公 公 司 司 司 司 司		

姐姐 jiě jie (명) 언니, 누나 ●姐 손위 누이 저	姐 姐 姐 姐 姐 姐 姐 姐			

岁	岁 岁 岁 岁 岁 岁					
suì						
(양) 살						
歲 해 세						

年纪	年 年 年 年 年 年					
	纪 纪 纪 纪 纪 纪					
niánjì						
(명) 연세						
年 해 년 · 紀 성씨 기						

孩子	孩 孩 孩 孩 孩 孩 孩 孩 孩					
háizi						
(명) 아이, 자녀						
孩 어린아이 해 · 子 아들 자						

秘	秘 秘 秘 秘 秘 秘 秘 秘 秘 秘					
mì						
(형) 비밀의						
秘 숨길 비						

密	密 密 密 密 密 密 密 密 密 密					
mì						
(명) 비밀						
密 빽빽할 밀						

安静	安 安 安 安 安 安		
ān jìng	静 静 静 静 静 静 静 静 静 静 静 静 静 静		
(형) 조용하다. 고요하다			
安 편안할 안 · 静 조용할 정			

闹	闹 闹 闹 闹 闹 闹 闹			
nǎo				
(형) 벅적벅적하다				
闹 시끄러울 뇨				

买	买 买 买 买 买 买			
mǎi				
(동) 사다. 구입하다				
買 살 매				

乐	乐 乐 乐 乐 乐			
yuè				
(명) 음악				
樂 즐거울 락				

玩	玩 玩 玩 玩 玩 玩 玩 玩			
wán				
(동) 놀다				
玩 희롱할 완				

羨 xiàn (동) 흠모하다 ● 羨 부러워할 선	羨 羨 羨 羨 羨 羨 羨 羨 羨 羨 羨 羨			

慕 mù (동) 사모하다 ● 慕 사모할 모	慕 慕 慕 慕 慕 慕 慕 慕 慕 慕 慕 慕 慕 慕			

独 dú (명) 한 사람 ● 獨 홀로 독	独 独 独 独 独 独 独 独 独			

兄 xiōng (명) 형 ● 兄 형 형	兄 兄 兄 兄 兄			

弟 dì (명) 동생 ● 弟 아우 제	弟 弟 弟 弟 弟 弟 弟			

付 fù (동) 지불하다 ●付 줄 부	付 付 付 付 付						

校 xiào (동) 학교 ●校 학교 교	校 校 校 校 校 校 校 校 校 校						

骑 qí (동) 타다 ●騎 말 탈 기	骑 骑 骑 骑 骑 骑 骑 骑 骑 骑 骑						

班 bān (명) 반 ●班 나눌 반	班 班 班 班 班 班 班 班 班						

车 chē (명) 차 ●車 수레 차	车 车 车 车						

离	离 离 离 离 离 离 离 离 离 离				
lí ~에서, ~로부터, ~까지 離 떠날 리					

货	货 货 货 货 货 货 货 货				
huò (명) 돈 貨 재화 화					

售	售 售 售 售 售 售 售 售 售 售 售				
shòu (동) 팔다 售 팔 수					

兄	兄 兄 兄 兄 兄				
xiōng (명) 형 兄 형 형					

员	员 员 员 员 员 员 员				
yuán (명) 성 員 인원 원					

差	差 差 差 差 差 差 差 差 差				
chà					
(형) 부족하다, 모자라다					
差 어긋날 차					

饭	饭 饭 饭 饭 饭 饭 饭				
fàn					
(명) 밥					
飯 밥 반					

难	难 难 难 难 难 难 难 难 难 难				
nán					
(형) 어렵다					
難 재앙 난					

刻	刻 刻 刻 刻 刻 刻 刻 刻				
kè					
(양) 15분					
刻 새길 각					

半	半 半 半 半 半				
bàn					
(명) 반 (1/2)					
半 절반					

起 qǐ (동) 일어서다 ●起 일어설 기	起 起 起 起 起 起 起 起 起 起				

床 chuáng (명) 침대 ●床 평상 상	床 床 床 床 床 床 床				

图 tú (명) 그림 ●圖 그림 도	图 图 图 图 图 图 图 图				

馆 guǎn (명) 여관 ●館 객사 관	馆 馆 馆 馆 馆 馆 馆 馆 馆 馆 馆				

扫 sǎo (동) 청소하다 ●掃 쓸 소	扫 扫 扫 扫 扫 扫				

剧	剧 剧 剧 剧 剧 剧 剧 剧 剧 剧				
jù					
(명)드라마					
劇 심할 극					

晚	晚 晚 晚 晚 晚 晚 晚 晚 晚 晚 晚				
wǎn					
(명) 저녁					
晚 해질 만					

睡	睡 睡 睡 睡 睡 睡 睡 睡 睡 睡 睡 睡 睡				
shuì					
(동) (잠을) 자다					
睡 졸음 수					

觉	觉 觉 觉 觉 觉 觉 觉 觉 觉				
jiào					
(명) 잠					
覺 깰 교					

澡	澡 澡 澡 澡 澡 澡 澡 澡 澡 澡 澡 澡 澡 澡				
zǎo					
(동) (몸을) 씻다					
澡 씻을 조					

发	发 发 发 发 发				
fā					
(동) 출발하다					
●發 쏠 발					

星	星 星 星 星 星 星 星 星 星				
xīng					
(명) 별					
星 별 성					

期	期 期 期 期 期 其 其 其 期 期 期 期				
qī					
(명) 시기					
●期 때 기					

门	门 门 门				
mén					
(명) 입구, 현관					
●門 문 문					

行	行 行 行 行 行 行				
xíng					
(동사) 걷다					
●行 걸을 행					

南 nán (명) 남 ●南 남녘 남	南 南 南 南 南 南 南 南 南					

边 biān (명)가장자리 변 ●邊 가변	边 边 边 边 边					

东 dōng (명) 동쪽 ●東 동녘 동	东 东 东 东 东					

银 yín (명) 은 ●銀 은은	银 银 银 银 银 银 银 银 银 银 银					

华 huá (명) 광채 ●華 빛화	华 华 华 华 华 华					

马 mǎ (명) 말 ●馬 말 마	马 马 马					

路 lù (명) 길 ●路 길 로	路 路 路 路 路 路 路 路 路 路 路 路 路					

旁 páng (명) 옆 ●旁 곁 방	旁 旁 旁 旁 旁 旁 旁 旁 旁 旁					

邮 yóu (동사) 우송하다 ●郵 역말 우	邮 邮 邮 邮 邮 邮 邮					

局 jú (명) 바둑판 ●局 구획 국	局 局 局 局 局 局 局					

钟 zhōng (명) 종 ●鐘 종 종	钟 钟 钟 钟 钟 钟 钟 钟 钟			

洗 xǐ (동) 씻다 ●洗 씻을 세	洗 洗 洗 洗 洗 洗 洗 洗 洗			

衣 yī (명) 옷 ●衣 옷 의	衣 衣 衣 衣 衣 衣			

服 fú (명) 의복 ●服 옷 복	服 服 服 服 服 服 服 服			

装 zhuāng (동) 치장하다 ●裝 차릴 장	装 装 装 装 装 装 装 装 装 装 装 装			

镜 jìng (명) 거울 ●鏡 거울 경	镜 镜 镜 镜 镜 镜 镜 镜 镜 镜 镜 镜 镜 镜						

饭 fàn (명) 밥 ●飯 밥 반	饭 饭 饭 饭 饭 饭 饭						

对 duì (동) 대답하다 ●對 대답할 대	对 对 对 对 对						

猜 cāi (동) 추측하다 ●猜 의심할 시	猜 猜 猜 猜 猜 猜 猜 猜 猜 猜 猜						

鞋 xié (명) 신(발) ●鞋 신 혜	鞋 鞋 鞋 鞋 鞋 鞋 鞋 鞋 鞋 鞋 鞋 鞋 鞋 鞋 鞋						

擦
cā

(동) 닦다

●擦 비빌 찰

擦 擦 擦 擦 擦 擦 擦 擦 擦 擦 擦 擦 擦 擦

板
bǎn

(명) 널빤지

●板 널조각 판

板 板 板 板 板 板 板 板

说
shuō

(동) 말하다

●說 말씀 설

说 说 说 说 说 说 说 说 说

聊
liáo

(부) 잠시

●聊 애오라지 료

聊 聊 聊 聊 聊 聊 聊 聊 聊 聊 聊

跟
gēn

(전) ～와

●跟 발꿈치 근

跟 跟 跟 跟 跟 跟 跟 跟 跟 跟 跟 跟 跟

抽 chōu (동) 꺼내다 ●抽 뺄 추	抽 抽 抽 抽 抽 抽 抽 抽						
烟 yān (동) 담배를 피우다 ●烟 연기 연	烟 烟 烟 烟 烟 烟 烟 烟 烟 烟						
窗 chuāng (명) 창 ●窗 창 창	窗 窗 窗 窗 窗 窗 窗 窗 窗 窗 窗 窗						
台 tái (명) 창문턱 ●台 별 태	台 台 台 台 台						
灯 dēng (명) 등 ●燈 등잔 등	灯 灯 灯 灯 灯 灯						

裙 qún (명) 치마 裙 치마 군	裙 裙 裙 裙 裙 裙 裙 裙 裙 裙 裙 裙					

厅 tīng (명) 큰방 廳 마을 청	厅 厅 厅 厅					

饺 jiǎo (명) 만두 餃 경단 교	饺 饺 饺 饺 饺 饺 饺 饺 饺					

鱼 yú (명) 물고기 魚 물고기 어	鱼 鱼 鱼 鱼 鱼 鱼 鱼 鱼					

丝 sī (명) 견사 絲 실 사	丝 丝 丝 丝 丝					

还	还 还 还 还 还 还 还				
hái					
(부) 아직					
還 다시 환					

个	个 个 个				
gè					
(양) ~개					
個 낱 개					

头发	头 头 头 头 头 发 发 发 发 发			
tóu fa				
(명) 머리카락				
頭 머리 두　發 쏠 발				

胖	胖 胖 胖 胖 胖 胖 胖 胖 胖				
pàng					
(형) 뚱뚱하다					
胖 클 반					

可爱	可 可 可 可 可 爱 爱 爱 爱 爱 爱 爱 爱 爱 爱			
kě ài				
(형) 귀엽다				
可 옳을 가　愛 사랑 애				

喜欢
xǐhuan

(동) 좋아하다
- 喜 기쁠 희 - 歡 기뻐할 환

喜 喜 喜 喜 喜 喜 喜 喜 喜 喜 喜 喜		
欢 欢 欢 欢 欢 欢		

经
jīng

(명) 날실
- 經 날 경

经 经 经 经 经 经 经 经				

广
guǎng

(명) 폭
- 廣 넓을 광

广 广 广				

觉
jué

(동) 느끼다
- 覺 깨달을 각

觉 觉 觉 觉 觉 觉 觉 觉 觉				

因为
yīn wèi

(접) 왜냐하면(~때문이다)
- 因 인할 인 - 爲 도울 위

因 因 因 因 因 因		
为 为 为 为		

运 yùn	运 运 运 运 运 运 运				
(동) 돌다 •運 돌 운					

动 dòng	动 动 动 动 动 动				
(동) 움직이다 •動 움직일 동					

唱 chàng	唱 唱 唱 唱 唱 唱 唱 唱 唱 唱 唱				
(동) 노래하다 •唱 부를 창					

歌 gē	歌 歌 歌 歌 歌 歌 歌 歌 歌 歌 歌 歌 歌 歌				
(명) 노래 •歌 노래 가					

棒 bàng	棒 棒 棒 棒 棒 棒 棒 棒 棒 棒 棒 棒				
(형) 훌륭하다, 좋다 •棒 몽둥이 봉					

饮	饮 饮 饮 饮 饮 饮 饮				
yǐn					
(동) 마시다					
飮 마실 음					

料	料 料 料 料 料 料 料 料 料 料				
liào					
(동) 예상하다					
料 헤아릴 료					

病	病 病 病 病 病 病 病 病 病 病				
bìng					
(명) 병					
病 병 병					

篮	篮 篮 篮 篮 篮 篮 篮 篮 篮 篮 篮 篮 篮 篮 篮 篮				
lán					
(명) 바구니					
籃 채롱 람					

跑	跑 跑 跑 跑 跑 跑 跑 跑 跑 跑 跑 跑				
pǎo					
(동) 달리다					
跑 달릴 포					

133

壮 zhuàng (형) 건강하다, 버젓하다 • 壯 씩씩할 장	壯 壯 壯 壯 壯 壯				

龄 líng (명) 나이 • 齡 나이 령	齡 齡 齡 齡 齡 齡 齡 齡 齡 齡 齡 齡 齡				

温 wēn (명) 온도 • 溫 따뜻할 온	温 温 温 温 温 温 温 温 温 温 温 温				

柔 róu (형) 부드럽다 • 柔 부드러울 유	柔 柔 柔 柔 柔 柔 柔 柔				

开 kāi (동) 열다 • 開 열 개	开 开 开 开				

瘦

shòu

(형) 마르다, 여위다
●瘦 파리할 수

瘦 瘦 瘦 瘦 瘦 瘦 瘦 瘦 瘦 瘦 瘦 瘦 瘦 瘦

样

yàng

(명) 모양
●樣 모양 양

样 样 样 样 样 样 样 样 样 样

眼

yǎn

(명) 눈
●眼 눈 안

眼 眼 眼 眼 眼 眼 眼 眼 眼 眼 眼

睛

jīng

(명) 눈동자
●睛 눈동자 정

睛 睛 睛 睛 睛 睛 睛 睛 睛 睛 睛 睛 睛

夏

xià

(명) 여름
●夏 여름 하

夏 夏 夏 夏 夏 夏 夏 夏 夏 夏

想 xiǎng (동) ~하고 싶다 ●想 생각 상	想 想 想 想 想 想 想 想 想 想 想 想			

请客 qǐngkè (동) 대접하다 ●請 청할 청 ●客 손님 객	请 请 请 请 请 请 请 请 请 客 客 客 客 客 客 客 客 客		

喜欢 xǐhuan (동) 좋아하다 ●喜 기쁠 희 ●歡 기쁠 환	喜 喜 喜 喜 喜 喜 喜 喜 喜 喜 喜 喜 欢 欢 欢 欢 欢 欢		

音乐 yīnyuè (명) 음악 ●音 소리 음 ●樂 풍류 악	音 音 音 音 音 音 音 音 音 乐 乐 乐 乐 乐		

太 tài (부) 너무, 대단히 ●太 클 태	太 大 大 太			